周蓓 主編

專題史叢書

（日）小林正良 著 顧志堅 譯

河南人民出版社

俄國社會經濟史

本書以叙述資本主義的『俄羅斯型』發展爲主綫，揭示了自古代奴隸社會到俄國蘇維埃政府建立之間，俄國社會經濟變遷的歷史。全書共分爲四篇，分别叙述了古代奴隸制社會構成、農奴制社會構成、資本制社會構成、新社會構成之建設

圖書在版編目(CIP)數據

俄國社會經濟史 / (日) 小林正良著; 顧志堅譯 . —
鄭州 : 河南人民出版社, 2018. 6
(專題史叢書 / 周蓓主編)
ISBN 978-7-215-11507-1

Ⅰ. ①俄… Ⅱ. ①小… ②顧… Ⅲ. ①經濟史-俄羅斯
Ⅳ. ①F151.29

中國版本圖書館 CIP 數據核字(2018)第 069198 號

河南人民出版社出版發行
(地址:鄭州市經五路 66 號　郵政編碼:450002　電話:65788036)
新華書店經銷　　北京虎彩文化傳播有限公司印刷
開本　710 毫米×1000 毫米　1/16　印張　24.5
字數　320 千字
2018 年 6 月第 1 版　　2018 年 6 月第 1 次印刷

定價:198.00 圓

出版前言

中國現代學術體系是在晚清西學東漸的大潮中逐步形成的。至民國初建，中央政治權威進一步分散和削弱，加之新文化運動帶給國人思想上的空前解放，新學的啓蒙，新知識分子的産生，民國學術如草長鶯飛，進入一個自由而蓬勃的時代。中國傳統學科乃中國學術之根基與菁華所在，民國學人采用『取今復古，别立新宗』之方法，引入西方的學術觀念，積極改造，使史學、文學等學科向現代學術方向轉型。此外，大力推介西方社會科學的新學科和自然科學，在學習、借鑒乃至移植西方現代學術話語和研究範式的過程中，逐漸建立中國現代學科，使中國的學科門類迅速擴展。一時間，新舊更迭，中西交流，百花齊放，萬壑争流，開創了中國現代學術的源頭。

伴隨知識轉型和研究範式轉换而來的，還有學術著作撰寫方式的創新。中國古代的著作向來以單篇流傳，經後人整理匯編後，方以成册成集的面目出現并持續傳播。直到十九世紀末，東西方的歷史編撰體裁不外乎多卷本的編年體、紀傳體和紀事本末體等，章節體的出現標志着近代西方學術規範的産生和新史學的興起。章節體具有依時間順序，按章節編排；因事立題，分篇綜論；既分門别類，又綜合通貫的特點。以章、節搭建起論述之框架，結構分明，邏輯清晰，較傳統的撰寫體裁容量大、系統性强。它的傳入，使中國現代學術體系從内容到形式被納入了全球化的軌道。民國時期專題史的研究、譯介、編纂、出版恰恰是在這樣的背景下欣欣而發，是學術的實驗場，也是歷史的記録儀。編選『專題史』叢書的初衷正是爲了從一個側面展示中國學術從傳統向現代過渡的歷史進程。

專題史是對一個學科歷史的總結，是學科入門的必備和學科研究的基礎，也是對一個時代艱深新鋭問題的解答，是學術研究的高點。民國專題史著作中，既包含通論某一學科全部或一時代（區域、國别）的變化過程的，又囊括對一時代或一問題作特殊研究的，還有少部分是對某一專題的史料進行收集的。原創與翻譯并重，翻譯的底本大多選擇該學科的代表著作或歐美大學普及教本，兼顧權威性和流行性，其中日本學者的論著占據了相當比重。日本與中國同屬東亞儒家文化圈，他們在接納西方學術思想和研究模式時，已作了某種消化與調適，從思維轉換的角度看，更便于中國借鑒和利用，他們的著作因而被時人廣泛引進。

與當代學術研究日趨專業化、專門化、專家化的『窄化』道路迥乎不同的是，中國傳統學術崇尚『學問主通不主專，貴通人不尚專家』的通識型治學門徑，處于過渡轉型期的民國學術在不同程度上保留了這種特徵。民國學術大師諸學科貫通一脉、上千年縱横捭闔之功力自不待冗言，外交家著倫理政治史、文學家著哲學史、化學家著戰爭史等亦不乏其人，民國專題史研究呈現出開放、融通、跨界撰述的特點。與此同時必須看到，自晚清以來，中國的命運就在外侮屢犯、內亂頻仍的窘境中跌宕彷徨，民族存亡仿若命懸一綫。這股以創建學科、總結經驗、解決問題爲指歸的專題史出版風潮背後，包裹着民國學人企望以西學爲工具拯民族于衰微的探索精神，及以學術救亡的愛國之心。梁任公曾言：『史學者，學問之最博大而最切要者也，國民之明鏡也，愛國心之源泉也。』這種位卑未敢忘憂國的歷史使命感和國民意識是今人無法漠視和遺忘的。

『專題史』叢書收録的範圍包括現代各個學科，不僅限于人文社會科學，學科分類以《民國總書目》的分科爲標準，計有哲學、宗教、社會、政治、法律、軍事、經濟、文化、藝術、教育、語言文字、中國文學、外國文學、中國歷史、西方史、自然科學、醫學、工業、交通共19個學科門類。本叢書分輯整理出版，內不分科，單本發行，方便讀者按需索驥。既可作爲大專院校圖書館、學術研究機構館藏之必備資源，也可滿足個人研讀或興趣之收藏。

與目前市場已有的一些專題史叢書相比，這次『專題史』叢書具有規模大、學科全、選本精、原版影印的特點。本叢書選目首重作者的首創、權威和著作影響力，尤其注重選本的稀見性。所謂稀見，即新中國成立後没有再版，且多數圖書館没有收藏，或即便有收藏，也是歸于非公開的珍本之列予以保存，普通讀者難以借閲。部分圖書雖有電子版，但作爲學術研究的經典原著讀本，紙質版本更利于記憶和研究之用。本叢書精揀版本最早、品相最佳的原版圖書作爲底本，因而還具有很高的版本收藏價值。

『專題史』的著作是民國學者對于那個時代諸問題之探究，往往有獨到之處，無論其資料、觀點短長得失如何，要之在中國現代學術史的構建與發展進程中，自有其開宗立論之地位。

代序

對於「章華社」主人田中清之氏相約本書的執筆，已經是幾年以前的事情了。著者年來對於俄國經濟史感到很大的興味，但當時因爲對於日本資本主義發達史具有直接的關心，雖說是沒有辦法；可是卻因此就愈加引起了著者向俄國經濟史研究的興味；但無論如何，既埋頭於日本資本主義發達史，而又想接近到俄國經濟史，這是不可能的事。於是一再延遲執筆，以迄今日。倘沒有眞摯篤學的畏友平館利雄氏的援助，則此書即今日亦恐尙難出世。平館氏的援助直爲本書之決定者了。

雖以本叢書全體的性質看來，本書並不是介紹俄國社會經濟史以上的東西，但本書由篇目構成所顯示的着力點是放在「資本制社會構成」一章上，第一篇「農奴制社會構成」，那是在必要限度內，作爲前梯而已。換言之，本書是以描寫資本主義的「俄羅斯型」發展爲主眼的。

俄國史家所作的俄國通史，雖然相當的多，但大多依據資產階級的——俗學的方法，其眞依據科學的方法而作者決不多見。其中有關的巴克羅夫斯基的俄國史（一九三二年刊行）和利阿西查姆哥的俄國國民經濟史（一九二七年刊行），雖不免有一部分的錯誤，然究不失爲關於「俄國史」最好的科學參考文獻。

本書依據以上二書之處不少。又第二篇中引證俄國資本主義的發達，十九世紀末俄國的農村問題等依據列寧諸著作亦甚多。

一九三六年二月二十日　小林良正

目錄

序篇　古代奴隸制社會構成

第一篇　農奴制社會構成

I　莫斯科維封建制社會

II　羅曼諾夫朝農奴制社會

IV 階級鬭爭

V 登上帝國主義的階段

VI 世界戰爭和羅曼諾夫君主制的崩壞

終篇 新社會構成之建設

俄國社會經濟史

序篇　古代奴隸制社會構成

一　奴隸制社會之成立

（一）

今日的俄羅斯（Russia），嚴密地說，卽蘇聯全面積約二千一百萬平方公里，實占全世界陸地六分之一，其在歐洲的部分面積亦有四百萬平方公里以上人口計一億有餘。玆依鳥瞰的觀察，則以西南部之波多爾斯克（Podolsk）和西部西伯利亞之托波爾斯克（Tobolsk）之連接線爲中心，而擴大之「黑壤地帶」形成全國最豐饒的沃野地域，因而早有人民居住，爲此國產生穀物之中心地點。自此以南迄至黑海沿岸、裏海沿岸，雖形成「草原地帶」，然除烏拉山脈和裏海間一小部分土地爲不毛草原之外，其他各處地味本身，大概肥沃，適於耕作上之開發。前述黑壤地帶以北，乃為「森林地帶」其極北地方雖多為不毛之「苔原地帶」然其南部與黑壤區相鄰接之處，則仍可供耕作之用，今日已開發者不少。如是歐洲蘇聯之大平原因有西地味納河（W. Dvina一名都納）、特尼斯特(Dniester)、地尼伯(Dnieper一名聶伯)、頓河(Don)、窩瓦河(Volga)等諸河道之密布連絡，灌潤之利甚廣，故諸民族咸來聚居於此。所謂地沃民稠，乃是當然之事。

（二）

今日占歐蘇住民半數以上之斯拉夫民族(Slavs)，見於歷史而可查考者，大概以喀爾巴仟山脈(Carpathians Mts)之東北部一帶為根據地。紀元四世紀間民族之大移動，勢如潮湧，幾有席捲全歐之勢。斯拉夫民族亦為此狂濤所推動，開始移殖，尤其是東部之斯拉夫，特別活動和繁育，到後來竟將住居千年以上之其他諸民族，咸驅逐他鄉，有不為所逐者，亦將與之同化。

原始斯拉夫人的生活，無直接昭示吾人之歷史，所可藉以想像而知的，惟有希臘及羅馬等外國人之見聞記，與夫當時之言語，足資借證而已。據此以觀，當時棲息於亞速夫海沿岸的斯拉夫族，所經營者為極原始的農業，除狩獵以外，尚兼養蜂。就其社會組織而言，則為一種小集團的民族社會，尙在不知奴隸爲何物之低級歷史的階段。

後八世紀以迄九世紀之初，斯拉夫民族爲南方的遊牧民族卡乍爾族（Khazars）所逐，乃不得不由黑海、亞速夫海沿岸沿地尼伯河（Dnieper）流域溯向窩瓦河上流或鄂加（Oka）河流域，分頭移動。但當時彼等在「人民會議」（Vieche）之下，可以儘量享到原始的民主主義。然此地尼伯河流域地方自昔卽當西北歐和東南歐之交通要路，至此因有北歐商人侵入，常與本地斯拉夫人作有利的買賣，後來遂變爲羅馬·拜占廷（Byzantium）商業買賣之居間地點。

玆當先就俄羅斯商業資本的意義特質加以簡單的說明。如前述的斯拉夫民族，當時適在極低度之經濟的發達階段，其土壤無自發地成育商業資本之可能，乃不得不借連結東西歐之渡橋，招致北歐人的商業資本之侵入。此種外來的商業資本，依字義言之，不過寄生於此國土之上，獨占商業利潤罷了。玆就此商業之對像而言：除由拜占廷輸入貴金屬、寶石、綢類、水果等，由西北歐方面輸入銅、麻和鐵以外，奴隸、毛皮、蜂蠟、穀物等，亦皆由彼等之手輸出。就中最重要者，厥爲奴隸。此種奴隸乃被征服之人民。先是征服者本將奴隸用於生產，後來見利思遷，遂有買賣奴隸之舉，相沿成習，奴隸遂變成彼輩行商的對象。八世紀以還，此種買賣居然有莫大的商業利潤。

（三）

向在瑞典聚族而居的北歐商人，專以買賣奴隸爲生。那時，他們的酋長名叫盧利克（Rurik一作 Roerek 或 Hroereks）後來做了俄羅斯的建國者（862–879）——盧利克朝的始祖（862–1598）這是後話。上面講過，自從斯拉夫人招致北歐人入境以後，他們便迅速地將自己斯拉夫化起來，漸在斯拉夫諸種族上，先以支配者「公」（Konungs）的資格治理都市，君臨一部；繼且治理各都市，在俄羅斯的大平野上，以最初的支配者而登場了。八五二年，斯拉夫豪族自相伙併，北歐人酋長盧利克遂從瑞典率其族人侵入，鎮定內爭，八六二年建王國於諾弗哥羅（Novgorod），自稱羅斯（Rus 卽操舟者之意），俄羅斯的國名卽在是時產生。

當時，南歐諸國，懼阿剌伯（Arabia）人侵入，欲在東方得防阿之有力的屏障，此事適足以促進俄羅斯內的王國與東羅馬·拜占廷政權的提攜，於是希臘的文化便輸入於俄羅斯。

在北歐人支配者的組織之下，斯拉夫民族對於南方的遊牧民族，卡乍爾民族一戰而勝，在十世紀時卽從卡作爾人之手奪回黑海——亞速夫海沿岸之地；隨後便自向鄂加河及窩瓦河的上流移殖。在此處建設羅斯托夫（Rostov）摩羅謨（Murom）諸都市與各該處的先住民芬蘭人（Finns）相混處，確保向阿剌伯文化的接觸點。

無論如何，農業尙在極原始的發達階段的斯拉夫民族，今一旦使與以地尼伯河爲中心之古典的商業中心——都市直接相接觸，則其一部分當作爲都市人口而被吸收，這是當然的。當時諸弗哥羅、基輔（Keiv）斯摩倫斯克（Smolensk）等等諸都市的上層部分，自王公以至武人、僧侶、大商人等，無一個不是羅斯人。在此等支配階級之下，其住民的構成，可以說是複雜已極，要以斯拉夫人占一大部分。

二 階級及階級鬬爭

基輔時代，羅斯的都市文明，完全基於奴隷制度。奴隷雖是最初掠奪征服的產物，又是買賣或貿易的對象；然不久，又起了自由民奴隷化的現象，卽當時之勤勞大衆的農民，差不多大半因不能償債而陷於借金奴隸的狀態，於是被地主當作物品一樣買賣。此等奴隸與土地私有制度同生，由來已久，始則使役於土地開墾，繼則使役於農工生產，後更普及於商事及工事；於是「農僕」的名稱，遂流傳至今不滅了。

十一世紀以降，最簡單明瞭之古典的階級分化，已在通行。自王公、武人、以及都市大賈所形成的富豪即支配階級與從屬於其下的都市及農村的貧民即奴隸，無日不在分化。吾人試一看其社會之奴隸構成罷。

俄羅斯法典(Russkaia Pravda)是集成各代審判習慣之書。巴克羅夫斯基(Parkrovsky)曾就是書從十世紀遍搜至十三世紀。據說：後期雖有對於財產侵害的「刑罰」之規定；至於前期，則並此表徵階級社會，尤其對於財產侵害的「刑罰」的明文而亦無之。可見當時基輔政權和其衞士們之富，不外將其存立和繁榮的基礎，置諸遍及都市和農村內的奴隸的收取之上，這是無容疑義的。

於是貧富的懸隔，漸加顯著了。如上的階級分化，愈向前進行；階級鬭爭，就愈急速發展，這也是當然的歸結。所以當時的首都基輔，從十一世紀後半至十二世紀初頭，竟發生了兩次的「都市革命」。

十一世紀後半，忽然由南方來了一種新的強力遊牧者，基輔政權，便在和他們不絕的戰爭了。這種遊牧者是突厥族欽察人（Kipchaks），俄人呼爲波羅夫基（Polovtsy）。就中當一〇六八年的時候，其奴隸所有者的支配者們，遭了意外的敗北。當時基輔的人民，親自執着武器，驅逐了這南來的侵入者，同時把彼等的王公以及所有衛士——諾曼貴族，多行放逐，至少可算是一時的成功了。殊不料一時敗走的支配者們，不久便恢復了原狀，當卽歸還，將其暴動的指導者均處以極刑，其奴隸所有者的支配，不但依然如故，而且要加緊的壓迫。而其結果，便不得不釀出一一一三年的「第二次基輔革命」了。那時，基輔的支配者們，擊破波羅夫基以後，武功赫赫，雖極一時之盛；然終以同族紛爭，邊疆多事，卻仍不是一個和平統一的時期。後來他們迎接培雷阿斯勒佛利（Pereiaslavl）公佛拉德米爾·孟奴馬克（Vladimir Monomakh）主持基輔王國，慘淡經營，千辛萬苦，纔能維持政權。

因首都基輔連續發生二次都市革命的結果，於是有所謂「都市民主政治」，實現到某種程度，卽「人民會議」的權威，很顯著地增大起來，在一切的紛爭中尤其在王位繼承發生爭執時，有發言權。當時俄人稱此種團體爲 Véche，不但基輔有這種政治勢力，而諾弗哥羅、佛拉德米爾、斯摩倫斯克及其他諸都市，均遞相傚尤，局面爲之一新。不過這裏不可輕易看過者，就是這種「都市民主政治」的本質，依然是置諸奴隸收取——商業的基礎之上的事實。

三　奴隸制度的沒落與向封建制度的轉化

(一)

如是繁榮已極的「古典的」俄羅斯諸都市，十三世紀以降，又因次述的兩原因，不得不歸於衰微了。

第一　十一世紀末葉（一〇九六——一二七三年）「十字軍」遠征的目標，客觀上是要以基督教徒奪回土耳其人所占的「聖地」爲辭；其實還是他們要發展西歐的商業資本，打開東方貿易，這是人人所周知的事實，基督教徒無容諱言。惟是這一軍役，西歐諸國的一切階級，差不多都有參加的，誘起了前後共七百萬人的征旅的大舉動員了海陸軍隊，斷斷續續，整整一百七十年，故其影響所至，歐洲諸都市和東方諸國的商業貿易，都被阻害，隨之歐洲諸都市和政治、經濟、文化與夫一切一切，均不得不趨於衰退。

在這情形之下，各都市便互相反目軋轢了。就中乘首都基輔的衰微，有個同族安德萊（Andrei）於一一五七年被擁立爲佛拉德米爾（Vledimir）公，一一六九年討伐「基輔」歸來，征服蘇達（Suzdal）地方，潛號「佛拉德米爾大公」，所謂「蘇達朝」即創始於是時。雖然此新興佛拉德米爾的運命也與前「基輔」的運命無多大差別，惟有一點須注意，這個「蘇達朝」確已孕育着異日的莫斯科維（Moscovy）大公的基礎。

第二　對於此等衰退的俄羅斯都市，加以最後的打擊者，非他，乃由東方而來的「韃靼民族」（Tatars）之侵入是也。東洋史上呼爲「韃靼」的蒙古——韃靼族的鐵木眞，平定周圍，號稱「成吉思汗」（Genghiz Khan），是在一二〇六年。他於一二一五年，攻略中國北部，滅「金朝」而代之，卽位燕京，事實上已爲中國皇帝。一二一九年以降，他又配發諸將，大擧西征。就中有一軍，經由波斯，侵入南俄；一二二四年擊破俄羅斯諸「公」的聯軍於高爾卡（Kalka）河畔。成吉思汗沒後，其孫拔都（Batû）將大軍再上西征之途，一二三七年侵入南俄，攻克利森（Riazan）莫斯科（Moscow），翌年又掠取新都佛拉德米爾，一二四〇年，舊都基輔又爲其馬蹄所蹂躪。一二四三年奠都於薩拉（Sarai），建設韃靼欽察汗國，君臨喀爾巴仟山脈以東的俄羅斯諸「公」。

如是立在奴隸收取——商業之上的古典的俄羅斯諸都市的已往繁榮，便因這「韃靼」民族的君臨，漸次遭了致命的打擊。因爲「韃靼」支配者「汗」，對於征服地的收取——支配關係，自始卽不直接觸手，乃將所有管轄地方，分給原來的支配者——大公、小王公們，仿照封建的領地辦法，名爲設置「代官」，實卽佈發爪牙，使他們年年納貢，處處束縛。自此以後，俄羅斯的諸「公」們，寧以韃靼「汗」之「亞細亞的」——野蠻的強力爲後盾，陰謀橫行，無恥競鬬，惟以剝削農民，獻媚諸「汗」（Khans）爲能事。自十三世紀後半葉以至十四世紀，雖在東北諸市的「都市革命」，頻頻爆發；但對於歷代相傳的「人民會議」完全無視，而其寡頭的——專制的支配，可謂登峯造極。

（二）

十三世紀以來，以「基輔」爲中心的南部地方的人口，隨着南來的韃靼民族的侵入，便開始向北方移動；支配者們與其自己所依存的「古典的」都市之衰滅，便不得不轉入農村，依據土地經濟——農業。東北俄羅斯自十二世以來，已有「領地」(Tetrarchate)之設，令「韃靼」民族的支配者，爲開闢邊境的財源，堅強中央的權力起見，特將各公、侯以及貴族等人的權力，加以強化，將「領土」制度加以普遍化，俾得吸收人民，以便榨取。從此，人民的大部分，便不得不入其藩籬之下，爲其爪牙——公、侯、貴族甚至於教會僧侶所俎割了。

請看「領地」制度下的具體的土地所有關係及其收取關係罷。

(一)公的私有地　這是屬於「公」之純粹的私有領地。耕其地者，除舊來的農僕及農業半奴隸之外，今又有所謂「惡臭者」出現了。前者屬於奴隸(Slave)，服役於強制勞動之下，前已言之；後者比較前者尤多含有農奴的特色。他們耕種土地，除替地方服役外，尚須貢納(Commendatio)年貢——繳納地租，作爲租用土地的代價。

(二)黑土　這是各「公」領有的土地，實際上占有土地及耕種的仍是農民。農民對於土地最高領有權者之「公」，負有貢納「年貢」(Announce, Obrok)的義務，初用穀物名曰「物納」或「穀納」；繼用貨幣名曰「金納」或「代納」(Commutation)。「公」之權力的物質的基礎，以得於此種黑土農民即農奴者爲獨多。

(三)白土　我們在最後，必須舉出「侯」(Boyars)的領地制度來。要答覆這個問題，須與「公」相提並論及之。「公」雖依然有「侯的領地」的領有權，然此不過名義上的宗主權，其實「侯」之有領地，猶「公」之有領地，性質相同，已成事實。嘗考「公」「侯」發生之始，蓋在北歐人征服斯拉夫民族的時候，帶來扈從家將甚多，及其成功，則爲主者稱「公」，爲其輔者稱「侯」，故所謂 Boyars（侯或貴族）者，即「公」之扈從家將而已。此時主從關係(Comitatus)已經消滅。此外與貴族土地同範疇者，尚有「臣僚」「僕役」、僧侶及九、十兩世紀的海盜商人的子孫的土地。此等一切土地，均稱白土，不過與黑土相對的名詞，並非含有什麽土質等的意義的關係。至於此等土地的收取關係，最初是與「公」的私有地相同，用奴隸勞動耕作；後來和黑土一樣，租給農民耕作，收取其年貢而已。這裏，即可知土地所有者（公與侯）的性質，及農奴制收取關係的萌芽和形態的特徵了。

要之，領土制度，是封建的基礎，是確立土地所有權的同時，又是結合農民層，而使之聚居於一定的區域、場所，從事於物質的生產的。此際，此等農民層，早已和自由民不同，多少，對於他們的領主，是有身分的隸從關係。故我們可以說農奴制度的萌芽，已經存在於此種領土制度中了。

第一篇　農奴制社會構成

I　莫斯科維封建制社會

一　莫斯科維封建國家之形成

（一）

上面所述的「領士制度」，在東北俄羅斯，一天普及一天，俄羅斯的政治體制，遂以此種制度爲物質的基礎。十二世紀以降更顯然封建化了。封建制度構造的基底，乃在農民之生產活動，無論何國的封建制度，都是一樣，不外乎農奴的農民而已。爲了廣漠的土地之粗率的農耕，彼等不得不屢屢移動。農民富於隸屬性，一旦屬於「領主」（Lord）後，對於領主就不敢有絲毫反抗。他們對於領主，不但負經濟的現物貢納之義務，而且尚須受到種種身分的制約；以這種隸屬的農民（Villoin）爲基礎而達封建的金字塔體制之頂點者，即莫斯科維之大公。

代替俄羅斯古典的都市之滅亡，而有領土制度之隆興，當此混沌的轉換期中，應運而起者無他，只有莫斯科維之王公爲將來封建的社會構造之頂點而已。故與其說是該王公之個人的能力，不如說是經濟的地盤。

因爲當時莫斯科維適當地尼伯河畔之斯摩倫斯克與佛拉德米爾連結之商業通路；又爲俄羅斯中部與西歐接觸最廣之諾弗哥羅通利森的要道包含多數的人口，最爲富足，且因地理的位置的關係，無外敵的威脅。有此種種關係，所以這個大公與其他大公不同，其本身及子孫得長久繼承王位，保有豐富土地和入款。又此大公素不好戰，亦爲助長其富裕之一原因。

這大公的富裕與和平爲莫斯科維之幸。在俄羅斯之韃靼「汗」雖支配俄羅斯政權，但於收取關係，則素不觸手，一概委托舊來之支配者卽各大公們承包，自己從中間接收取農奴的農民之剩餘勞動。職是之故，莫斯科維遂得如前述，以其富裕與和平政策，到了十四世紀中葉就造成一個強有力的大公，一躍而爲韃靼「汗」的總代管地位了。

原來在大公們管轄下的教會，後來利用韃靼「汗」的支配，脫卻了大公的管轄，到了「汗」

支配沒落後，一齊與莫斯科維提攜，企圖貫徹其獨立；而莫斯科維大公，也樂得利用此提攜，漸漸鞏固自己的權勢和地位，超出其他大公們之上。

莫斯科維大公的勢力之膨脹，可得總括爲次之三點，就是：第一是由於富力；第二有韃靼人的武力援助；第三則賴有教會的支持，和四圍各大公的擁戴。因此，莫斯科維便像輕氣球似的，越吹越膨大，儼然是一大封建國家之君主的相貌；同時新都莫斯科自體，在十四世紀末，已擁有數萬人口，至十六世紀末，據說已凌駕當時的倫敦而上之。

（二）

莫斯科維的最有力的競爭者，乃是諾弗哥羅。通波羅的海，占水路之樞要點的諾弗哥羅，背面擁有毛皮產地和銀鑛，謳歌其富裕，欲思染指，謀海外貿易之獨占者，在莫斯科維以前，已早有了北德自由都市同盟，這是盡人皆知，無待贅述。總之，這個都市——曾因地理位置的關係，立於韃靼支配滲羅以外——如前述，在十三世紀時，已有西歐風都市民主政治之謳歌；不消說得，事實上在此地方的農村中，則絕對無「自由」之可言。蓋正與當時西歐諸都市相同，譬如說諾弗哥羅的繁榮和「自由」云者，只有該地方的農村的犧牲，纔有所得。據巴刻洛夫斯基說：此地的農民，比俄羅斯的其他地方的農民，早已開始度其「實在的農奴」的生活。

莫斯科維的商人階級，羡慕諾弗哥羅的同僚所處的優厚地位，尤垂涎其毛皮和銀，於是兩都市間釀成了不斷的紛爭；然此紛爭的勝利，常歸於莫斯科維方面。因爲莫斯科維大公不但以「大公」的資格統率着其餘小王公們的兵力，而且有韃靼「汗」的騎馬隊爲之掩護。加以諾弗哥羅的繁榮和「自由」是建築於地方農村的榨取上的，倘有意外，農民勢不能與以維持，農民若不與維持，則政府便勢所必然的要消滅的。

如是經過了一四一七年、一四四一年、一四五六年等的紛爭，一四七一年莫斯科維公伊凡三世(Ivan III 1462-1505)遂使諾弗哥羅歸於自己的下屬，對於全俄羅斯的莫斯科維之統一的政權，就從茲開其端緒。

今後關於莫斯科維國的確立所殘餘的課題，就是如何脫離韃靼「汗」的支配之一事了。自從莫斯科維大公伊凡三世與希臘正教發生密切的關係，一四七二年與希臘最後的皇帝姪女巴雷蘇羅格（Palasologe 俄名蘇斐亞 Sophia）結婚以後，自己即以東羅馬帝位之繼承者自任，始停止對韃靼「汗」的貢納。一五五二年伊凡四世（Ivan IV, 1533-1584）擊破喀山（Kazan）汗國，繼又於一五五六年擊破阿斯達拉干（Astrahan）國，從此脫卻韃靼「汗」的支配，於是莫斯科維便成「第三羅馬」，其大公便成了東羅馬帝位的「後繼者」——即皇帝——具備了君臨全俄羅斯的資格。

莫斯科維政權的版圖，在十六世紀中已包有今日的莫斯科特米爾（Tver）諾弗哥羅以至北斯哥夫（Pskov）諸縣；次之斯摩倫斯克縣之東部，圖拉（Tula）卡盧加（Kaluga）兩縣之北部；更有利森、雅羅斯拉夫（Yaroslavl）、倭羅格特（Vologda）的諸縣及塞未羅（Severo）和阿堪遮（Arkhangel）兩縣的大部分面積超過一百萬平方公里以上。

二 莫斯科維封建制社會之經濟的構成

（一）

在莫斯科維政權之確立過程中，舊來的領地制度漸次衰微，「莊園」(Grundherrschaft)制度卽代之而起。什麽叫做「莊園」呢？就是國王將自己領地的一部，分作若干等級，賞與功臣們，使其非世襲的地領有，換言之，就是「采邑」(Fiel)莫斯科維的大公，幾次從事戰爭，對於立有戰功的家臣們，分封采邑，造成支配的形態。他侵略諾弗哥羅是有兩種意義：一來可以添加商業資本的利益；二來因他屢次分封功臣，失卻領土不少，非占領諾弗哥羅的廣大領土，不足以資彌補。然亦可以說，家臣們各各抱着獲取慾，爲莫斯科維大公驅開了戰端，也是一大原因。諾弗哥羅和其他的土地被兼併以後，舊來的王公和貴族們的領地，如大公的其他私地一樣，以軍事占有，分配給大公的功臣們。更有一班小王公都齊集到莫斯科維大公支配之下，甘願奉獻其土地給大公，一面又受其土地作爲采邑。功臣們的莊園介在舊來的領地之間，次第增大，這種變化，頗堪注目。於是農村內面的支配者階級，除了舊來的小王公和貴族以外，又有新興的莊園所有者階級出現。這種莊園所有者——地主階級——稱爲領主(Grundherr)。

在以前封鎖的現物經濟時代，此等領地及莊園爲一個經濟單位。構成這個單位的全員——

不問收取者及被收取者——之物質的欲望，是由隸屬於該單位內的農民並手工業者的生產物可以自給自足；然以莫斯科爲中心而都市重復勃興以來，在必然的影響之下，商品經濟和貨幣流通，遂益興旺，而以前之封鎖的孤立的現物經濟，至少也要在收取者階級的一方，不得不受莫大的影響。他們用慣來自外國的珍奇裝飾品和悅樂的飲食料。不消說，最初所需的貨幣，可由大公所發給的俸薪來支付；殊不知一與加速度的增大的奢侈和悅樂相比較，則區區俸薪直等九牛的一毛，或是滄海的一粟罷了。於是，他們就開始把所要的負擔，漸漸放到被收取者層之隸屬的農民的肩上去。

最初農民對於他的領主，每年不過貢納一些領主所必要的食物和其他生活必需品罷了；在領主方面除了最少限度之必需品以外，並不向農民誅求，也無誅求之必要。後來感染了都市生活，彼等乃爲了捻出購買奢侈品的基金的緣故，就儘先有加重貢納的要求。更進一步，他們就不待農民收入，然後納貢，竟將農地收爲自己經營，做了現實的耕作者，強迫農民歸彼使用。如是農民之收取的形態，將於以前的年貢之上，復加上勞動地價的徭役勞動之二重支配。

如是，對於農民的收取就益加強化起來了。最初，譬如一年中只要八月替地主勞作的，到了這個時候，每週就要二三日替地主勞作，甚至有更甚的要求，結果全日都要被地主奪去徭役勞動，無暇顧及自己的耕地，其蠻橫達於極點。雖與奴隸不同，尚可主持家計，在人格上也不是完全隸屬的農民，至是遭逢領主無限的收取慾，無復立足的餘地。於是存心逃往他鄉，避免徭役者有之；寄托近鄰權力，求其減輕義務者有之。領主們爲防止農民的逃亡起見，乃將生產手段貸與農民，借以金錢，使其爲借金隸農態(kabara)所拘束，同時指定一定的土地，使其勞作，並設置種種典型的實力的方策，使農民不敢拒絕領主的誅求和逃亡。其走了極端而最有名的就是瑟吉斯（Sergius）修道院，以上述目的，請求莫斯科維大公，搜索逃亡者，發給特許狀，俾教會有強制的帶回因逃亡而被捕的農民的權力。其他諸領主也漸次仿傚這種惡例，於是就造成農奴制度之法制化。

由上述各種情形看來，在十五世紀的初頭，農村裏面是有二層或三層的支配階級：一、是舊來的大領地之所有者，小王公及貴族的後裔，即封建的大貴族；二、是對於莫斯科維政權之確立有了勳功，憑着辛苦而掙到財產的新興地主——莊園領主；第三就是介於前二者之間，而由土地所有的規定，得與封建的大貴族相比肩的教會。如是大貴族、新貴族及教會之三階層，做了支配階級，君臨於俄羅斯農村之上而肩負着這磐石的重量的，是少數的奴隸和多數農奴的農民；立在上述小數的三支配階級所造成的封建基礎之體制的頂點之上的，那當然是封建君主了。

（二）

就當時的工業而言：其主要的形態，是封建的現物經濟下所通有的農民經濟之自家用家內工業。在都市內有都市生活之必然的構成部分；在農村內有補充農民經濟的條件；於是不但發見手工業的自生——分化。而從屬於大領地及修道院經濟方面的，手工業生產之發達，與此等手工業的生產之商品化，以及最後經單純資本家的協業的工場工業之轉化；一切尙少發展的機會並叢生阻礙。以與西歐諸國的情形相比較，俄羅斯那時的工業便處於一種慢性的發展狀態中。農村中的手工業的生產幾被外來品所壓倒，而都市中的自由手工業之發達也極微弱；不像西歐羅巴諸國早經有了強固的組織之自治的「基爾特」之形成。所以他的商業資本也在手工業的生產中與農村關係較多，與都市關係較少。

最後看到商業資本根據上面指摘的理由，在此依然繼續着肥大症的商業資本之發達。從事商業的人的主要事業是以輸出從農奴制經濟流出的農產物，其他副業生產物及都市手工業者的生產物於外國；又從外國輸入種種的奢侈品，獨占外國貿易，支配正在趨向盛大的國內市場。一時博得大利，儲蓄巨萬的財產，就是莫斯科維大公亦不得不另眼相看的大商人——高利貸者。當時王公貴族們也獨占一定的商品，使自己介入商業利潤，不過他們不親自經營事業，一概委托大商人包辦，自己從中漁利，一部分仍歸大商人攫得。此等大商人——商業資本與王公之結合過程，隨着商業之發展，就漸漸地進行着了。

三　專制政治之端緒

賴莫斯科維政權成立的階級諸勢力之中，封建的大貴族和新貴族間的對立關係，漸次表現尖銳化了。新貴族對於莫斯科維政權的確立，一面立了莫大的勳功，一面受到的酬報，不過規模窄小的莊園罷了。此種莊園殊不够滿足他們的種種消費。然而舊來的王公及貴族們的後裔的封建大貴族，則於無爲遊惰之中度其豪奢淫逸的生活，且有農奴的農民的剩餘生產物，無限地流入他們的廣大的領地中。在此一見明瞭的對比中的新貴族們，最初不過以羨望和嫉視的眼睛看着他們，無可奈何。未幾，其中就發生了階級的憎惡；不過這種階級的憎惡，到公然的爆發，尙須要若干時日。他們首先曾主張向外發展，專注目於邊境諸地。最初喚起他們注意之處，乃是被宿敵韃靼諸汗所略奪占領的窩瓦河畔的喀山汗國及阿斯特拉幹等地。所謂「俄羅斯之母」的窩瓦河所灌溉的沿岸地方，早已具備着後來「俄羅斯之穀倉」之豐饒性。

蓋新貴族們之所以必須攫得窩瓦河沿岸的土地者，正爲着窩瓦河乃是由於都市之大商人——商業資本連結東方諸國與波羅的海而爲西歐諸國民所垂涎之東洋風的諸裝飾品之交通要路之故。所以新貴族們和都市的大商人的利害是一致的。這種利害的一致，且使伊凡四世（Ivan IV. 1533-1584）也搖動了，無論如何，必須進兵奪回喀山及阿斯特拉幹，纔能稱心，一方困於多年之疲弊和內訌的韃靼「汗」之一王侯，遂無力抵抗此最侵略的軍隊。喀山汗終於一五五〇年，阿斯特拉幹國終於一五五二年相繼陷落，拱手讓敵。新貴族們於茲達到所期的目的，廣大的沃野作為彼等的封地互相瓜分，這是無待細說的了。他方，大商人就將此交通要地完全收入自己的掌握之中。

然而貪得無饜的新貴族們的土地獲取慾，尚不能以此滿足。他們的心目中，以為非連結窩瓦河與波羅的海，伸張勢力於彼岸諸國，則所攫得之重要水路，其出口仍扼在外國手中，於商業資本非常不利；故欲獨占的支配東西兩大陸所結的水路，為彼等之終極目的。在此新貴族與大商人的利害關係互相一致之後，遂使伊凡四世舉其大軍逕向北方進發，這就是為攫取不凍港那伐(Narwa)而發生的里伏尼亞 (Livonia) 戰爭（一五五八年）。

然而這第二次的試驗終於失敗了。蓋在里伏尼亞的背後，當時有俄羅斯的二大敵國之波蘭和瑞典張牙舞爪以待。與這君臨波羅的海沿岸的二大強國的開化較早的軍隊相對，莫斯科維之後進的封建式軍隊，終非其敵。

這次的戰敗，對外雖然削弱了新興貴族與商業資本互相提攜的勢力；但對內卻反增加了他們的慾望。他們外部的進出既被遮斷，自不得不以其全力來對付內部舊來的敵人即封建的大貴族了。

考此次和里伏尼亞戰爭敗北的原因，大貴族方面亦不能全辭其咎。他們對於這次戰爭，自初卽抱着軟弱的態度，既不肯以全副的力量來維持新興貴族與商業資本的利益；同時在戰爭中，大貴族中人甚至有爲敵方作內應的，直接間接，自招戰敗，誠堪太息。殊不知這次戰敗，正可與人以口實。於是一五六四年新興貴族（莊園地主）乃得唆使富裕的商人，發起政變。

新興貴族與商人合作之下，遂掌握了政權。他們將領地所有者封建貴族（Boyars）盡行捕縛，加以慘殺，並悉數沒收其領土。領地制度，就從茲崩壞。

代領地制度而起的，卽爲莊園制度，取得了支配的形態。同時，在政治的支配體制中，從來之由「貴族會議」（Boyars' Council）的封建君主制，至是也變爲皇帝自己專恣統治的專制政治。伊凡四世努力獨裁，殺戮異己，自稱沙皇（Zari）以還，俄羅斯社會遂於數世紀間確保着如火如荼的專制君主制的支配體制。不消說這種支配者的外面的獨立性，是不會抹消其母胎的貴族——莊園的土地所有者及其所從屬合生的商業資本之階級的利益；卻進而決定沙皇的內治外交都反映此等階級的利害。鞏固此諸支配階級的合抱的地盤者，確是除農奴制度本身以外，別無長物。

四　農奴制度之再編成

（一）

因有大商人的資本和地主貴族的政權，土地關係不難卽行改變。卽不難將現物經濟的領地制度，改變成商品經濟的莊園制度，並不難推行於全國。此土地所有關係的變化，必然的非激起了農民的收取關係不可。

在世襲的領地之下，一般的農民尙有幾分自由。以後隨着沙皇的勢力一開展，那位於其下的新興貴族階級，遂經營莊園，剝奪農民自由，而課以重的義務和擔負，於是一般的農民，便不得不被追入「債務隸屬態」中。欲知這隸屬形式如何重要，試一看當時農民的狀況，便可了然。他們是貧困的。他們要想造家屋居住，則乏資金；要想獲得食物，必須播種；要想播種，則無可蒔的種籽和無可耕的器具；凡此所需一切，都非仰給於領主不可。在領主方面，也是因爲要使其龐大的領土以內有固定的勞動力，特地借給金錢予農民，使其不得自由移動，這是吸引農民最良的方法。雖有富裕的農民，縱無借貸之必要，而領主且有強制執行之事。因爲這種方法，一面有吸引勞動力的效果，同時他方面又有阻止勞動力逃亡之機能。農民倘未將借款還清，縱令收取條件如何惡化，亦不能立刻離開領地，逕向待遇優良的地主投奔，或逃往未墾之地另作他圖。

如今領地已經分割爲幾十個莊園了。先是維持封建的大貴族的一家及其所轄農民而有餘裕的土地面積，至是便非扶養二十倍或三十倍的家族不可，故新莊園所有者的生活，任如何樸素，也只有不足而斷無有餘之理。因此，地主便極希望在農民身上剝削，從此收取只有強化而無減輕之日。果然農民的生活到了困難已極，彼等領主的收取破壞了農民經濟之再生產的基礎，農民的耕作面積忽然激減，一般農民人口，不消說，卽各個莊園內的人口也漸漸減少了。據當時的記錄所載，農戶之平均耕作面積，竟顯示着二倍至三倍的激減。

當此十六世紀末葉，俄羅斯農村開始發生了一種農村危機，卽不外隨着由領地制度向莊園制度之土地制度之再編成而來的皇朝的危機。

俄羅斯的農村在這種狂暴的危險發生以後，如洪水一般，流出的剩餘生產物，便不得不從此吐出。新興莊園所有者對之，究應取何對策？這確是中央政府掌握政權的新興貴族階級的生死關頭呵！

（二）

他們首先不得不從再建因農民逃亡所破壞的勞動組織，於是他們所取得的方法，不外於公力的——經濟外的隸屬方法。以新取得政權的他們來施行公力的方法，有何難之有。如斯，農奴制度遂定作制度而確立了。

當然，農奴制度云云一種巨大的建物，若將他看做一片法令所能推行無礙，那是錯悞已甚。他是經過若干世紀，徐徐地形成的經濟構造，不過結果藉法律的確認而為客觀化罷了！

要之，曾如上述，由定着的當初便負着債務的大多數農民，事實上，其債務一日不清償，即一日不能離開原住地點。尤其是因借款條件之苛酷與由體制危機而生的十六七世紀之交所頻發的飢饉，遂使債務無償還之望。由於事實上之隸屬的轉移自由之喪失，與移動之緊縛，無待現在，早已成根本的農奴化之重心了。然而，農民也從其他方面受了攻擊。譬如有移轉自由的最初的農民，在一個處所住了多年，其自由移轉的權利即被看作消滅了時效，仍非永久定着不可。在最初施行時，此種習慣，不過用以限制少數的老住民；後來對於新規來往者也同樣地適用起來。故移轉的自由，原則上已成爲完全被奪的了。然而其間尚有幾多階段，譬如一年中有一定期間許可轉移等等，〔佃田「契約」之更新期間，大都選定在十一月二十六（祭日）前後一星期〕姑息的妥協策，不難由被農民逃亡所脅的地主，一掃而盡。

他方，對於違犯此等禁制而逃亡的農民的處罰，便漸次帶來重要性了。先是地主們在皇帝脁俄多爾一世（Feodor I，1584-1598）時代，強制皇帝公布關於逃亡農民之逮捕和捉回的勅令，有名的布理士·哥登諾夫（Boris Godunov）之農奴令（宣布於一五九七年）即此是也。一六〇七年更將逃亡者看做國法上的犯罪人，教唆人亦同樣嚴重處罰，頒佈勅令，雷勵風行，不稍寬恕。此處所謂教唆人云者，乃指缺乏勞動力之地主，誘惑他人領土內的農民，聳其逃亡，然後拉攏使用者而言。此種農民爭奪，在十七世紀初期之政治「混亂時代」最爲流行。當時因農民常乘機逃亡，使正在漸漸制度化之農奴制度的基礎，益現不安狀態，然此乃隨着農奴制度確立而來之政治的摩擦以至軋轢之一表現，迨至一六四九年「阿雷克薩法典」(Alxeis' Code)出，農奴始同化於奴隸，而農奴制度始得確立；然其間多是政治的動亂時代。在此暴風雨一般的轉換期中，原來的莫斯科維封建制便再編成羅曼諾夫(Romanov)農奴制了。世呼此轉換期(一五九八——一六一三年)爲「黑暗時代」。

五 農奴叛亂和莫斯科維政權之告終

(一)

在前面我們已經看到農奴制度再編成的進行情況。如是以莫斯科維政權爲背景，新興貴族階級，對於農民，是取直赴的攻勢的；故無論如何富於忍耐性的農民，也不復能夠忍耐，而開始反抗了。他們的反抗步驟：最初不過是表現着逃亡之一種消極的形態；後來，此等次第逃亡的農民便打成一片，取了叛亂之積極的姿勢，威脅中央政權。

一六〇一年以降，連年發生凶荒和饑饉，繼續着窮乏生活的農民，將等於宣告死刑了。畜斃、人倒、甚至有食人肉以求生者，慘不可言。淒慘之氣，包乎天地：無音響鏑，傳而不全。果然以頓河（R. Don）爲中心，由此等逃亡農民所形成的「哥薩克移民軍」崛起了。

原來莫斯科維國境之南，頓河附近是爲求自由而逃亡之農民的老巢。蓋此地既有鳥獸羣集的森林，復有產生魚族的川河，乃逃亡農民所憧憬的地方。不過常有蟠居於克里米亞（Crimea）地方的韃靼民族出沒於此方面，脅迫他們生活；然此事反足以使他們有了企圖脫離莫斯科維政權的羈縛而自謀獨立的機會。這因爲莫斯科維政府方面，懼韃靼蠻族之來擾，有意培養精悍的哥薩克移民於此地，當作自己的干城和礮壘。還有莫斯科維政府常抱着同樣的目的，把犯罪者國事犯人、追放者以及觸犯忌諱的貴族等等追放到此地，促進了人爲的哥薩克移民的成長過程。不消說，他們是一步也不許踏入莫斯科維帝國境內的。然而此種政策，不但無益，而且有害，徒使他們逃亡異地，樹立敵對，所謂放虎在山，自貽日後無窮之患罷了。

適當其時，莫斯科維方面，皇帝腓俄多爾（Feodor）突然死了，因無相當相續人，特召集國會，選舉布理士・哥登諾夫(Boris Godunov)繼承了皇位。此種未曾有的王位繼承的事實，傳播在外便引起各人覬覦之心，謠言四起，哥薩克移民間咸浮說其他尚有眞正的皇帝，於是果然有冒稱伊凡四世的末子狄米脫里(Tasrevich Dimitri)者出現了。該伊凡四世的末子，原以不詳的原因，死於一五九一年，哥薩克移民間，當然沒有一人認識其行狀和容貌。「假冒者」突然以狄米脫里之名在他們面前宣布，他們自然要仰爲救世之主，竭力誠心地來擁護他，並可藉此反抗莫斯科維「僞政府」以消平日怨恨之氣，這是當然的趨勢。另一方面，國內的農民也因曾被現政府完全打落到奴隸的地位，憤憤不平，自從等待救主出現者，已非一日。今適逢其會，故不得不起而推翻怪僻性成的布里士・哥登諾夫，而信賴「假狄米脫里」(Imposter Dmiitri)了。當此內外呼應之時，與莫斯科維政權決戰之日，便迫在焦眉之間了。

叛軍方面所以能操必勝之券者，因除前述各理由以外，背後尚有一人支持「假狄米脫里」者在也。

哥薩克移民之最初的根據地，地尼伯河畔之薩波羅其埃(Zaporozhie今名亞歷山德羅夫斯克 Alexandrovsk）北至基輔，當時原屬波蘭王國，此地亦充滿了追放者及逃亡者。他們也在歡迎「假狄米脫里」爲「沙皇」，因此事態就益形複雜了。因爲波蘭的地主，常企圖兼併外方土地，擴張勢力，一有機會，就要來襲莫斯科維帝國的版圖，虎視眈眈，已非一日。今見抱反感的哥薩克移民，擁護新「沙皇」，揭着反叛莫斯科維政權之旗，遂毅然決然起兵援助叛軍了。

如是，以哥薩克移民爲中心勢力，以新帝狄米脫里爲前鋒，以波蘭地主及其雇傭軍隊爲掩護，並以莫斯科維帝國內之懷恨政府分子爲內應；哥薩克叛軍遂漸漸大舉北上，逕向帝都莫斯科市前進了。

皇帝布理士·哥登諾夫聞急，立刻派遣軍隊，阻止哥薩克叛軍北上，如豫料所及，戰端務在必開了。最初名不虛傳的哥登諾夫的政府軍，對那久經訓練而且缺乏武器的哥薩克叛軍，採取了優勢，戰況是顯著地歸於後者的不利了。可是，不久，從事戰爭的同志，次第覺悟到自己的階級地位了。政府軍的主力的多數兵士，從其階級的地位看來，也同是被莫斯科維政府所虐待而貧窮化的庶民大衆；爲指揮官的幹部，也以莊園主人的下層或貴族的破落子弟。此兩軍之階級的構成之類似，隨着戰爭之進展，漸漸露出頭角，終於解消其外面的對立，融合爲一，於是指揮其兵士，倒戈相向，對付其共同之敵人了。

烏克蘭諸都市的新舊貴族子弟首先絡續通敵，在哥登諾夫的陣營內起了兵變，如雪山倒下一般的內部的崩壞，這是政府軍方面的致命的打擊。哥登諾夫與其部下親信的諸將軍均愴惶無措，欲返首都而不可得，遂於絕望之中仰毒而死，據說其家族也爲莫斯科市的狂徒所殺。於是哥薩克叛軍便如雲霞一般，殺到首都，「假狄米脫里」便如凱旋將軍一般，在市民歡呼之中，進入城砦宮殿了。

狄米脫里入宮，開手第一快舉，卽爲發布撲滅農奴制度的勅令，譬如減輕農民之農奴化之最大原因的負債的勅令，卽其一端。先是農民一人負債，一家全體連帶負責，若據新勅令所載，則債務各有其主，除由本人負責以外，不能牽及他人；又若遇債主死亡之際，債款也自然消滅云云。這當然是專爲農民謀利益的了。此外凡有不便於農民者，如關於逃亡農民之處罰規定等等，亦一概均予撤廢，

（二）

此等農民政策，爲農民計，誠當歡欣鼓舞，引領以待其實現；然在農奴主方面，又勢將喚起不滿，也是當然之事。蓋農奴主之利益，正賴農奴制度之確立，今狄米脫里的政策，恰與彼等的利益背道而馳的緣故。至於莫斯科維的商業資本方面，更當以狄米脫里政權爲不愉快了。尤其是爲狄米脫里的支持者之波蘭人，不久必將作彼等的替身，獨占商業無疑，言念及茲，彼等益覺前途黑暗，不寒自慄了。於是又發見了農奴主（舊貴族和新貴族）和農奴主的富商的利害的一致，他們首先造作謠言，說狄米脫里非希臘教徒，專爲傳布加特力教而來，實即爲由外國所派遣的間牒。此種浮說一出，就傳遍莫斯科城，所有市民，無不信以爲眞。加以自誇戰功的波蘭兵士們，惟知蹂躪全市，刦掠人民，使市民人人自危，愈覺難堪，每欲起而反抗，力求舊秩序的恢復，而且認爲沒有比此更加需要。於是舊貴族們及一班大商人，便得乘機煽惑，進以陰謀。遂以一六〇六年三月十七日之夜爲期，發西里科易斯基（Vasali Chouisky）公親引手兵，襲擊城砦，暗殺狄米脫里。彼等又同時煽動莫斯科城外的居民，使其破壞波蘭的地主或商人的邸宅。「假狄米脫里」的支配既倒，貴族和商人陰謀的結果，發西里科易斯基就被推戴而登帝位。

彼不過前述階級勢力的一個傀儡罷了。把狄米脫里所破壞的農奴制度，如往日一樣，或者過於往日，重復建設強固，這是爲尊重命令者所授的意旨起見，務在急行，不容稍緩；還有如從前一樣的，對於逃亡農民，必有規定且須使其復活；過去十五年間所逃亡的農民，也必須搜索民間，捉回使用。此種搜索和捉捕的大權，依然交還農奴主人直接辦理。如是發展到王位篡奪爲止的哥薩克移民的叛亂，總算是完全鎮定，舊秩序也算復活，支配階級庶可撫胸安堵，高枕無憂。殊不知帝都之喘息未定，而南部之禍患又生，彼等行將再覩「第二狄米脫里」復活相纏無已了。

判言叛亂業已鎮定者，乃彼等之錯覺。第一個「狄米脫里」雖云死滅，然若一定之物質的基礎未除，或除而不淨，則第二、第三的「狄米脫里」勢必再度出現。

一六〇六年之秋，以「狄米脫里」的殘餘部隊爲中心，在南方一帶，揭起義憤之旗。他們也是以「狄米脫里」的名義相號召，由最勇猛果敢的逃亡奴隸菩羅托尼可夫（Borrowtonicov）的指導，勢如破竹，風靡南方一帶，向着莫斯科突進。不過此時的政府，已與往日的布理士·哥登諾夫大不相同，他們事前多少有了準備。第一、「狄米脫里」叛亂的時候，布理士·哥登諾夫的同志軍隊之階級的性質，爲敵人所利用，以致敗績云云。發里西科易斯基稔知往日兩方經過情形，乃以第一「狄米脫里」之施於布理士·哥登諾夫的手段，反以施諸第二「狄米脫里」，利用敵軍之多元的階級構成，不惜以鉅款來收買哥薩克叛軍之上級軍官。其政策果然大奏功效，叛軍到了莫斯科的時候，凡屬被買收的上級軍官，都早已游離；不但如此，他們在最後緊急的時候，並且出賣同志。指導者菩羅托尼可夫雖一旦逃走，然以後終被捕而遭了慘殺，軍隊四散，主力遙向南方退卻。如是菩羅托尼可夫的叛亂，因同志通敵的結果，遂歸失敗了。

（三）

可是這次的退卻，不過是一時的罷了。以菩羅托尼可夫軍的殘黨爲中心，忽於南境結成叛軍。他們受波蘭軍的援助，以捲土重來之勢，迫近莫斯科，在莫斯科相隔十五俄里的都什那（Tushino）設立司令部，「第二狄米脫里」也來在此處居住，恰成與莫斯科對立的新首都，兩兩相對峙，形勢上儼如將國家分爲二部。然在莫斯科政府似已無力由都什那驅逐哥薩克移民與波蘭軍的聯合軍了。在這樣混亂狀態之下，發西里科易斯基又爲貴族們所見棄了。貴族們中有出仕於都什那朝的，亦有先仕莫斯科維朝而後仕都什那朝的，如腓俄多爾·尼基提徹·羅曼諾夫（Feodor Nikititch Romanov）卽其一人。他由都什那朝任爲「總主教」，於是宗教方面，亦有兩個「法王」出現。

如是，兩個年間，莫斯科維國便頂戴着兩個皇帝了。

此間，國內到處發生叛亂，農民的生活疲弊已極，商業杜絕，市面蕭條，風靡一世的，惟有無秩序和混亂。首蒙時局之打擊者要先推農奴主和商人爲最。他們上戴二君，下遭叛亂，舊秩序一日不能恢復，卽一日不安樂。他們這個階級的利益，盡爲莫斯科維和都什那兩宮廷所分割，直等地土吸水一樣，多多益善，絕不分潤他人。這是莫斯科維方面的情形，都什那方面也是如此。他們的農奴主及商人，當初以爲這次叛亂，可以供給自己的利益的；殊不知所有計劃，悉成畫餅；甚至自己也在被壓迫，被搾取之列，所謂爲取木乃伊而變木乃伊，反爲哥薩克叛軍所拘禁。於是在莫斯科政府方面，惟有力求打倒都什那宮廷，而且認爲沒有比此更需要的了。然以脆弱的莫斯科維政權，自保尙且不暇，又何能推翻他人呢？如欲達到上述目的，那就非借他人的強有力軍隊不可。陰謀者流，便將此事求之於波蘭。凡是封建國家，都是要想乘他國的虛弱，如何發揮封建的侵略主義，這是我們所熟知的，和俄羅斯一樣，立在農奴主和農奴主的富商之上的波蘭國王西基斯蒙德（Sigismund），他胸奧裏而祕藏着黑心的意圖，如今對於此事，不知何如慷慨應允，這不難想像而知。不消說，莫斯科維方面，也是打算不肯輕易放手的，所談的條件是波蘭國王倘能予以軍事的援助，則莫斯科維當推戴其太子夫拉提斯拉夫（Wladis Law）爲「沙皇」；但同時須以憲法的明文規定「沙皇」的統治權。

事情是依照他們所寫的文書進行了。首先莫斯科維的皇帝發里西科易斯基便從其帝位退出了。都什那的皇帝狄米脫里賴有哥薩克軍的支持，一時雖說是保存了他的位置；不久，哥薩克軍便被比較進化的波蘭軍所擊退。他們惟有遙遙待望新帝的來臨，徐圖發展罷了。可是波蘭國王腹底裏所祕藏的意圖，也不免發洩太早；憲法等於具文；莫斯科維帝國的土地竟被未見面的「沙皇」所分割，如海綿吸水一般，都落入波蘭地主之手。他們不過取狼代虎罷了。還有商業，也是如此，波蘭的商人，眼見得立刻就要來奪取莫斯科維商人之商業的獨占呵！

他方，哥薩克的叛軍，也不見得已被鎭定，漸漸的又透起炎炎的火種來了。傭兵制的波蘭軍隊，也是對於這如火如荼的民衆叛亂，手下是毫無辦法的。

（四）

支配階級爲求恢復秩序而努力第一次試驗，就是如是歸於水泡了。他們又不得不講求第二次的方法。

追憶先帝科易斯基，曾用收買政策，使叛軍分裂，奏了奇功，他們便再用這個同樣的手段吧！哥薩克叛軍的首腦部，前面講過，不是小地主，便是新舊兩貴族的下層份子。當叛亂灼熱化，住宅莊園、田地被蹂躪的時候，他們立在火焰中間明明白白的見到自己的姿態的寫眞，不得不由己發出恐怖了。

依資產階級的本能感得這個弱點的一富商美能（Menon），他以募集民兵爲名，開始以厚俸誘惑哥薩克的幹部。這個方策的效力，果然出於美能的思想以上。哥薩克的幹部，都拋棄叛軍，絡續投到美能的軍隊裏來了。於是失了指導的叛軍，再不能繼續反抗，只得放棄陣地，逕向南方窩瓦河方面潰退而去。如是纏綿十數年，展轉數千里，火焰滔天，在俄羅斯平原上放火的農民之革命的叛亂，不論其曾經數次的成功與否，然終因爲上層部所出賣，而結局終歸於失敗，就不得不從歷史舞臺暫行退卻了。

擊退哥薩克軍的美能軍隊，要使波蘭軍撤退，早已不感困難。在皇帝夫拉提斯拉夫尚未踏到俄羅斯以前，已被廢立了。這王位究以何人繼承爲宜？以美能主班的富商們和已傾向有產者的哥薩克小地主，新舊貴族子弟之間，意見互不一致，經過一些困難，纔同意一位總主教腓俄多爾・尼基提徹・羅曼諾夫的兒子邁克爾・羅曼諾夫（Michael Romanov, 1613-45）承接帝位，以開羅曼諾夫王朝三百年的基礎。

II　羅曼諾夫朝農奴制社會

一　商業資本之任務

（一）

十六世紀至十七世紀之俄羅斯，商業資本，可以說是肥大症之徵，是病的狀態，是寄生的狀態；非若西歐的商業，在封建社會的胎內生長日久，自有其技術的發展之基礎；尤其是農業方面，依然頑強地支配着封建的生產樣式，無勞動之社會的分業，無都市和農村的分裂；可向資本主義的生產樣式轉化的前提諸條件，均完全付之缺如。如是，可以說至少是封鎖的——現物經濟的領地經濟也從商業資本的分解作用而崩壞，因缺少上述前提諸條件的緣故，與西歐內的是不同的，向實業資本轉化之道全然被封鎖着，所以不得不終於商品生產較多的莊園經濟的形態變化。莊園的農奴制度時代的商業資本，是驅使其農奴制度，強化其收取極端的以自己的利益爲前提。如是在農奴制度的存續之上，商業資本開始畸形的——肥大症的繁榮者，凡歷三世紀之久。農奴制度又以自己內部的組織之強固與其人爲的維持策的結果，在此國立了確固不拔之基礎。一方對於漸漸發展的新生產樣式，給予阻止的作用，卽妥協的農奴制度消解之後，尙繼續頑強的殘存，在國之社會的、政治的、經濟的生活上，刻了永久反動野蠻及停滯的，一言以蔽之卽「亞細亞」的烙印。

我們在前面看過莊園所有者（Grundherr）如何與商業資本提攜，努力於大領地的破壞，而且成功了；又在政治的部面如何推倒封建貴族而由彼等奪取了政權。莊園的農奴制度是彼等勝利之經濟的結果；專制政治是其政治之結果。

（二）

商業資本以農奴制度爲收取土壤，其落足於俄羅斯國土，是在十七世紀以降，至十八世尤其是後半紀達到絕頂；而在其發展之過程中漸次與農奴制度陷於矛盾，其基礎便徐徐侵蝕下去；商業資本便不得不漸漸取轉化於實業資本的動向。不消說，此過程因前述的障礙之結果，繼續其如蝸牛的進行罷了。

十六世紀至十七世紀之俄羅斯，都市和農村尙沒有劃然的分化，大部保存着現物經濟的性質，因而階級的意識尙在未分化的狀態，以農民而兼手工業者有之，且兼營商業者亦有之。

不特如此，貨幣流通與商品生產，已次第浸潤於國民經濟的內部去了，尤其是到了領地（Udeli）經濟的末期，封建的地價由「物納年貢」移行到「金納年貢」，從而農民爲調達納入於領主的「年貢」起見，將主要的生產物——穀物，運向市場搬出，將此交換金錢；領主也是將其所收取之現物的「年貢」——穀物，在市場上分別出賣，以其資金調達必要的生產資料，並輸入奢侈品。就當時主要的生產的階級之農民而言：被領主吸收去的「剩餘生產物」約占其收獲物三分之一，農民也須在市場上求買他的生活必需品，因此爲調達金納年貢及此等購入資金起見，遂將收獲物的相當分量，持出於市場，又比較多現物經濟的領地經濟行見崩壞，反之，比較多商品生產的莊園經濟行見出現；在此情形之下，來到市場的商品的分量，非常增加，這是不消說的了。更當考慮者，商品經濟向農民經濟侵入，是只許留下最小限度的穀物於手邊，其餘須悉數攜至市場出賣。此最小限的必要量，在農民方面，意味着饑餓的分量。

農民生產中之商品的部分，是由種種雜多的生產物成立的。就中最主要的是北斯哥夫地方；諾弗哥羅地方的亞麻肥沃的南部地方卽今之烏克蘭地方的穀物、家畜及畜產品——皮革、脂肪酪製品——；都市附近或人口稠密的地域的菜園生產物。對此農民所需要者，乃咸與諸金屬。

他方，在農民的徭役勞動中建立基礎的領地經濟或修道院經濟，又漸漸勃興起來的以農奴制度爲依據的莊園經濟，也在經營商品生產，其程度就要比較農民經濟高得多了。例如貴族摩洛速夫(Monozov)及皇帝阿需克薩(Alexis, 1645-1676)所經營的領地經濟，是有最多種多樣的品物——穀物、蔬菜、家畜、畜產物、亞麻、大麻等等——專以出賣爲目的而生產的。修道院經濟的商品生產方面，也頗不亞於彼；特於上開商品種類之外，關於製鹽或漁業、亞麻布、皮革、靴類的製造，修道院經濟且要占獨步的地位，同時修道院經濟又是普通消費品及教會調度品之莫大的消費者。

總之，十六世紀特別是十七世紀卽莫斯科維時代之俄羅斯，乃是貨幣流通與商品生產侵入農業之大小生產部門，從此等部門所搬出的商品及所需要的商品，又將俟國內商業的發展，外國貿易的振興，在國內造出多數之商業都市。

（三）

當時的首都莫斯科，正是此國內市場和國外市場之典型的一大結節點。近傍諸地方的穀物及其他商品多集中於此處。同時從遠方西伯利亞的殖民地或北俄則有狩獵及漁業的生產物；從烏拉爾及都拉則有鐵製品；從外國則有一切種類的奢侈品，一齊擁至。一入冬季，莫斯科市內就有裝載此等品物的馬車，凡七八百輛，如長蛇一般，據說多來自烏拉爾及西伯利亞方面者。就當時以莫斯科為樞軸之貿易路及國內水路而言，則西俄及西歐的貿易路徑有：莫斯科、特威爾（Tver）、托爾喬克（Torshok）、諾弗哥羅、那爾瓦（Narva）等舊貿易路和斯摩稜斯克、威得比斯克（Vitebsk）、里加（Riga）等新貿易路。從北部出西歐羅巴的貿易路徑是：從莫斯科經倭羅格達（Vologda）通蘇科納河（R. Sukona）、微車格達（Vichegad）北士味納河（N. Dvina）而至阿堪遮（Arkhangel），此港是英國人所開拓，故為日後英俄通商上獲得了重要性。經莫斯科河、俄喀河、窩瓦河、通阿斯特拉罕的東部水路，是由小連水陸路聯絡喀馬河（R. Kama）與西伯利亞相接。又向南方而有基輔、卡爾科夫（Kharkov）可走。其他地方的貿易路線，向有圖拉（Tula），利森、卡盧加科斯特羅馬（Kostroma）佛拉德米爾等，環莫斯科而在，脈絡相通，莫此爲便。

當時的都市咸沿着以上各主要貿易路而設。例如當北方的貿易路上有烏斯特西索爾斯克（Ust Sysolsk）、索利威干哥德斯克（Solvychegodsk）、柏姆（Perm）等製鹽地及商業地。倭羅格達爲由地咪納（Dvina）河上陸之屯積地，即由地咪納與窩瓦兩河運出之物產的集散地。在窩瓦與俄喀貿易路上有號稱莫斯科大門的科倫那（Kolomna）。沿窩瓦河有科斯達羅馬（Kost-roma）、下諾弗哥羅（Nizhni Norgorod）及喀山。最後尙有莫斯科之東方貿易的樞要地點阿斯達拉干有著名鹽產地及鐵鑛產地的索利威干哥德斯克、薩朗斯克（Saramsk），哲爾德音（Cher-dyn）。柏姆更與極東諸民族的貿易上的重要地點伊爾俾特（Irbit）、葉尼塞斯克（Yenisseisk）水路聯絡，是經由倭羅格達而行的。在西北貿易路上有諾弗哥羅、北斯可夫、斯摩稜斯克、德維里等舊來的大商業地點，和物產豐富而且爲貨物通過及屯聚地點的斯塔拉雅拉薩（Starraya Russa）。然而此等地點已不能恢復昔日的繁榮了，當時最發達的要首推南方邊境諸都市，如圖拉、利森、利、加塞浦荷夫（Serpukhof）、佛羅內茲（Vornezh），便次第帶來重要商業的意義。

莫斯科維政權在此等諸交通路及諸都市的中心君臨了。倘據當時的商業稅稅額來看，則莫斯科維每年的收入爲達四十五萬盧布，約全國總額的三分之一。實占稅收第一位。次之，喀山爲十四萬盧布，占總稅收十分之一云。下諾弗哥羅之五萬盧布，雅里斯拉夫（Yaroslat）之三萬五千盧布，及北斯可夫等的收入都不過是政府的統計報告，實際上當然不止此數。

（四）

就商業之組織而言，通行農村經濟之生產物及購入品買賣的商業地點，不但是都市卽修道院或教會的附近都有之。修道院或教會是商業上的最重要腳色。他們爲販賣自己管轄下的農奴勞動者的生產物和購買自己的必需品起見，常在大市場上進出；他們的買賣金額，常遙駕於地方的小都市之上。此等市場內面聚居着無數的商人，他們從都市拿來農民所必需的手工業上的生產品，也從此處將農民所產的農產物拿到都市去，他們的本能就是如此而已。

當時最明瞭地表現着商業的特質和組織的大都市，就是莫斯科、北斯可夫、諾弗哥羅、利森、科倫那、荷爾莫古爾及阿斯特拉罕等。到過此等諸都市尤其莫斯科的外國人的諸記錄，敍述當時的狀況很明白。據說除了商業店舖之多和俄羅斯人好像很有商業的精神似的以外，再沒有別的可以驚人的事。店鋪數比當時西歐的大商業都市阿姆斯特丹（Amsterdam）等還要多的多。屋宇一概雖甚矮小，不如西歐方面的宏大，然其數目卻甚可觀。當一六二六的時候，莫斯科維一個商業區內面有八千二百七十個有屋宇的常設店；有六千八百個的假建築（Barrack）及帳幕或露天的臨時商店。此等商店，差不多接成一氣，如連鎖一般，占滿了街街巷巷；其所販賣的貨物，也極多樣，絲織物、亞麻布、銀、洋酒、毛皮、鈺、斧、皮革、毛氈、馬具、聖像、穀物等，爲其最主要的貨物。當初，此等商店內所授受的，尚大半含有物物交換的意義，就是都市內的手工業者或其周圍的農民，將自家生產的貨物，攜至此處販賣，其目的在取得自己所需要的品物。居間的商業不過行於片面的罷了，後來此等店主，就漸漸結合居間的仲人或農村生產物的收買人，如是，由此等小店店主變成專營買賣的大商人了。他們蓄積着多額的商業資本，採辦的貨物甚多，不但在國內市場從事雜多的商品的買賣，而且進而從事諸殖民地的買賣和國外貿易。此等商業資本，在未發達之時，其商品與其說與無國際的都市手工業相接觸，不如說與農民經濟並地主經濟相接觸的方面多些，這是無待說的。

有些地方，不但商人經營商業，也有軍人、僧侶參雜其間，甚至有由王公雇用一班商人來經營，所以農民商業特別隆盛。據聞，圖拉的店鋪，有三〇%以上，是由軍人所經營的，其他的都市，也大概如是。

（五）

在此等基本的商人層中更有大商人聳立其上。原來大商人雖是對於特殊的功勞給與極少數者之一種身分的特權；然其基礎上，當然有大商業資本的利益，橫在其間。他們內面：有些是等於御用商人的地位，從事獨占化的商品之內外商業，或代徵租稅；有些專自經營獨立的商業行爲；均擁有雄大的資本，參加多方面的商業買賣；堪爲商業資本的代表者，兩下初無差異。他們究竟擁有若干商業資本？試舉一人爲例，當可概見一班。譬如尼基德尼玆可夫（Niketonizecov）便是當時的大商人之一，他作布疋、魚類、和鹽等各種商品的買賣，有航行到阿斯特拉罕的商船隊；他曾因和斯脫路艮諾夫（Stroganov）家族競爭商業上的霸權，欲以九萬盧布購買其領地。卽此一端，便可知道他資本的雄厚了。據說，在當時所有大商人的資本，共計不過尼氏的財產的四倍；反言之，卽尼氏擁有全部大商人的資本的四分之一。斯脫路艮諾夫家族，更與此等純粹特權的御用商人不同他是地方商人的最大代表。其所有財產總額及行商資本正可與前者匹敵，或者稍占優勝。總之，他有製鹽所及製鐵所各種企業，同時又是一個領土所有者，所以與衆不同，他所買賣的貨物，除其製鹽所及製鐵所的生產物以外，有穀物及魚類（自己的生產物）；有由西伯利亞諸民族出產，可以供交換德意志製的玩具或鈴薯之用的毛皮、黑貂、北極狐；又有輸出外國的蜂蜜、皮革、毛皮、及由外輸入的生絲、棉紗布、奢侈品等等。自從伊凡第四（Ivan IV）末年打開西伯利亞以後，即由斯脫路艮諾夫家族經商的王公們，代替沙皇治理一切，凡租稅的徵收，物品的貢納，使節的往來，可以說得無一不是斯脫路艮諾夫家族一手包辦的。

此等大商人的行爲，不單單制限於上面的純商行爲；他們事實上對於全商工業、財政、金融、國家生活等等，握有絕大的權力；而所以助長他們的權力之確立者，還是沙皇之經濟的獨占權。沙皇要想把內外商業部門之重大的部分，歸於自己的獨占，以充裕其財政；乃借此等大商人爲其御用商人的媒介，而給以至大的獨占權。可稱國內商業之王產的穀物、大麻生絲、等交易，概歸沙皇之獨占。又於此等獨占品以外，凡是輸入品尤其是寶石、貴金屬、真珠、高價的織物等等，一旦輸入之後，必交由沙皇之手，取捨選擇，然後將殘部交給大商人，再由大商人轉賣於小商人。其他的商品，縱如毛皮、蜂蜜、蜜蠟、獸脂等類，也屢屢先由沙皇以最低廉的價格占買了之後，再以相當的價格發往內外市場出賣。此種沙皇之獨占的商行為，不過徒然充裕內帑，而於國家之商業的發達，反要蒙不鮮的影響，這是無待說的。事實上，外國貿易也因此不振了，雖然此外尚有一半原因，因為沙皇是想禁止住在居留地的外國人，與俄羅斯人民直接交易，必須經由俄羅斯商人居間紹介，以致外國貿易不振。當時外國人的商行為，無精密的規定，屢屢發生買賣來往上的紛爭；因此，政府乃禁止其與俄羅斯人直接交易，使大商人介入其間，於是沙皇與大商人之獨占的商業支配便收到「漁翁之利」了。茲有一個專記關於當時（一六五五——七一年）的貿易品的記錄，據此來說：當時每年輸出品平均有：麥一百萬擔，毛皮九萬八千盧布，皮革三十萬一千盧布，粗亞麻布及漂白布五十萬疋，獸脂十二萬六千盧布及魚卵、蜜蠟等；經由阿斯特拉罕的輸入品是真珠、金銀製品，二萬八千束的紙張，一萬個德意志帽子，八十三萬七千枚圖釘及縫針，金貨，更有葡萄酒、生薑、胡椒、武器、工業化學用藥品，棉紗布等等。由此等貿易品所生的很多利益，當然一概流入沙皇與大商人的私囊中了。

如是，十六世紀至十七世紀的莫斯科維時代俄羅斯的商業資本，臻於異常發達的形態。即在經營商業者的下層裏面，有農民、手工業者，以及都市小市民等人；在中層的商人裏面，也有軍人、僧侶、及官吏等混入其間；至於大商業資本，則有大商人，沙皇所組織之內外商業獨占權，既已互相結合而通行無礙。如是，在舊社會之身分的區別之外殼之下，由於貨幣的富的階級的區別，便次第通過罅隙而擡頭起來；近代的階級分化，至少要在社會的上層部開始分化起來。

並且沙皇自己是國之「第一商人」，是「第一土地所有者」，儘以農奴制度爲吸着部面的商業資本跋扈的姿態，毫無變改的具現於其一身，其農奴制的寡頭支配之三百年的基礎，便於此立下了不可拔的根據。

二 農奴制度之確立

（一）

在農奴制度之創出過程中，反抗此農奴制度的農民大衆之革命的激昂之結果，莫斯科維政權，便不得不變作犧牲而崩壞了。然而農民大衆之革命的激昂也因農民解放之物質的基礎未成熟之故，以至爲指導者所出賣，而不克達其所期之目的，便不得不屏息一時，待機而發。如是爲農奴制度確立——制度化的途上所橫着的最大的障礙起見，農奴主與寄生於農奴主的商業資本便公然的盡其所有的手段而無所不至的了。其政治的尖端，不消說是羅曼諾夫（Romanov）朝而其自身爲「最大的土地所有者」，又爲「第一的商人」，便是象徵國之體制而有餘了。

先在莫斯科維政權支配下的領地的封鎖經濟，漸被商品生產的莊園經濟所淘汰，在此過渡中的農業生產力之一時的破壞與農民逃亡之防止，遂變成了農民受土地之緊縛，此農奴制度便以公然的姿態出現了。其後在羅曼諾夫朝的支配之下，一時經「黑暗時代」暫行弛緩的農奴制度，又將回到再建確立之途。當一六四九年國會通過了各有力階級的願望而成的民法之後，農民對於主人就更要實際的農奴化了。

然而初期的農奴制度，因其領地經濟大半是自給自足的性質，所以不過生產僅少之「商品的部分」。其商品的部分之所以不能擴大者，蓋因都市的發達尚在微弱之故，總不得不歸因於社會的分化尚未到發達之狀態罷了。爲農奴制度之典型的收取形態之「徭役制度」，也不過是僅僅適用於農業，其農產物雖也經精製加工，然其主旨不過以年貢的形態提供於地主罷了。再就地域方面看來，農奴制度支配最廣汎之處，要算國之中央部，卽黑壤地帶；至於北部地方，或新南部地方，則尤多「自由殖民地」。蓋因鞭長莫及，農奴制度尚未光顧罷了。

（二）

農奴制度之以制度而成最後之整理的，便是皇帝阿雷克薩(Alexei 1645-1676)所發布的一部法典。該法典一面規定沙皇之絕對的權力，同時又詳細地規定農奴制度之法制的確立。不消說，這不過將已經實行過的農奴制的慣習事後承諾的地加以確認，不過匯彙歷朝的法律，勅令加以精製而成其大成罷了。質言之，該法典依然是有農奴制度上劃期的意義。

我們在前面已經看到農民如何被土地所緊縛，今更進一步，請看農民又如何的在人格上被隸屬的情形。當然「被土地緊縛」與「人格的隸屬」並不是沒有關係，寧可說是有「有機的關聯」，這是無待煩言的。即「被土地的緊縛」可以說是在「黑暗時代」一時勃發的不安定現象，大體上已於十六世紀後半葉完成他的過程。在此基礎上，以後所要敍述的「人格的隸屬」，是要迄十七世紀中葉纔被完成的。

首先農民與所謂「農僕」接近起來了。農僕（Villain）云者，即領地經濟時代的領主所有家庭奴隸（House slaves）以及使役於農業經濟的奴隸是也。農僕是完全的奴隸，既無自己之獨立的經濟，又無人格的自由，不過是領主的一個所有物能了。先是，不能償還負債的農民，法律上有必將其降落爲農僕的規定，後來因財政上的關係，不久即仍將其廢止了。蓋農奴負納稅的義務，而農奴則立於公民社會之外，好像生來就無法律地位，所以便不負納稅義務。然到後來這種農僕也要課以納稅義務，而兩者稍稍不同之點，漸漸於此消滅了。這不是農僕升爲農奴，而是農奴更墜落於農僕的意義。例如：農奴與地主的「契約」自十六世紀以來，本都以文書形式行之；契約內面，除徭役和年貢以外，有許多地主還要責令農民對他個人不時奉送禮物。其期限則爲無期限，即終身被僱傭而不爲時間所限制也。一六二七年的人口調查，是爲調查支付租稅的「農奴的農民」

而舉行的。自此以後不但農民之「被土地緊縛」益加強化;並同時造成農民被記錄作農僕的最初機會了。後來領主與農民間的租佃「契約」便如上述的苛刻,更有許多的特殊義務均須登記了。其時農民在公文書上已當作農奴記錄一六四六年的調查,不論有土地的農民和無土地的農民,均將其家族一并登記在內,作爲階級的則舉家均被認作隸屬於領主了。

此等人口調查,其目的是在租稅徵收,前已述之。先是,農奴的農民本由自己支付租稅,但後來漸漸變成由地主代繳。若以租稅之支付表示農民之獨立性,則由地主代繳租稅者,適足以暴露農民獨立性之喪失,人格的隸屬。長此以往,以獨立人享有之一切權利,當歸喪失,並非不可思議。原來農民本由地主告借着金錢、農具家畜及其他零星物件,因爲條件苛刻之故,此等債務,無論如何,也難得淸償。債務不淸,遂變成了「土地的緊縛」,再變了「人格的隸屬」,未幾,自己所有的財產,也變成被由地主的意志來處分了。

最後,跟着農奴制的確立,於是對於農奴的裁判權,也被地主攫在手裏,這是當然的趨勢。査此權利之由來,最初本只用在對於該領主的莊園有所損害一類的一種輕微犯罪身上,除此以外,不得濫用；殊不料相沿成習，領主對於農奴，除死刑以外，所有懲罰、嚴刑，只要加以殺人、強盜、偸竊等名義，卽可濫用其威權了。

(三)

今茲農民已化作本來的意義的農奴（Lyndi）了。一六四九年阿雷克薩法典（Alxei's Code）是確認地主對於農奴有如上述權利的。農奴被附屬於土地，人格是隸屬於地主的，便是買賣交換贈與的對象；受地主專擅的裁判權的發動；甚至將地主所應受的刑罰，反而施諸農奴，並使之枉受而不准作聲。

如是「黑暗時代」以之一時不得已屏息的農民叛亂，不久，又再開始蜂起了。當時的叛亂之中，規模較大的是一六四八年的莫斯科，烏斯特烏斯特（Ust-Ust）、科斯羅夫（Koslvo）索利威干哥德斯克、湯姆斯克(Tomsk)等地的叛亂；一六五〇年的諾弗哥羅及北斯可夫的叛亂；一六六二年又有莫斯科的叛亂；一六七〇年中更發生了拉新（Stepan Razin）的大叛亂；一六六八至一六七六年間斯羅伐克（Slovaks）寺院的莊園裏發生猛烈的大叛亂。

最代表階級意識的拉新大叛亂於農奴制度以外，和商業資本的發達，亦直接有關係。拉新是蟠居頓河沿岸的哥薩克出身。如前述在「黑暗時代」如火一般燃燒着的哥薩克的反莫斯科運動，雖因上了莫斯科方面的買收——分裂進策的勾當而歸於失敗；但愛自由的哥薩克，暫時雌伏之後，又復重整旗鼓，捲土前來了。其目的是在破壞農奴制度與獲取哥薩克的自由。對突厥戰爭失敗後的哥薩克，南向的進路既被阻止，北向的進路又無法可想；乃於一六六七年由拉新帶領多數的部下，乘船由頓河北方，至窩瓦河。於是，這個叛亂之幕便開放了。窩瓦河爲當時最重要的交通大道，沙皇的御用商人們，由東方諸國拿來的珍奇商品，必經由此路往西歐諸國販賣。叛軍路路掠奪從事此等通商貿易的商船北上。窩瓦河沿岸地方新莊園很多，因之有不少的徭役農奴和很多不堪猛烈的勞動收取，呻吟於地主強力之下的農奴；沿岸諸都市中，盡是反對莫斯科政府的過重掠奪之貨幣改鑄的小商人、手工業者、以及挑擔人夫、曳船人夫等等；他們都歡呼着拉新的進擊，不但踴躍的參加，而且把拉新迎作自己們的領袖了。此外在拉新的叛軍裏面，更有巴什基人（Bashkirs）、達特人（Tats）及摩得瓦人（Mordvins）等弱小民族，都爲反對羅曼諾夫朝的政權而參加的。於是破壞地主的莊園，殺害地主，焚燒森林，陷阿斯特拉罕、乍利特星（Tsaritzin）；更遡窩瓦河北上，占領薩拉多佛（Saratov）、薩麻拉（Samara），有直搗莫斯科之勢。其勢力實有歐洲俄羅斯的大半，立於拉新支配之下；其艦隊以窩瓦河爲中心，進出裏海。然而動亂的旗幟正當以全國的規模繼續發揚的時候，莫斯科政府便以最新式的武器和組織的軍隊，擊破拉新的本軍於西姆俾斯克（Simbirsk）附近，拉新被捕，在莫斯科遭受到最慘酷的處刑。農奴制度確立期中最大的叛亂，就是這樣的被鎮壓了。此後雖勃發過幾次小叛亂，然都規模窄小，不及拉新叛亂的宏大。剛剛經過百年，差不多和此相匹敵的浦加徹夫（Pugatchev, 1726–75 1/21）叛亂又起了。這次的叛亂是改變從來的性質，我們就須從別的角度來觀察。

三　農奴制度之完成——爛熟

（一）

拉新叛亂以後，跟着彼得大帝（Peter the Great, 1689–1725）的卽位，農奴制度的完成——

爛熟期便從此開始。彼得大帝是改造俄羅斯的一人，他達成了俄羅斯的歐羅巴化，文明化的「偉業」、後人多以他是羅曼諾夫朝獨一的「名君」。他親歷西歐，學習其機械的製造，爲欲在最近的將來使俄羅斯工業化，大大積了實地的經驗；並以其經驗成就俄羅斯之歐羅巴化——近代化了。只就這一點來和羅曼諾夫朝其他許多的支配者相比較，無論如何，總要說是綽綽有裕了。內謀陸海軍之改編——近代化，官僚政治之完成、工業奬勵等等、政治諸機關之完備和國富的充實；外如擴張波羅的海、裏海及西伯利亞的勢力，逕向中國遂行其封建的侵略主義等等；竭精力以努力於俄羅斯的內外政治之伸張，舊俄羅斯的面目，爲之一新。

惟是這樣「有爲」的君主，對於人民的壓迫，往往在我們意料之中；彼得大帝也不能例外，他對於農奴，是直等於暴君。羅曼諾夫朝已經有了三代專制政治的基礎，是鞏固了，沙皇的地位也是牢不可拔的，因此他便得用其強大的權力於「莊園地主」階級的利益擁護，對於農民最後的攻勢，有所恃而無恐的了。無寧說，惟有他對於農奴的攻擊，纔使他得以造成俄羅斯「近代化」的偉業。

彼得之「地主擁護政策」的集中的表現，是一七一四年二月二十三日所頒布的勅令。這個勅令是廢止以一時的領有爲原則的「莊園」，將他變爲以世襲的領有爲原則的「領地」(Udeli)。隨着莫斯科封建制之沒落，同時領地制度漸爲莊園制度所驅逐，已如前述，然今則又在其反對的過程上進行了。該勅令的主旨是在給與貴族及地主們有強固的物質的基礎，然後使其熱心奉公、忠君愛國。然而莊園的領地化，實不待該勅令的發布，而早已有實現的傾向了。對於農民的借貸、或農民之「被土地緊縛」，是使一定的土地和其領主發生密切的關係，到了極限，莊園之事上的性質與其一時的領有之法律上的性質是演着矛盾的。一七一四年的勅令，是欲消滅這個矛盾，使其成爲完全的世襲的領地，並由此更確實土地所有者的農奴收取權。同時莊園和「奉公者」都變爲名實相符之封建的意義中的「地主」。

彼得在農奴制度上所立的「功績」，是使農奴制社會的階級構成極單純化；尤其在農奴之範疇中，納入其他種種之社會的集團的結果，其辦法便不免是極機械的和殘酷的了。

彼得以爲：要滿足其封建的侵略主義之野心，必先獲得龐大的陸軍的編成上所必需之人的要素，和其他強力機構的準備上所必需之物的要素。換言之，就是爲要徵兵和徵稅之故，務須首先舉行「人口調查」知道地方村落內住居的成年男子之精確的數字，比任何工作都要緊。這第一次的人口調查，是在嚴厲的刑罰（違反者處死刑）之下，極端的恐嚇之下，與夫一七一八年乘與北方戰爭（一七〇〇——二一年）勝利之餘而實行的。在這個調查中，被作爲農奴記錄者，除本來的農奴以外，尚包括着許多社會的集團，即由「農僕」或「家僕」等的舊來奴隸，以至浮浪者或寺院之奴婢、僧侶之子弟等，無不包羅在內。凡從前不屬於此等範疇而無納稅義務者，諒有相當的人數包括其中了。有爲的彼得，斷沒有將多數的人民，僅委諸私的利用，而置國家於不顧的道理。他的人口調查之本來的目的，是在徵兵和徵稅，故所以利用此等社會的集團，將他們納入於農奴的範疇，以便課收人頭稅，徵集士兵，貢獻於封建侵略主義的祭壇。

總之，一七一八年的人口調查，是將社會截然的區別爲二部：即爲支配階級的莊園領主及大商工業者與爲被支配階級之農奴，使社會的階級構成益加單純化罷了。又一七二三年的法律，亦不過於課收農奴的人頭稅時，規定農奴永久爲主人(Gosudar, Dominus)——地主之所有物而已。由於此等勅令和法律，農奴便被半與奴隸同樣的社會地位之下，並使肩負人頭稅的負擔罷了。最初，人頭稅是每一成年男子繳納五·六盧布。此種負擔，一面可以說與舊來租稅制度相比較，反足使農民與地主於土地耕作上益加受到束縛，乃有後來十八世紀中俄羅斯農業之繁榮；他一方面無論怎樣說，人頭稅之於農奴，不但量的方面負擔過重，而質的方面，此亦爲彼等之奴隸的隸屬，和屈從之主要原因。

承認農奴的買賣，又是彼得給與農奴制度的一個新機軸，不過他沒有許可個個農奴的買賣，他卻許可農奴一家全體的買賣。這是什麼緣故呢？當時無人知道他的理由，據後人的推想，以爲彼得以此事爲可恥，故立予禁止；殊不知眞相是因離別家庭，被地主出賣後之農奴大都自殺，以致買賣雙方均蒙不利。彼狡滑之彼得，有鑒於此，所以承認出賣單個，不如承認出賣全家之爲愈也。

最後，彼得不但使役農奴於農業生產，并且在工業生產中也適用農奴制度了。彼得汲汲於歐羅巴文明之輸入，已如前述。特於當時移植西歐的近代生產樣式，努力於機械製造之創設，投以多額的國帑，設置「工場」於國之各地方，對於民間的工場設置亦予以補助。然在西歐諸國，當着資本之原始的蓄積過程之進行中，發生了多數的工資勞動者，可以將他吸收使役於勞動力；但在俄羅斯當時尚無自由勞動力的存在，故不得不適用支配的勞動組織之農奴制度於此了。可是此種變態的生產關係，當然無永續的必要和可能，至後，必然地不得不採用自由勞動制，遂與農奴制度相衝突，欲使不妨礙工業的發展，惟有使因解放而獲得自由的農奴轉爲工資勞動者。其詳細讓後章敍述，茲先就彼得擴大農奴制度迄至工業領域，與他奬勵工業，開俄羅斯資本主義化的端緒方面，指摘其事業說明之。

(二)

彼得沒後，俄羅斯又回轉到過去的反動時代了。當時的俄羅斯的社會生活，本築在強固的農奴制度的基礎上，而欲以歐羅巴之資本主義的文明，用移花接木的方法來輸入，便不得不以夭壽而終了。加以宮廷內的陰謀、鬬爭、及其生活之腐敗和墮落，都是傾向着短命路上開着拍車，所以中央政權便不得不廢弛了。中央政權中的綱紀愈弛緩，則地方地主的權力就愈增大；增大的地方政權的壓力，惟有向着農奴制度傾注其集中力。彼得一七一四年所發布的不動產分割相續禁止令，被一七三一年的勅令而解。官僚政治之執行者中的文武官職，向歸地主獨占者，遂以一七六二年之勅令而變更。依此勅令，則奉職義務可以任意，不能強制；地主便完全特權階級化，其地位漸漸有利而強固。自此農奴的人頭稅也許由地主繳納。若依照一七六〇年十二月十三日的勅令來說，則地主的裁判權已擴張到極頂，他們也可以追放農奴於西伯利亞，對於逃亡未遂的農奴也可以嚴刑拷訊。農奴的地位完全陷於「人畜」的狀態。於是農奴的逃亡便頻繁起來了；從一七一九年至一七二七年間，逃亡之數約二十萬云云。同時農奴的叛亂也疊出了；每次非有精銳的軍隊出動，不能鎮壓了。

據第三次人口調查（一七六二年），當時的農奴數目，靑年男子農奴總數爲七百十五萬人。將男女人口看作相等，則約有一千四百三十萬的男女農奴。假定當時俄羅斯的人口總數爲一千九百萬人而論，則農奴實占總人口百分之七十五以上。

農奴制度到了卡薩隣二世(Katherine II, 1762–1796)時代尤達極致、爛熟了。該女主「英邁」絕倫，彼得以後可推首選。她對於封建侵略的興趣，視彼得有加，而且以上流女性特有之慘忍性，整理農奴制度，而達最後的完成。

例如：當時對於農奴的買賣，並無何種限制，將農奴個個別別出賣？抑將其全家同時出賣？悉聽地主的意志而行。農奴之動產化，至是可謂已達絕頂。農奴如要結婚，須得地主許可；故地主爲製造較多的農奴起見，嘗不問兩方意志如何，竟使任意的男女結婚。青年的夫婦的組數愈多，則地主他日所獲的利益愈豐，猶之農家飼豬，豬生小豬，獲利可以倍蓰也。在這種狀態之下，女農奴的貞操的尊重等等，當然是不成問題的，地主可以隨心所欲玩弄女農奴的貞操的。農奴的收取，無論是徭役形態，無論是年貢形態，多較前代增加了。又其他奉貢也可以無限制的責成農奴負擔。對於逃亡的處罰，也變本加厲了。惟除判決農奴死刑以外，均許地主有自由處置之權。縱令地主慘殺農奴，其責任亦被埋沒於有何無之鄉。當此時代，農奴制度，地域上已全國化，尤其在小俄羅斯及西部諸縣合併的時候，農奴制度新普及到此等地方，地主完全與農奴主無異，完全處在專斷政權的官僚地位。同時，地方的農奴，則完全顛落到一個財產；農奴制度，至此可謂登峰而造極。

（三）

今當取此時代中的俄羅斯農奴制度給與概觀之前，不得不先將其技術的——經濟的基礎一應敍明之。

當時農民所使用之唯一的基本農具，依然是舊態的鋤頭，後來次第由木製移至鐵製，其進步的程度亦只有限。其他的農具也不過「耙子」「手鐮」「長柄鐮」等類，與上古原始時代所用，一模二樣。到了農奴制度的末期，生產力的發達，成了問題，於是各處多欲採用「輪栽」農法，同時採用西歐式之機械的農具。輪栽法的好處，因野菜吐出炭素而穀物則吸收之，故只要利用機械，行適當的輪栽，則不須休耕，不用肥料，亦可維持收穫，只可惜當時的俄羅斯農村，是在農奴制度之下，故只有暴露其不可能了。邊境諸地方末期雖已開始採用打穀機一類的機械農具；然在一般的農奴村裏面，還是使用着原始的農具。就此一點而觀，可見農民經濟與地主經濟之間，是毫無區別的，農民仍以自己的農具為地主行乎徭役，是顯然的。

當時的役畜，先以牡牛爲主，後來漸知使用馬匹，此點已表示地主經濟，多少有了優越性。因爲地主飼育着役畜，農民可以利用地主的役畜以耕地主之地的緣故。肥料是因「契約」的關係，使用便被約束，然此所謂肥料，乃指原始的自然的肥料而言。因此種種關係，收穫率便無法提高了。在十七世紀的俄羅斯，一般農村的收穫均甚低微，普通不過是播種量的二倍或三倍，罕有收穫至五倍者，即至後來亦未見有所增進云。

當時之低度的技術，雖反映着粗放的農法；然關於拋棄野生農法或穀草農法而試行三圃農法的情形，似乎早已支配於各農村間了。在區分爲三圃的耕地中，所行的耕作方法，是交替耕作法，比前此的野生、穀草耕作爲進步。一部則栽植小麥、黑麥，隔秋下種，翌夏收割；一部則栽植燕麥、大麥、稷、蕎麥等，春季下種，秋季收割；至第三部則作爲休耕地，其間則由土壤的風化作用，或降雨雜草的腐敗物，土壤細菌等所起的養分以回復地力。這三部的處理，係每年順次輪替的，故稱此方法爲三圃農法，或略稱三田法。其主要農產物，除上述各物以外，尚有亞麻、大麻等工業原料。一言以蔽之，不過是粗放的主穀農法罷了。

(四)

如上述的技術的——經濟的基礎所反映的農奴勞動之收取形態，是由各地方之地理的、經濟的、社會的條件而有多少不同；然其大體的形態，不難逕言如次：

隨着各種情形的變化關於土地的分配也隨之進行了。自有莊園制度以來，在大部土地上接連施行的那種的敞地制度之下，各戶的受分地都分爲許多地帶，互相連接着，因而耕作上極感不便。地主有鑒於是，特又將其所有土地來重行區劃：某部爲自身推行農業經濟；某部爲保障農奴生活，兼供自己使役，又各部面積應如何比例分劃，這都是地主所盡心計畫而不肯草率從事可知。蓋面積的比例因地味農耕法，生活狀態，及其他的收入源泉而異。抑利於徭役制度乎？抑利於年貢制度乎？如徭役制度爲利，則地主必將自己經營的土地面積分劃大些，將劃給農奴的土地小些，甚至給以極小的部分，俾得僅够維持食料罷了。此時，農奴已被置於奴隸狀態中，被徭役勞動——勞動地價的形態吸取殆盡。反之，倘年貢制度相宜，則地主又儘量將地土給予農民利用。此時的收取關係，是取年貢現物金納地價的形態以出現。此時地主的收入，是非其自身之生產的活動，而是農奴之農業的及家內工業的勞動之徭役的現物的貨幣的收取。

徭役制度與年貢制度，範疇上雖當嚴重區別；然無論何種制度，都不能依其純粹的形態施行，最普通的現象都是此兩制度之混合型罷了。在地域方面也是北部和南部卽非黑壤地帶與黑壤地帶都一向取混合形態的。

茲依地域來說農奴制度中之二基本的收取形態的相互關係，其在十九世紀初頭確是如次：

		徭役農奴	年貢農奴
大俄羅斯諸縣	非黑壤諸縣	四一・一%	五八・九%
	黑壤諸縣	七一・二%	二八・八%
	南部平野地帶諸縣	七三・三%	二六・七%
	東部草原地帶諸縣	八三・〇%	一七・〇%
	北西部諸縣	九二・四%	七・六%
小俄羅斯諸縣	右沿岸諸縣	九七・四%	二・六%
	左沿岸諸縣	九九・三%	〇・七%
	新俄羅斯諸縣	九九・九%	〇・一%
總計四十縣		七一・七%	二八・三%

觀上表，可知當時的收取形態，可大別爲三個基本地帶。在工業的非黑壤地帶，徭役制度雖盛（五分之二），然年貢制度且凌駕其上（五分之三）。在黑壤地帶，正與前相反，徭役制度特別優越（四分之三以上），年貢制度相差遠甚（四分之一以下）。在南部及小俄羅斯徭役制度雖絕對優越；然此地帶農奴之數太少，不久，卽轉向於年貢制度了。此農奴之收取形態中的地域差異，日後，當農奴解放時，就要扮演出重大的脚色來呵。

（五）

什麽叫做徭役制度呢？如前述，農奴爲維持自己的生活起見，用自己的勞動時間的一部（必要勞動時間）於自己的佃田的耕作上；將他的「剩餘勞動時間」貢獻於地主農場的耕作之一種制度。此所謂必要勞動時間；是到了農奴之肉體的必要之最少限度之謂。在農奴制度中，勞動生產力的發達的餘地，極其狹隘，所以相對的剩餘勞動之收取，是近於不可能；從而農奴主——地主之主要努力是集中於絕對的剩餘勞動之收取卽勞動時間之延長。在十七世紀中，農民從地主獲得的分地，三倍於地主的直屬地（Demesne），故爲自己耕三畝者，只爲地主耕一畝足矣。到了十八世紀中葉，農民的耕地與地主的直營地，已成對等比率，故欲為自己耕一畝，即須為地主耕一畝。更到了一七九八年，政府忽然發布一種法律，於星期日之外，規定一週內有三日的徭役勞動。於是徭役勞動的單位便由土地面積變為勞動時間了。然一入十九世紀則此徭役勞動日，又由三日四日的改作五日甚至於六日，只剩一星期日罷了。有某地主逢星期日也強制勞動者作工。他的理由是說：『基督教徒祭日為自己做工是罪惡』云云。時間是有限的，一星期不能有七日以上，地主只好從時間制度，更變為出貨制度，使勞動極度緊張，在農奴制度的範圍內，擴大至最大限度。從而徭役制度下的農奴便呈最惡狀態，酷似於奴隸。

徭役勞動日越被延長，則農奴的必要勞動時間越被侵蝕，自己耕作地的面積也被縮少，這是當然之事。一般徭役制度的地方，比年貢制度的地方，其性質上，農奴耕地的面積要少些。在稱模範的年貢制度地帶非黑壤諸縣，地主自己只取其二〇——二五%，將所餘都交給農民，因之農民獲得的分地，一人份可得四——五俄畝，且往往超過；然而與此相反的模範的徭役制度地帶黑壤諸縣，則地主之直營地，要占全面積五〇%以上，至農奴一人份所得，不過平均二·五——三俄畝罷了。隨着徭役收取之強化，農奴的獲分地就越被縮小，這是很明顯的。

地主不但將農奴的賦役勞動，適用於農業生產。由彼得卒先提倡俄羅斯工業化，便次第變成自上而下的運動，在民間也看到許多機械製造的生產之發達，地主就是使用農奴的徭役勞動於自己的機械製造之代表者。不消說：此種工業生產，惟有擁有多額的資本之地主，能得政府許可，也惟地主纔有創辦的可能。是以賦役勞動之走上工業生產云云。一種形態之吸取盆利，惟有少數的大地主纔能享受。然於農耕勞作以外，舉凡建築、燒磚、運搬、以及土木工程上的勞動，無不使用賦役勞動，女農奴也决不例外，到了冬期，都被地主徵發，去織造亞麻布和絨布。

此外尙有一種「輸役」尤爲賦役勞動的代表。地主所收穫的農產的，須運搬到市場去，其貨車和勞力，都由農奴徵發，倘若距離不遠，倒也不成問題。只是地主爲欲覓得有利的市場，往往要上極遙遠的處所，譬如說要上相隔四百俄里或五百俄里的莫斯科或聖彼得堡（Petrograd），或是肩挑，或是背負，舍農奴有誰可代勞之人？據某著作者的計算：假定輸役人數，夏季須八十萬，冬季須三百萬，則冬須奪去農奴的勞動時間三〇%；夏須奪去八%。將此換算爲價格，則與五千四百萬盧布相當。「輸役」有何重大意義，據此等數字以觀，當可了然於胸。

前面也曾講過徭役制度，並不以純粹的形態表現。此外農奴嘗被賦課到亞麻布、羊毛、大麻、雞蛋、鵝鳥等現物年貢及金納年貢爲止。

吾人欲將徭役制度中的收取率正確地計算出來，是不可能的，只有認識一種傾向，知道必要的勞動時間漸被侵蝕罷了。有的地方，差不多全部勞動時間多被收取，所得者不過僅僅一點殘餘的「餌食」而已。殊不知農奴制度是必須置其根據於農奴的自己耕作，纔得保證農奴的生活。纔得保證地主的收取；所以農奴之奴隸化，正不外農奴制度之自殺，亦即地主之自殺罷了。

（一八）

次之年貢制度，原則上，是地主舉其土地以供農奴使用；農奴對之用農產物或副業的家內工業的生產物又往往用金錢貢納之一種制度。此種制度從前雖曾存在過純粹的形態；然一到了十九世紀，大部分爲徭役制度或其他制度所結合，而喪失其純粹性了。無論如何，總之，年貢制度的收取關係，不管從時間方面或從空間方面，一見卽可知其與徭役制度不同，他是取剩餘勞動具體化的生產物或貨幣的形態出現；換言之卽他是取現物地價或金納地價的形態的。

就收取的強度來說：總言之十八世紀末葉農奴的成年男子一人的「年貢額」在一——五盧布之間上下。分言之，一七六〇年爲一——二盧布，一七七〇年爲二——三盧布，一七八〇年爲四盧布，惟一七九〇年卽卡薩隣二世治世末年達到五盧布。因而十八世紀末葉各對男女的年貢是與一〇——一二盧布相當。然一入十九世紀年貢額便急速地增加了。十九世紀的最初十年間，一對男女年貢二五——三五盧布，卽每人一〇——一四盧布；亞歷山大一世(Alexandre, I 1801-1825)的後半，大俄羅斯諸縣之「模範的」年貢，各對七〇盧布，卽每人須納三五盧布是也。然而年貢額之多寡又由地方與地主而殊，數目極不一致。

農奴單由農業勞動不能賺得這偌大的年貢，他就不得不求其收入源泉於出外賺錢或行賈的副業了。因之，附近工業發達的北部——非黑壤地帶年貢制度就容易暢行。無此便利的黑壤地帶，年貢制度不爲地主致多大的利益，所以要漸向徭役制度推行。然而想得較多的收益的地主的貪慾，依然不能滿足。因爲徭役制度只能從正面擊中農奴勞動的低度生產性；年貢制度是要地主斷念自己耕作同時導入出外賺錢或行賈的異分子，寧說是其破壞分子的緣故。

（七）

最後就農奴的種別來說：則須先知徭役制度和年貢制度孰爲適用，然後可以區別徭役農奴和年貢農奴；更須先知與橫斷的區別相對之縱斷的區別之土地所有關係的差異，然後可得地主農奴，國有地農奴，帝室領地農奴等大體上的區類。茲從第三回人口調查的結果舉其農奴的種別（成年男子）人口數如次表：

農奴種別	成年男子數	百分率
地主農奴	三、八〇五、〇七三	五三·二%
國有地農奴（包括暫時領地農奴）	二、八〇六、八一二	三九·二%
帝室領地農奴	四九四、三五八	六·九%
工業農奴	四七、六四七	〇·七%
其他合計	七、一五三、八九〇	一〇〇·〇%

以下簡單說明之。

a 地主農奴 此種農奴，依據前表，是與全農奴之五三·二%相當，在各種農奴中最占多數，且其待遇最惡劣。地主農奴之間除徭役制度與年貢制度外別無鋒芒相見。歐俄十三縣全地主農奴之五成半是年貢農奴，非黑壤地帶，比率更大，而也羅斯立夫縣（Yaroslev）占七成八，卡斯特羅馬（Kastroma）占八成半。蓋非黑壤地帶有副業（工業）收入之道，故農奴與地主兩方均以年貢爲有利。前面所述兩制度的特質，大體上於地主農奴均無礙。此外尙有家內奴隸，在地主的家庭內服務勞動，又爲其生產必需品。地主們恆以家內奴隸之多寡爲榮辱所繫，故往往有豢養奴隸至二百人之多者。此種家內奴隸之中，有由地主出資使其留學外國，後來成爲詩人或音樂家者。

b 國有地農奴 此指隸屬於國有地的農奴而言，國有地即「黑土」，原屬中央諸縣，後來其大部分爲功臣所分封，遂變爲莊園，僅留北部諸州而已。他們的人數，在地主農奴之次，可謂在全體農奴內占次多數。他們的地位比地主農奴優勝甚遠，其耕地面積旣廣而經濟的負擔又輕，可謂奴隸中的貴族了。

他們的發達，並未受莊園的土地所有的影響，是有獨自的歷史和道路的。然當原始共產體崩壞時擡頭起來的「分地」經濟也從十七世紀後半起，土地可以自由買賣、抵押、典當，於是國有地農民的地位，便從此開始惡化了。蓋因大商人或僧侶或富農買入土地之後，仿效地主辦法，開始實行徭役制度或年貢制度的緣故。更因共同耕作制度被採用之故，反使農奴的狀態益加惡化。彼得使機械製造業者使用國有地農民，也是作用於同一方向的結果，到了卡薩隣二世時代，其生活狀態，並無地主農奴和國有地農奴的差異。（一七六四年以後，寺領農奴亦編入國有地農奴中）。

c 帝室領地農奴　此隸屬於帝室所有土地的農奴，其數如前表所示，約占全農奴數之七%。帝室領地農之中：有的從事農業生產，繳納年貢，而且負賦役；有的專貢納魚或蜂蜜等自然物，且負納稅的義務。年貢最初多用現物，後來纔用金錢的。其應貢之額，一七五〇年只爲四〇加貝克；然一七六二年則變爲一盧布二十五加貝克了。此外加上七十加貝克的人頭稅，則當時的帝室領地農奴的負擔爲一盧布九十加貝克，與國有地農奴相比，是要超過二十五加貝克的負擔了。然年貢到了一七八三年，也漲到三盧布了。即一七五〇年爲四〇加貝克之年貢，三十年後，漲至三盧布，正合增加到七倍有餘。其他遇結婚，則有結婚稅；逢徵兵而欲避免者，則有兵役免除稅。又與國有地農奴一樣，也被使役於工場方面。總之其生活狀態，與前二者比較，無甚相差。

屬於以上三範疇之農奴以外，尚有「工業農奴」飼馬農奴，飼鷹農奴，及分益農奴等。除「工業農奴」在後章特別敍說外，其餘擬從略。

(八)

最後，就農奴的社會地位來將迄今所述的情形作一結論罷。

農奴無獨立的人格，不過是地主之一部財產，地主得以其自由意志，將他作爲買賣交換贈予的對像。農奴無地主的許可，不能借貸金錢，不能爲一般動產或不動產的所有權之主體。如欲從事商業買賣也須先得地主的許可，若資本需要三五百盧布的事業，就絕對不能得到地主的許可。移轉的自由，是不消說了，倘有遠距離的旅行，須先得地方官憲的許可。結婚也是非但要得地主許可，且非繳納結婚稅不可。法律上選擇妻室，雖爲男子之自由，惟地主之對於農奴，則有強制結婚之權。例如俄盧羅夫(Orurov)家的規定，凡農奴有女，一到了二十歲卽須在六個月以內決定配偶，如有違反者，卽須課以罰金云云。因強制結婚之故，相愛者每互相聯合而去，相嫌惡者每各先後相離而去，這是普通的現象了。地主比什麽都要首先喜歡勞動力，所以儘量將獨身生活的時間縮短。至於農奴的買賣，事實上無論出賣一家全體，或是個個出賣，概出於地主的自由意志，並無法律可以制止，雖有法律也不來制止，甚至反來獎勵。據說當時的新聞廣告欄內，每朝所載的，無非家用器具幾何，農奴美女幾人的出賣啓事。也以女農奴爲娼賺錢的地主，莫斯科及彼得堡的「魔窟」就是地主們所設的淫窟，據說營業頗臻興旺。農奴既是等於一個財產，那麽無論怎樣加以迫害，無論怎樣加以處罰，都不見得是一種不可思議的了。有某地主，患有暴虐狂的精神病，好使農奴鞭打農奴，她從傍且看且食，纔稱孤意，至於笞刑拷問，乃是她的日常茶飯事了。又因處罰過度，以致農奴於死者，屢屢有之，彼有責任的地主何嘗有何處罰呢？

一個貨物化或器具化的農奴，縱雖被打，縱雖被拷，又有何處可以申訴呢？所以無論怎樣的屈辱、暴行、及拷問，只好吞聲忍氣，甘心忍受罷了。若欲避免苦痛，希圖逃亡，則國家的警察機關，只要一下動員，就忽被捕縛，忽被捉回，恐將更遭毒手，甚至有身命之危。卽得脫逃官憲的追求，但到處有通緝之令，除非埋名改姓，終身不見天日，或者得保殘生；否則其有不遭擒獲者幾希！

四　農奴制度之末期

（一）

在農奴制度的末期中，農奴的狀態，不但沒有緩和而且更呈悽慘的狀態了。在保羅一世（Paul I 1796–1801）時代，六十萬的國有地農奴，被編入地主農奴了。對於農奴之個人的迫害也更傍若無人了。欲改善農奴的狀態之政府的一切試驗，悉歸失敗而無效了。地主虐殺農奴者，姦淫農奴之女者，奪其金錢財產者，因細微的過失而加以峻烈的刑罰者，層見迭出，罄竹難書；然政府對於地主的刑罰，仍舊闃然無聞。

然而農民收取之熾烈化，不過是地主適逢解決困難的當兒所求之唯一的血路。今也農奴制度範圍內的生產力，已達到發展的極限，他們不顧一切要想在農奴制度的內部解決此問題，這是很焦灼的。結果所得的還是如右邊一樣的收取，極度的強化罷了。可是農奴的收取已經達到此點，寧有破壞再生產的基礎，卻不得不招致農奴制度本身的衰退，從而農奴制度的大勢，惟有漸漸由收取率最高的徭役制度轉向年貢制度，由地主農奴轉向國有地農奴罷了。對於總人口的農奴的比率到末期也漸漸減少了。據邁留可夫（Miliukov, 1859 $\frac{1}{27}$——）的計算所呈的形狀如次：

一七二七年……………………四五·〇〇%
一八三五年……………………四四·九三%
一八五一年……………………三七·九〇%
一八五九年……………………三四·三九%

（二）

農奴制度衰退之外面的兆候已表於右，次來觀察其內面的矛盾罷！

壟斷中央和地方的政權的地主們，為欲確立完成農奴制度，此次就碰到釘子了。這個釘子就是農奴制度本身所包含的內在，不是輕易克服的矛盾。前面也曾講過，自從基於農奴制度的地主經濟經營商品生產以來，農奴之徭役勞動時間，便漸被延長，甚至盡一週之所有時間，均被收用。反之，給予農奴生活保證「之分予地」，則漸被侵蝕。其結果所至，勢必墮落到生產性最劣的奴隸制的經濟，反不得達其本來的目的。於是徭役制度便轉向年貢制度推移，年貢制度又從「物納」再變爲「金納」，農奴的獨立性，便次第顯著。至是，當然，農奴制度的廢棄便變做一種問題來了。嗣後的大勢，只有兩種現象：或者，隨着商品生產之一定的發展，基於農奴制度之地主經濟，爲欲順應潮流，便其一切生產，都適合於商品，感覺農奴制度，反爲生產力發達之桎梏，殊有將其廢棄之必要。不然，就是固守農奴制度，聽其生產退步，陷入停滯罷了。

在他一方面，農奴制度的經濟，是一面要求漸漸發展下去的市場，一方面阻止市場的發展。因爲市場的發展是和農奴制度所給與的狹隘的限界衝突的。農奴制度下的社會的分業之未發達和爲主要消費者的農奴大衆的低度生活水準，是在極狹隘的圈內，抑止市場之發達。於是，地主經濟就要陷入下述的矛盾了。就是說地主不欲發達其商品生產則已，如其欲之，則自己所存立之基礎的農奴制度，此物就非廢棄不可了。這個矛盾，雖因將穀物輸出於外國市場，得到了一時的解決；殊不知一與外國市場相接觸，反而暴露其農奴制的勞動之低度生產性，是不能適合於正在發展中的外國市場之需要了。

和農奴制度經濟之不適合於商業市場一樣，也可以說農奴制度經濟更不適用於工業生產；換言之，就可說工業生產是否定農奴制度的。因爲農奴制度：不但於一方，將工業商品之重要消費者，爲工業商品作大衆的市場之農民，縛止於農奴的貧困中；而且於他方，以非生產的之農奴的勞動，阻止工業之進步的發達，奪去資本蓄積之可能性的緣故。此點就變成「農奴解放」之最積極的動機。

要之，社會之生產力之發展，一至與其農奴制度的外被發生矛盾，非待着破碎此外被不可。農業生產中的農奴制度之諸矛盾，已在市場中暴露無餘了。我們就來檢點市場的狀態罷。

（三）

國內市場的形成過程，十八世紀以來，是在都市與農村的分離形態之下展開了。據某研究者的計算：一七二四年內的都市人口，是三十二萬八千人，即總人口之三%；及至一七九六年，已有百三十萬一千八，即四·一%；一八一二年則有百六十五萬三千人，即有四·四%了。總而言之，此九十年間，都市人口，絕對的是增加五倍有奇，相對的是一·四%之增加了。都市人口之增加，不消說，便是農村人口之犧牲了。都市大的，增加也多。如在工業發達的北部——非黑壤地帶，爲求都市的工業或商業而來的，以從農村裏逃亡出來的年貢農奴爲最居多數。當十八世紀末年，這個地方與農業完全斷絕關係，爲從事於農業外的工作而來的成年男子，可作全成年男子之五分一至三分一計算。這樣的農民逃亡所及的影響當然只有地方農業之衰退。當時的著作家們，大都將此看作根本的災害，然此乃北部地方的情形，其在黑壤地帶，奈此等都市隨着人口之增加，農業生產亦大大擴充起來了的。蓋因在都市及工業發達的非黑壤地帶，看出了廣大的市場的緣故。

就全體來說：十八世紀中因都市和農村的分解，使農業生產增高，農產物的價格騰貴了。例如同一埠頭內的穀價一七六〇年黑麥 Quarter 值錢八角六分；當一七六三年值錢九角五分；一七七三年值二元二角；一七九〇年值錢七元了。其他大麻、亞麻、獸皮等也是逐年昂貴了。這種暴騰雖因當時貨幣價格的下落，相殺到某種程度，但無論如何，總以農村經濟爲極有利了。又外國販路之開拓，發展也是作用於同一的方向了。一七二六年的輸出額是二百七十萬銀盧布，其中最占重要地位者，要算大麻、亞麻、亞麻布、鐵及皮革。當一七六三——六五年，共輸出額達一千二百萬盧布；一七八一——八五年達二千三百七十萬盧布；一七 一七九六年則達六千七百七十萬盧布。其輸出品之最重要者，依然以大麻、亞麻、鐵、亞麻布爲先，穀物只是占第五位而已。

是內外市場的開發和穀物價格的騰貴，對於十八世紀的俄羅斯農村，有不少的實惠。大概，此種利益，是歸誰享受呢？那是不消說，是要歸主要的生產者即地主享受的了。當十八世紀末葉，如前述，在大多數的農村制的地主經濟中，都是推行着徭役制度；其徭役勞動的收取，極度的強化；縱在年貢制度之下，其物納及金納年貢之額，都非常之高；況且地主可以利用其無償運送勞動之「輸役」，將其穀物運往市場，差不多不費分文，利益悉歸伊獨占了。他方處於農民經濟尤其處於徭役制度之下的農奴，其「商品的部分」原來即有限制；即處在年貢制度之下，其所有「商品的部分」也是極少，因爲他有一部分要交換現金充作「金納」，一部分要充作年貢的附屬品，故可以攜到市場販賣的商品自然有限了。於是各處所有市場，只有地主纔可獨占，只有地主纔能長袖獨舞呵。

市場上有許多商人。他們都是從隔遠市場的農奴經濟手裏收買商品的小販人——小商人。他們大都是農民出身，有些尙沒有脫離農業生產關係。政府對於此等商人，以財政爲名，用許多的限制或禁止，束縛其行動之自由。地主在此等處所，則無何種限制。他們只要不做占買，凡由自己的經濟所產出的一切商品，無論他要零賣躉賣輸出，都極其自由。對於地主之跳梁跋扈，大商業資本家也有過非難和攻擊。原來當時的大商人，其資本的蓄積尙未十分充足，不能使全部買賣從屬於自己之下，不能操縱於地主與小商人之間，利用其機能。於是商業資本與農奴制的地主經濟之間，便生出利害關係之共通性來了。當時市場上所有的農產物，可以說九〇%是由地主經濟拿出，殘部一〇%是由農奴經濟產生的。用如山一般的商品，壓倒市場的地主們，儘可以自由的商業行爲，騰高價格，操縱市面，享盡全副利益。一般當在十八世紀末葉，對於增大之國民的需要，農業生產落後之國，反獲得價格上騰之利了。

十九世紀初期，農產物的價格，依然繼續昂騰，刺激了地主自己經濟的擴張慾。尤其是一八一二年拿破崙(Napoleon I, 1769-1821)侵入俄羅斯之際，使居住於都市之地主逃居農村，使其發展自己經濟，他們爲適應市場的需要，發展生產起見，會採用新式的歐洲農耕式樣，導入集約輪的栽農法，以代從來的主穀三圃農法。然而這種合理的農法，忽當農奴制的經濟關係之衝而被粉碎了。蓋在農奴制度的圈內，無採用近代的生產技術的根據的緣故。於是地主無寧採取耕地的擴張與農奴制的收取之強化，較爲簡單而易行。此種事實，可以顯然表明，農奴制度，已於農業生產力之發展問題下，宣告破產了。特自一八二〇年起，物價運轉到下落的時候，近代的生產技術的幻夢全歸泡影，所有土地，均歸復到舊態。依然的主穀三圃式粗放農耕去了。至少黑壤地帶是這樣的情形。當物價低落的時代，農奴制的經濟之當面的任務，就是如何在物價低落之下，維持其收益的一事了。關於這一問題的解決，也只是在農奴的勞動收取之強化中求其唯一的血路罷了。可是這並未解決了矛盾，卻不過尖銳化罷了。蓋由收取的強化所致之生產物的增大，在價格下落上開了快車的緣故，價格下落的原因，固不祇一端，然在此際，可以說是在將國內市場弄狹隘，且在相對的過剩生產中開快車的農奴制度身上。其恐慌原因，已在當時一部分人的頭腦裏內反映着。例如當時學士院懸賞徵求關於恐慌原因的論文，當選的著者是將此原因歸於國外輸出之減退和國內市場之狹隘，即都市工業需要之不充分的發達。都市工業之不充分的發達，農村與都市分離之不充分，確爲恐慌本質的原因。制約此者，不外農奴制度。以此理由爲立足，該著者便爲工業之發達起見，高唱經濟的自由了。

因爲收取的強化，就有多量的農產物氾濫於市場，不能找到販路，遂形成龐大的滯貨了。據官廳統計計算在一八四〇——五〇年代地主經濟屯積(Stock)一千萬至一千二百五十萬Quarter之穀物，後來將此等屯積品，以極低廉的價格變賣了。然而一方，農民經濟則被飢饉襲來，物價飛漲，當一八三三年，一八三九年，一八四〇年及一八四一年，穀物示着未曾有的高價。當時的物價統計極不完全，據他人著者說，穀價是從一八二〇年以來毫無低落，惟有逕向上騰的一路前進。例如一著者將一Quarter之穀物平均價格表示如次：

年次	每Quarter值盧布
一八二四——一八二八年	三·二七
一八二九——一八三三年	四·四〇

一八三四——一八三八年　四·八〇
一八三九——一八四三年　五·〇五

然而右表乃一般的傾向，其間價格之變動甚激烈，但是一般的騰貴傾向，不大於地主有利，卻反對於價格變動太甚，地主方面時常有不平之鳴。蓋他們處在農奴制度之下，不能急於利用高價格擴張經營規模；一旦價格低落，反而生產限制，發貨限制，都不可能，拿出多量的商品，不曾在價格低落上，火上添油，低落又復促成低落，何異自殺？因爲以農奴制度爲基礎的農業經濟，是不適合於市場之變動的，於是這種變動，便不得不導地主經濟於破綻了。激烈的價格變動，可以說歸因於農奴制的農業生產之性質。蓋在農奴制的生產，是不能決定資本主義的市場價値，從而市場價格便有無軌道的變動之可能性的緣故。於是農奴制的生產，便預想激烈的價格變動；激烈的價格變動便使農奴制的生產成爲荒廢。據普羅托波波夫(Protopopov,1868-1918)的推算，當一八三〇年之後半，生產地帶內的最高價格，往往由最低價格飛漲至五六倍，甚至達於十倍的。此事仍起因於農奴制度的生產，同時又返過頭來給與破壞影響於農奴制度的經濟而有餘。尤不但農奴制的經濟已也，因此不安定的價格，受其惡影響者，尚有欲以合理的方法經營農業的人們，更要首當其衝了。就此種意義來說，農奴制度又是新生產樣式之發展中之障礙物。

（四）

雖然，農奴制度已暴露如上述之內的矛盾而達於呼吸不靈之狀態了，然就全國而言卻未必盡屬遂行如斯的發達既有一地方，欲清算農奴制度，開始推行近代的自由勞動制度；又有他的地方，爲謀資本主義的發展之利益，積極的地要求農奴制度之清算了。例如非黑壤地帶，卽爲前者之適例。在此地帶中，徭役制度既被清算，土地約三分之二，已分給農奴，只徵收其年貢；其餘三分之一僱傭自由勞動者，開始推行合理的經營。因之，一八六一年以前，非黑壤地帶內的徭役農奴之比率在佛拉德米爾縣爲二〇%，雅羅斯拉夫縣爲二一%，倭羅格達縣爲二三%，科斯特羅馬縣爲二三%，莫斯科縣不過二五%。非黑壤地帶之農業，其生產的傾向，早已由主穀粗放的農耕，移入於集約的農耕——亞麻、馬鈴薯、大麻的栽培——及牧畜。在此等農產物之生產點，農民經濟凌駕於地主經濟遠甚，其輸出部分之大部分都歸他們自負。此事便漸漸促進年貢制度之採用，徭役制度之清算了。尤其是農民經濟當有了副業的家內工作的時候，更使地主保證多額的年貢，完全淸算地主自身之農地經濟結局所殘留於地主者，僅有經濟外的強制，對於農民經濟之剩餘生產物的收取權能了，此種權利只要有了代價就容易放棄的了。對於「農奴解放」的非黑壤地帶之地主之「自由主義」的態度，就不難由此來說明他。

南部的新俄羅斯諸縣卽今日的烏克蘭(Ukraine)，東南部諸縣，及小俄羅斯諸縣之一部；其農業生產之發達差不多與農奴制度沒有關係。農奴雖有若干存在，但沒有決定大勢的重要性。例如當時多楞縣農奴的比率爲全住民五·九%，培薩累俾亞(Bessarabia)則不過一·二%。這個地方早已有了大規模之近代的工場，而且很發達，使役自由僱傭勞動者，而且有一部分用機械代替人工的了。這個地方地味肥沃，適於小麥的栽培，由近代的農業技術所生產的多量的小麥，運由南方諸港口遠遠輸出於外國。小麥的輸出額，自一八三一——三五年的一千七十萬擔，飛躍增加到一八五六——六〇年的三千百十萬擔，且占南方諸港輸出額之九成。然欲在外國市場上與他國作有利的競爭，則非竭力節約生產費不可。因此就有將被緊縛於人口過剩的農奴制中心地的勞動力，取作自由勞動者，這是要務之圖。其次鐵道或公路資本和信用，多是必要的了。總之，農奴制度的廢棄和自由資本主義的發展是爲必要了。此所以南部之資本主義的農業，積極的地要求農奴制度之廢棄也。

結局，農奴制度之中心地，就只有黑壤地帶了。這個地帶是徭役制度的牙城，在「解放」以前的徭役農奴在坦波夫縣（Tambov）是七八%，在奧勒爾（Orel）縣是七二%，在圖拉（Tula）奔薩（Penza）庫爾斯克（Kursk）等處各占七五%之多。其生產上的傾向是由三圃式粗放農耕，主產黑麥和燕麥，農奴的家內副業可謂全無交通也不便，又從其生產物之種類而言，因與國外市場完全隔絕，故不得不專注目於國內市場。然其在國內市場，也是無法增加生產。故他惟有兩路可循：一面設法抵抗南方以謀自救，觀於一八四〇年地主們所提議之設定國內關稅，即可知其肺腑。其次惟有強化農收的收取，動員無償運送勞動，鞠躬盡瘁，死守農奴制度之殘骸於最後而已。

農奴制度，既如是全面的暴露其內的矛盾，而地域上對於農奴制度又復生了利害的對立；是以寧可要求這個清算的地方便占優勢了。在農業生產的內部既有如右之積極的要素之擡頭，而在外部又遭農奴制度之威脅和反對，於是在農奴制度基礎上發達而來的地主經濟，今也又覺得是工業生產的桎梏了。

於是吾人可以指摘羅曼諾夫專制所由立，成爲獨自地盤土地共同體——「密爾」(Mir)，討論其內容和意義了。然此問題尚須到次篇一括處理之。

五 工業發達

（一）

羅曼諾夫(Michael Romanov, (1613-1645)絕對主義政權，特別是彼得大帝以降，已在其所由立之農奴制度上促進幷助長資本之原始的積蓄，即商業資本之產業資本的轉化，簡言之即工場手工業之成立（所謂重商主義政策），是盡人所周知之事。前面所講的尤其是農村中廣汎地殘存着的副業的家內工業，姑且暫與擱置，特先於此討論工場手工業成立之最終的條件之勞動力問題罷。其在西歐尤其是在英吉利因有再圈地的關係，工業革命的進行，與夫由國外而來的猶太資本家，法國技術經驗者，佛羅菱薩(Florence)法蘭德(Flanders)布里宛(Provine)等處的織物工人；遂使社會造成超四分之三的無產階級，可供工場手工業的勞動力之使役。然在俄羅斯則大異其趣。這個國家因農奴制度的頑強的支配的結果，沒有如西歐一樣，也不能如西歐一樣，將突如驅逐於法外的無產階級，送上勞動市場使用。初期的工場手工業製造事業除了外來的熟練勞動者以外，雖曾以自國手工業者之自由的勞動力，勉強湊數；但到了彼得時代，相當規模的「工場」一行設立，就覺得如上的在來的勞動者，早已不敷分配；於是將逃亡農奴，浮浪者以及乞食等，編成隊伍，投入工場；然雖如此，仍不足用，遂於一七二一年發布有名的「彼得勅令」，是時農奴便公然的被適用到工場手工業領域了。即在西歐尤其在英吉利之工場製造事業，是與農民由土地「解放」同時發生；若俄羅斯是因以農奴制度即勞動力向土地緊縛為基礎的，故其工場手工業便取畸型的形態而發達了。

一旦農奴既可使役於工場手工業，則農奴主——地主者流，他們也要設立工場，從事製造，這是工業進化必由之過程。他們利用政權，自一七六二年，禁止本來製造業者為經營工場手工業而買入農奴，獨占農奴使用權以來，到了十八世紀末葉，他們的工場手工業遂壓倒本來製造業者的工場手工業了。嗣後，本來製造業者無法可施，只得推行自由僱傭勞動制以謀抵制並自救，到了十九世紀初頭，他們的工場手工業遂漸漸轉化爲近代的機械制生產，給彼落後之手工業的技術和農奴制度上樹立基礎的地主的工場手工業以威脅，乃使農奴主——地主和商業資本讓步，不准藉辭推卻，務使解放自己所必要的農奴，歷年的奮鬭，纔遂願以償。次就工場手工業之發展過程與資本主義的大工業之發生，來敍述一下。

(二)

彼得時代之工場手工業，技術的水準是極低度的，組織的方法是極簡單的；總言之，則尚未全脫手工業集合之域。無論如何，如莫斯科的帆布手工業工場，集中了一千百六十二名的勞動者，總可算是大規模了；然其工作場所，則不過由數十室形成，勞動者在各室各自行其單純的手工業生產而已。此不獨私的企業爲然；官營企業，也是如此。雖說如圖拉兵器製造所一類的重要生產部門，技術的集中也是極低的了。此等兵器製造所，不久即被廢止，推原其故，蓋因技術水準太低，不如代以家內工業在政府方面卻較得策的緣故。以官營兵器製造所，尙且如此模樣，而私的企業之技術的狀態，可推想而知了。

雖然，彼得時代之工場手工業，可得區別爲官營、特許、地主、商人的四個基本形態。

a 官營工場手工業　此乃當時規模最大的工場手工業。例如柏姆之九個官營鑛業所有二萬五千人；圖拉兵器製造所有五百八人；前記莫斯科帆布工場有一千百六十二人的農奴勞作其中。其他屬於官營的工場手工業有兵器廠，冶金工場，鑛業所，加里製造所，玻璃製造所，製紙所，製絨所，烟草製造所，絹絲製造所等；都是使役着數百個農奴的。

b 特許工場手工業　官營工場手工業，因爲累年虧損，故政府主張除軍事——國防上重要事業以外，一概交由民間辦理。承辦者多爲商人，製造業者，外國人，有時地主亦參加其內。他們從政府給與建築物，土地，有時且貸以資金，給與買收農奴權，俾得使用，其他如租稅之免除，關稅特典之保護，凡可爲企業謀利益者可謂盡矣。此即特許工場手工業之情形也。此外有由個人投資創辦而國家與以補助者亦不少。例如：射非洛夫的企業，國庫補助金爲三萬六千七百盧布，創立者的個人投資額爲八萬一千三百盧布;泰梅斯的企業國庫補助五千盧布,創立者的投資額四萬六千盧布。然此等企業尤其小焉者,若更大的企業,以今日的貨幣來換算,也有個人投資到百萬盧布以上的。此種多額的資本,都是大商人或地主們用商業資本,或其他形態蓄積而來,今適逢政府獎勵工業當此轉化實業資本之良好時機,是以一味盡情投資,嘗試其「死之飛躍」。然因此即發生了資本主義的工業了麼?吾人尚未能作如是設想。爲什麼呢?因爲資本主義的工業之根本的條件之一的自由雇傭勞動軍,當時尚沒有存在,所以基於農奴制的工場手工業,至少也要取支配的形態,跋扈到十九世紀初頭了。然而特許工場手工業,須受政府種種束縛,企業者將此等束縛轉嫁在農奴身上,常和勞役農奴發生紛爭。欲與解雇縮小經營,則爲法令所不許,便自然不得不衰退了。當一八四〇年雖蒙許可雇傭自由勞動者,然此不能救特許工場手工業之狀態了。一七四〇年的「工場」調查結果,此等「工場」中,發見有許多全不操業,等於閉鎖者;惟有若干部門,例如烏拉爾之鑛業「工場」等,係從農奴制時代存續至今耳。

地主工場手工業　此乃地主利用其隸屬的農奴之徭役勞動而經營之工場手工業,在彼

—得時代，不大多見，還是在十八世紀末葉，漸漸勃興起來的。地主之需要勞動力比什麼事都要緊，無論怎樣技術低度的人，只要是做了農奴，就可在地主經濟的內部，獲得某種程度的熟練，嗣後便可爲地主生產必要的手工業製品，或者在自己家計內生產，作爲年貢，貢納於地主。利用這個成果，振興工場手工業，在地主處之，是非常容易的一件事了。更於地主經濟的內部，有亞麻、大麻、羊毛、皮革、穀物等原料，只要稍稍加工一下，即可立刻變成精製而有利的生產物。是以地主們之間都以設立工場手工業爲一種時髦事業，而比較「進步的」或是資力充足的，有凡百事業，請自我始之概，爭先恐後赴之若失的了，殊不知其出發的農奴的勞動條件既如此之惡劣，而其勞動收取又如彼之猛烈，寧有坐享成功之理?村人視此種工場手工業如厄病之來臨，這是當時目擊者所道之情形，諒無誤謬。是以罷業常聞，騷擾不絕；即不然，生產力低度的農奴勞動，亦將更使低下了。狀態既是這樣，所以地主工場手工業，惟有用自己經濟內的原料，產生技術低級的部門，如製絨製麻等，倒也可以通行無礙；反之，如需要多量的原料，和高級的技術的部門，譬如棉絲業等，使絕不見有發達的了。

d 商人工場手工業　此乃商人——製造業者所兼營的工場手工業，原來雖只有此種事業，爲資本制的工業之萌芽，然其發展則屬於「農奴解放」以後的事情。

以上是彼得時代的工場手工業的主要形態。其主要部門，爲鑛業及冶金業、兵器、帆布、亞麻布、絨布、紙、玻璃、皮革、絹、鏡、裱紙，陶器等製造業。前面講過，此等製造部門，在彼得以前也曾有過了的，然在彼得以後，此等部門受了強大的發展的刺戟是無疑的。當時的統計雖不大正確，然而在彼得時代的末葉的工場手工業之數可作二百三十三個計算。尙須注意者，工場手工業的技術雖甚低級，而尙且爲生產力之發達有很大的貢獻，例如冶金工業等便是最顯著之例。當時銑鐵生產六百五十萬磅，占過世界之首位。

彼得時代所創的工業是從十八世紀的初頭以迄十九世紀的半葉都繼續着發達，這是一般的特色。而明顯地表現着助長商業資本並向其實業資本轉化的重商主義政策，已從彼得時代開始。此重商主義的政策，是倣效西歐諸國的成例：設立新「工場」，由國庫支出借貸及補助金；設定遍全生產領域的大資本之獨占權：設關稅，或禁止輸入，保護並振興國內工業；強制各種勞動，如農奴乞食及浮浪等人，一概使向工場手工業緊縛。如生產及交納關於國家與軍隊所必要之物品的事業，政府之借貸或補助特別豐厚；又爲保證事業之成功，謀財政之利益起見給與企業者以生產獨占權；生產獨占權不僅限於鑛山製鐵所，而並普及於麻紗、袜紙、絲織物、毛皮、製帽等業。惟是保護獎勵金或獨占權之付與難得有一定標準，與其說是根據生產部門的性質或發達的程度來定取捨；不如說是由於企業者個人之關係，感情或運動手腕來支配，是以弊害百出了。從而西歐的重商主義之衰退和實業自由主義之擡頭，早已反映於俄羅斯，據然在有名之卡薩隣二世(Katherine II)的「法制委員會」內面，聽到感染自由主義的思想之議員的演說；當一八五四年的時候，爲內國商業之大障礙的國內關稅，遂被撤廢。然而當時的俄羅斯工業，技術和組織均依然幼稚如故，若無政府之重商主義的政策相援助，則一日也不能存立的。

（三）

俄羅斯的工場手工業受了如右之溫室的保護，從十七世紀以至十九世紀初頭是非常的發達了。再回溯前言，當時的工業統計，甚不正確。根據某統計所載，則當在彼得大帝晚年工場手工業之數，是二百三十三個；卡薩隣二世即位之年（一七六二），是九百八十四個；卒去之年（一七九九六）是三千百六十一個云云。根據其他統計數字與此不甚相符；但無論根據何種統計，其兩端的數字總是相差甚遠，即此可見從十七世紀末至十九世紀初頭是有了顯著之數量的發達。再從勞役者的數字來說，一七九六年是確有十一萬九千。其規模最大的工場手工業，即勞動者的數目一項，亦有三萬八千人云云。此外如莫斯科絲織物工場手工業是九百八十八人；普倫斯克亞麻布工場手工業是一千五十九人；圖拉亞麻布工場手工業是擁有一千二百九十五人的勞動者。

俄羅斯的工場手工業之發展雖云急速，但與西歐的不同，也沒有產生資本主義的大工業，也沒有產生工業「資本家階級」。反因卡薩璘二世取極端保護貴族政策的結果，給與地主許多獨占權和農奴制的特權，所以農奴制的工場手工業遂壓倒本來的製造業者之「商人」工場手工業，造成十八世紀末之農奴制的「工場」繁榮期。不過此種人爲的農奴制的工場手工業之維持策究未能改善其地位，到了一八二〇至三〇的十年間，形勢就一變了，從前的優勢便忽焉顛落了。試一注意工場手工業內所使用的農奴的勞動者和自由雇傭勞動者的相互關係，便可明瞭一切。次表係除去鑛業、造酒業、麥酒釀造業及製粉業，而示農奴的勞動者和自由雇傭勞動者的相互關係的。

年次	「工場」數	全勞動者數	自由雇傭勞動者
一七六九—	—	四九、七〇〇	三九%
一八〇四—	二、四二三—	九五、二〇〇	四七%
一八二〇—	四、五七八—	一七九、六〇〇	五八%
一八二五—	五、二六一—	二一〇、六〇〇	五四%
一八六〇—	一五、三八八—	五六五、〇〇〇	八七%

各部間的差異如次表：

生產部門	工場數		自由雇傭勞動者	
	一八〇四年	一八二五年	一八〇四年	一八二五年
製絨	一五五	三二四	一〇%	一八%
製麻	二八五	一九六	六〇%	七一%
棉業	一九九	四八四	八三%	九五%

絲織	三二八	一八四	七三%	八三%
製紙	一四	八七	二二%	二四%
金屬	二六	一七〇	二八%	二二%
皮革	八五〇	一七八四	九七%	九三%
製繩	五六	九八	八五%	九二%

觀上表可知一八二五年間賴農奴的勞動力爲支柱者，惟有製絨金屬及製紙二三（地主及特許）工場手工業，其餘所有「工場」，殆全賴使用自由雇傭勞動者。

在此等部門中，所有工場手工業，均從其內在力清算農奴制的基礎，再入正常的發展過程，進而開始推行機械制大工業。他方，到底死守農奴制的工場手工業，不過賴極度的收取和保護主義的庇護以保全其殘喘罷了。譬如烏拉爾的冶金「工場」，卽其一例。該工場有從價二五%之銑鐵關稅和從價六〇〇%之鋼鐵關稅二重障壁，所以纔得勉強維持。其實此種高率關稅，維持國內一二舊式「工場」，而不足阻止西歐式之近代的製鐵技術之採用卽新事業之發達而有餘。當一八〇〇年之際，英吉利之總銑鐵生產額不過七百萬磅；所以生產一千三十萬磅之烏拉爾冶金工業便占了世界首位。嗣後數十年間，西歐諸國之工業一日千里，而烏拉爾所產銑鐵，當一八六〇年份猶是一千七百五十萬磅左右，不但對英吉利而望塵莫及，即較法蘭西，奧地利，普魯士亦相去甚遠，一直顛落到第八位。其他凡屬農奴制的「工場」都和這烏拉爾冶金工業，如出一轍。

（四）

非農奴的勞動，不得政府保護幷特權之給與的工業部門，其受政府的干涉也較少，故得及早採用自由雇傭勞動，與前述「工場」全在不同的過程中進行了。最足代表此部門者，首推棉工業。在纖維工業中，棉工業與亞麻布工業等相比較，雖可算是新式的工業部門，但外國製棉布的花標印花似早已流行在先了。次之，用外國製（以英吉利為主）棉紗為原料的棉織物工場手工業，自從十八世紀中葉為英吉利人之獨占的企業以後，此種生產部門，便次第隆盛起來了。此種部門，在一八二二年以前除獨占權以外並無保護關稅之設定，又無農奴的勞動力之採用，更不如其他工業部門之享有特權；然竟能表示其急速之發展者，因賴有英吉利棉紗生產之急速的發展，和低廉的生產費爲之庇護，所以雖在一八三〇——四〇年的經濟恐慌時代，也能開拓其販路；而且以廉價奪取素占優勝之亞麻布之地位。

一七七二年舊獨占權被撤廢以後，因花標，印花和棉織業，生產技術，比較簡單，即手工勞動，亦能優爲，所以此種生產部門，便化作個個的家內工業，分散到佛拉德米爾及莫斯科各縣去，其間就從使役家內工業者的商業資本中，次第產生工場手工業經營者。迄至經營者輩出，則自由勞動者亦相隨而至。所謂自由勞動團即在此時出現。同時發達資本主義的工業的前提條件——資本蓄積和勞動者階級——便於玆作成。

征服花標印花和機織的俄羅斯棉業的新形態，必然地發展到基本的生產行程之「棉紗紡績」。十八世紀末以來，開始設置的棉紗紡績，特因一八〇六的「大陸封鎖」，英吉利製棉紗杜絕輸入以後，猶如雨後春筍，遍地簇生。當一八〇四年的時候，不過紡績所數百九十九，勞動者總數六千五百八人，生產額五百萬盧布；經過十年，一入一八一四年，則有紡績所數四百二十三個，勞動者數三萬九千八人，生產額亦達六倍之三千萬盧布云。

然而，當時無論花標，印花，無論棉織，棉紡，都不過以手工勞動爲基礎，而從事工場手工業生產而已。英吉利機械之輸出，一旦解禁，各種棉工業機械蜂擁而入，於是機械製生產，即打開赴向大工業推進之道。如是向着棉工業中之機械製生產之轉化，便有摩羅速夫、達尼羅夫斯克、伏阿治納遜斯克等有名之最大規模的紡績工場出現。一八四〇——六〇年間以上所述各大工場，都借英吉利人之協作而臻於具體化。自此以後，原料棉花之輸入，也逐日加多了。一八二四——二六年間，每年輸入的棉花尚在七萬四千包左右；然一至一八四八——五〇年間，便達到百三十萬包之譜。他方棉紗的輸入，則自一八三六——三八年之六十二萬七千包激減至一八四〇——一八五〇年之二十八萬一千包。棉花輸入之激增，與棉紗輸入之激減，正所以表示俄羅斯之棉工業已經有了獨立的基礎，亦即是工業史上之一個重要指標。

在如是的高級的技術之上樹立基礎的棉工業，不能使用低級之農奴的勞動力，這是不消說的。這個工業部門當一八四〇年的時候，已完全移到自由雇傭勞動的基礎上。以後祇有逐漸發展。一方自由雇傭勞動者愈告不足；一方生產力也已達到狹隘的國內市場的限界，只因仍爲農奴制度所支配，無由解決此二大困難的問題。蓋因農奴制度一天不消滅，卽一天無由獲得自由勞動力；更一天不能擴大國內市場。所以農奴制度之淸算「農奴解放」確爲階級的利益之命運所繫，國之資本主義的發展之欲望所在了。這種欲望，雖因政府之對外發展策一時和緩些；但到了一八五四——六年克里米亞戰爭吃了敗仗以後，這種希望，不但沒有斷絕，而且避無可避，退無可退，變成國內市場的直面問題，而其解決，就由一八六一年的「農奴解放」來遂成了。

六　羅曼諾夫專制政治

（一）

上面講過，羅曼諾夫朝一出現，爲「農奴制度的第二版」的商業資本所激成的農奴制度，也同時出現。農奴制度便這樣完成的。正與初版一樣，在這第二版中的收取的樣式，本身也是依然是取着收奪的形態，由經濟外的强制，奪收農民的全剩餘勞動；不過新形成的羅曼諾夫政權，參加一些新的要素，卽參加了一點商業資本，從而更加複雜化，更加强化罷了。商業資本依着商品流通及其所促進的全國市場之形成，使莫斯科維封建制之封鎖的現物經濟的領地制度崩潰；同時對於以莊園制度樹立中央集權的國家之創造出了助力。此際的農奴制度，在莊園所有者——新興貴族階級看來，是其經濟的基礎；在商業資本看來，是其寄生的吸着部面。從而新新形成的國家，同時就有兩重的任務：對於自己所從立之基本的生產關係——收取關係的農奴制度，有使之確立并強化的必要；對於商業資本要轉化爲實業資本所需之前提諸條件，有替他豫先作出的必要。當在此意味中，羅曼諾夫政權，便非用絕對主義政權不可。在國家支配形態中的此種性質，雖然要到後年纔明確地表現出來；但在羅曼諾夫朝的胎生時代既已作了萌芽而存在了。查俄羅斯的專制政治本在羅曼諾夫朝以前，猛伊凡之時，已稍露萌芽。我們會記得一五六四年猛伊凡征伐里佛尼亞（Livonia）因里沙尼亞和波蘭的干涉，遭了失敗，國內的新興貴族——莊園所有者聯絡大商人，破壞舊來的行政委員會（Select Council）。此時猛伊凡就重新復規專制君主的形態。然而「黑暗時代」和農奴制度同時震撼了政治形態的專制政治，其完成和確立，則不得不待到羅曼諾夫朝的出現。其實當在羅曼諾夫朝的初期，尙不能實現完成形態中的專制政治，須到了彼得纔見開始確立。

專制政治云者，形式上是如法蘭西王路易十四(Loius XIV 1643-1715)所謂「朕卽國家」一語之意，國王絕對無何等束縛得自己從其恣意，遂行國政之謂。實質上是立於農奴收取的利益上，代表新興貴族——地主及從屬於地主的大商業資本——工場手工業資本的利益；而且不否定「沙皇」所領導的專制官僚主義之一定的獨自性。因爲官僚一方面是爲地主的利益和貨幣的利益作媒介，一方面保持着一定之獨自的脚色。

帶有幾分假名官僚的官僚制度雖已隨着羅曼諾夫朝的出現而形成，但其十足完成也須等到彼得時代，特是北方戰爭之後。那時，爲貴族(Boyars)之牙城的「貴族會議」業已消滅，代之而起的是「元老院」。「元老院」是忠實地執行沙皇的命令的機關；其議員悉皆由沙皇所任命。和「元老院」相並而在其監督之下的，有分擔國務之各部門的諸省之體系(Governors 一作大省總督)。例如：司法省、財政省、監督省以及有關經濟的意義的鑛山監督省、工場監督省、工商省等是。在此等諸省中各設主務大臣。更於地方的官僚組織，有縣知事、郡警察署長、郡警察分署長、及巡警。

如此整然的官僚制度，如網目一樣，張布全國，無絲毫疎漏。他們和以前之世襲的——身分的純封建的官吏不同，是有給的僱傭官吏。雖說是龐大的官僚組織，但在實質的支配者看來，這是很便宜而且有能率的。官吏中的樞要職分，差不多爲莊園地主所獨占。他們在社會的方面是農奴主——地主，在政治的方面是國政事實上的遂行者，故有絕大的權力。這種俄羅斯專制君主制和貨幣的利益的接觸面之官僚制度，後年更變作最「醜惡敗德的」政治的處理之舞臺，贈賄和受賄，變成日常茶飯的現象，展開了羅曼諾夫——專制政治之幾多黑暗面。

（二）

其次，常備軍是鎮壓隨農奴制度確立而頻發的農民激昂的手段，又是遂行封建的侵略主義的武器，兼有對內的及對外的意義，當然是羅曼諾夫農奴制國家的最重要的強力機構之一。羅曼諾夫朝的最初的常備軍，是由外國的傭力成立的。我們曾記得假冒者，狄米脫里(Impostor Dimitri)和皇帝布理士·哥登諾夫(Boris Godunov)戰爭的時候，哥登諾夫所率的國民軍，悉離彼而去，投入叛軍，所有留戀不去者，僅有一部分德意志的傭兵，誰知竟使後來羅曼諾夫朝遂以外國傭兵組織常備軍。可見事物之成立，定有因緣。適當其時，西歐方面，三十年戰爭業已告終，失業兵士，續出無窮，皇帝亞雷克薩（Alexei）將其大量的召募，編做軍之基本部隊。然若說以前的國民軍因民族的紐帶和階級的地位的關係，不能作爲軍官以充鎮撫內外之用；那麼，外國的傭兵，不過爲貨幣所左右之商品的軍兵，畢竟要暴露其無能的。於是第一次常備軍編成的方針頓挫了，再從新的方向講求打開之道，從一般廣大的國民中選其高級而且高價的兵士，使其永久離開階級的出身將一個常設的兵營認作第二故鄉，永住在此，忘懷其他一切。總之，此次所選拔的軍兵，是從一切階級而來，無論肉體方面，無論精神方面，均最優越，所以毫無階級性，始終可供支配階級之利用，而成爲健實無比唯一之強有力軍隊。如有農民激昂不平，欲思反抗農奴制度之重壓，只要此種新軍隊一動員，即可粉碎非組織的分散的而無經驗之農民的軍隊。我們觀於勢力已達莫斯科維的拉新（Razin）叛亂，竟被此種新軍隊打得一敗塗地，即可知其故了。

當彼得一世時代，極講求兵器上的改善，所以常備軍的勢力，就益加發揮了。例如廢止舊式的火繩銃，在鐵礮的尖端上嵌劍而變作火打銃，此種簡單的改善，在當時實可算是一大發明了。蓋舊時的情形槍和鐵礮分離，一方槍隊在戰爭的時候，他方的鐵礮便在休息戰鬬；然到了彼得時代，全軍多是槍隊，同時又多是鐵礮隊，所以軍隊的戰鬬能力便倍化起來了。彼得抱着封建的侵略主義的野心，專致力於戰爭，大小數十戰，雖間有敗績，然終歸勝利。一六九五年南進，佔領土耳其的亞速夫（Azov）打開了向黑海的門戶；又曾攻伐瑞典，於北方戰爭時（一七〇〇——二一年）進到波羅的海岸，創立了聖彼得堡。這都是這種新軍隊的功績。

警察機關是羅曼諾夫朝之又一個的強力機構，當維持國內平時治安之任。最初，在警察機構的中樞，置沙皇直屬的機密處，其權限甚大，除沙皇以外不受任何意志所制限，執行沙皇的祕密命令，專恣橫行，不可一世。後來此種機密處，雖被憲兵隊和警視廳所代置；但其無限的權限，依然存續如故，不過一轉移處所耳。當彼得在時，除小數的地主、官僚、大商人、及企業家以外，人民的反動是很劇烈和強項的，社會革命運動，已有漸漸勃與之勢，是以機密處爲講求執拗的對策起見，在俄羅斯全國張佈無數的間諜網，其組織之堅牢，其刑罰之苛酷，使後年的「民意黨」尙致三歎，其在當時如何促成恐怖，已可概見。

（三）

地方上的農奴裁判及處罰權，向來操諸地主之手。敍述農奴制度的時候，已經講過農奴主——地主得以死刑以下任何刑罰加諸農奴，有流徙農奴於西伯利亞之權；不過恐怕喪失了勞動力的地主，則不大行使此種流刑權利。最普遍的刑罰是笞打，其主要的刑具爲棍棒籐鞭，皮鞭，最後還有舶來新刑具。地主們握了此等刑具，無慈悲的責打犯罪的農奴，有時處罰度數過甚，縱將農奴打死，其責任也不在地主，反要歸咎於該當處罰的農奴本身或其家族。巴克羅夫斯基說：『笞打農奴，和要馬急走，務須在馬上加鞭一樣，我想這算不得一件稀奇事』，他且舉例如次：

『有農村主人波羅托夫者，他是一個有名的地主，而且素負有教養之名。他有一段日記說道：「我爲了一件盜案要農奴招認共犯者，繼續用了五次拷問；奈百姓頑強如故，初則默不發言，繼則指名與事件絕無關係的人們。此等人同樣遭了拷問，當然不能從他們拿出證據來。我恐將犯人拷問致死，遂變了一個法子，將他手足束縛起來，關入熱氣騰騰的浴槽裏之後，強迫他吃食鹹魚，并嚴加看守，在未將眞情自白以前，絕對不與飲食。該犯人終因渴不可忍，遂將所有共犯者，一吐了眞名實姓」云云」。

上面雖說是農奴主——地主對於農奴的私刑，然一般的裁判機構，也不過是農奴主階級之專斷的處罰機關罷了。無論何種身分組織的裁判所，所有一定官吏都被農村出身者占了位置；若樞要地位如裁判長及副裁判長的地位則依然握在農奴主的莊園所有者——地主階級之手；農民出身判事，不過是他們的從僕罷了。所以神聖的裁判所，卽公然施行野蠻拷問的機關。此種拷問制度，究能向何種階級強行的呢？這是無待述的。縱有農奴主——地主偶然到了拷問臺上，將被置在鞭笞之下，他們尙可向拷問執行人贈賄，其應受苦痛之輕重卽以所贈款項之多寡爲轉移，故重亦不過責罰手心罷了。然而這種拷問到了「文化的」女王卡薩林時代，卻被廢止了。不過有些書籍是說拷問迄至六十年代，尙在祕密施行。當然，上面所述的是裁判上的拷問，至於憲兵及治安警察的拷問，其後尙在施行甚久。

和拷問一樣，死刑也由依利薩伯（Elizabeth，174-62）女王與以名目上的廢止了。此際也不過是一種僞瞞的行爲，笞打過度致死，究與死刑何異？所以裁制所每將笞打的度數，增高到致死的數量，以收與死刑同一的效果。此不過別用名目以代死刑二字罷了。譬如說笞打五十次以代死刑云云，其實笞打若到了三十次，則無論何項人，均難逃一死了。況死刑有定，而笞打卻反無據，毒打一次，可以致死，輕打雖百次無妨；是以地主及裕福的商人，縱罹法網亦何難在笞打執行人袖底之下，貢以賄賂，不獨可免於死，而且可免一切苦痛的。

和其他國家的封建時代的情形一樣，俄羅斯也是公然施行此等拷問或處罰以威嚇國民了。然其裁判所中的審理判決，則是完全的祕密裁判，黑暗裁判。當時的裁判情形，是由裁判官根據調查文件及書面形式的言證下判決，對於被告，惟有使其聽讀判決罷了。其間的判決過程，完全保守嚴祕，如有洩漏祕密者，可作刑法上的罪人起訴。此種黑暗判決，恰好變成富裕的地主或商人的活躍舞臺，賄賂當然是公行的。他們對於裁判官的贈賄，猶之對於門房小使償賜小錢，同一觀念。

然在當時正在擡頭的商工業資本家階級方面，以爲賄賂務須多金，覺得是一種重擔了。如是以「農奴解放」爲契機，官僚組織，裁判所，警察等都集中攻擊於他們身上。而羅曼諾夫專制國家惟在裁判領域以內是無最多讓步的餘地的。由於亞歷山大二世（Alexander, II, 1855-81）的

「裁判改革」，當時西歐羅巴的最進步的裁判形式，就被模倣起來。文書的祕密裁判，一變而爲辯論的公開裁判；當有重大的刑事事件的判決，則由民間選拔判事以當之；又對於不甚重大的事件，則適用選舉制之「平和判事」制度；不消說，以前所有笞刑及其他拷問，自在廢止之例。此次的「裁判改革」，最乏欺瞞，是以追隨者門，恆視此舉爲「一大偉業」，稱讚不置。雖然此舉並不斷絕支配階級的出路。第一、都市內得爲裁判官者，須要一定之資格（相當之收入）；此種資格，到底不是小市民或勞動者所能具備。農民欲爲裁判官者，必以前曾在農民的自治團體服務，並須有一定之教養；此亦大爲大多數農民所缺如的。「平和判事」，亦同一規定。更重大事件用口頭辯論來裁判云云，太自慢的改革，打開亮窗來看，便可知道是專爲奉承支配階級的利益而設。素無教育的貧乏人，連裁判所的作法尙且不知，故口頭辯論的利益，豈彼輩所能均霑，還不是能够僱傭熟識裁判形式，以裁判所爲家的職業辯護士的有產者，纔浴得這種恩惠麼？對於貧乏人，雖說有官選辯護士的制度，但他們大都缺乏經驗，通曉之處甚少。若老練闊達的辯護士，對於沒報酬的事件，儘可能的將他來延宕。不但如此，口頭辯論，且可用所謂禁止傍聽四字來消失其一切的意義的。要之亞歷山大二世的「裁判改革」，並沒有改變往時祕密裁判的本質，不過罩上近來的衣裳罷了。這個近代的衣裳的部分、結局還是爲有產者保障利益的。

（四）

最後試就『地方自治機關』（Zemstvos）來說一句，在亞歷山大二世之「地方自治體改革」以前，關於小犯罪之裁判，處罰、道路、橋梁、學校、病院之設備等等地方的問題，完全由農奴主——地主和大商人們任意處理。關於俄羅斯人口占九〇%的地方住民的命運的問題，便如是在地主階級的掌握中。一八六四年之「改革」，不過仿傚普魯士的地方自治制度，設置一「地方自治機關」罷了。普魯士地方自治體的選舉資格，依納租的多寡，分作三個階級，是資本主義的原則；俄羅斯「改革」時的地方自治體的選舉資格是依身分的原則，也劃分爲三階級：全投票三分之一是「個人的土地所有者」，即農奴主——地主有之；他的三分之一是「分有地」所有者，即農民有之；最後三分之一，是其他份子，即資本家階級有之。在郡會中雖亦同樣分三階級，但不由人民直接選舉，是由郡自治體執行，所以縣會議員的人數，各階級便相差遠甚了。其大體標準：地主及官吏占五分之四，農民占十分之一。地方的參事會，爲地方自治體之事實上的常設執行機關，斷然以地主的勢力爲最優；郡參事會縣參事會都絕對以他們占多數，農民的勢力全不成話。

反之，政府賦課於地方人民之地方稅，則適與選舉正反對。農民背負最重的負擔，地主寧被課輕稅。例如「分有地」（參照後章）即農民地，每一俄畝須納地方稅四〇加貝克；直屬地即農奴主——地主的土地則只納二一加貝克；若國有地及御料地，則僅納一二加貝克可也。

一般中央政權之力甚強，地方自治體之權力反被縮少。例如裁判官之選任，雖依舊被握在農奴主——地主之手，然以前曾在他們手中的警察官，今則和縣當局一同受中央政府之任命。又郡縣會前身之貴族會對沙皇本可直訴，今之郡縣會則無此權能等等。

全以農奴制度爲基礎之羅曼諾夫專制社會之政治的上部構造，已如前述，沙皇綜核此政治的支配機構，立於莊園所有者——農奴主及大商工業者之上，得將占人民之十九之農奴，繫止於彼等隸屬之下。於此構築了以「脫沙」爲頂點，以一億之農奴爲基底的農奴制社會之金字塔體制，開二百五十年子孫帝皇之業。

如斯於羅曼諾夫專制——金字塔型構造之底部之下而有農奴的農民生活，日在窮乏之中，被極度之非人間性所壓迫；反之在其上部之宮廷以至貴族之生活，則日沈溺於過剩之富裕中，充滿了奢華，浪費和敗德。

七 商業資本與封建的侵略主義

（一）

當羅曼諾夫的初期，軍備尚未整齊，所以對於拉新叛亂一類的農民運動之鎮壓，已覺忙煞，遑論捉獲外國侵略之機會呢？溯自一六一七年與瑞典講和，雖歸回諾弗哥羅，然波羅的海的出路被遮斷；又一六一八年與波蘭議和結果，失去斯摩稜斯克以南，除基輔區域外，所有地尼伯河以西的烏克蘭土地完全讓給波蘭。此時的莫斯科維國家的國境，差不多歸到十五世紀的舊形狀去，迄至以後波蘭國內發生叛亂，於莫斯科纔得見有利之展開。

正和頓河哥薩克人以拉新爲首領叛亂莫斯科一樣原因，東南部的哥薩克人以正教紳士喀默尼斯基（Bohdan Khmelnisky）爲先頭，對於波蘭利德華政府，揭起反叛之旗。

波蘭·利德華王國的東南部，以地尼伯河之中流基輔爲中心的地方，也達到和莫斯科維國內一樣的經濟的發達階段，也有一種農奴制度支配着。農奴主——地主率着商業資本，支配了經濟和政治。居住在都市內的小商人，小手工業者也呻吟於農奴主——大商人的支配下。惟是哥薩克之巢，自由之地，薩波洛琴人（Zaporogian）在指呼之間，如是對於莫斯科維政權常作叛亂之薩波洛琴的哥薩克，對於波蘭支配階級，卻有深仇，且在繼續反波蘭的叛亂中，居領導的地位。波蘭政府常以精銳的正規軍和俊敏的警察力，相機進剿，鎮壓住他們的叛亂。然而基輔其他，烏克蘭的都市的住民，比頓河　哥薩克人有教養，他們有他們自身的知識階級，有自己的組織，病院，或以附設學校的教會組織爲中心的自己之「組合」，罩了此種宗教的外被的階級組織，正是波蘭政府的目中釘，肉中刺。波蘭政府爲破壞，撲滅此種「組合」起見，特採用了官許教會組織「聯合希臘教」，此乃使所有教會從屬於政府所任命之大僧正下的計畫。烏克蘭的市民及農民，以正教爲旗印，對於要想解消自己的階級的組織，「組合」之「聯合」作戰了。波蘭政府過於自信，欲促成統一者，反釀成分裂。所有市民、地主、農民、手工業者、正教徒皆一齊以政府爲敵而與作戰了。迄至富裕階級之代表者喀獣尼斯基做了哥薩克民團的首領，戰事一起，政府軍的形勢便一日不利一日。虎視眈眈窺伺這個機會已久的莫斯科維政府，便附和喀獣尼斯基方面，一六四八年勝敗遂解決了。如此以後，還經過了許多曲折，莫斯科維政府乃於一六六七年，在烏克蘭內面獲取了基輔和地尼伯河左岸之地。

到了十八世紀彼得大帝即位的時候，侵略的行動，俄然活潑起來了。當此之時，農民運動，一時都歸沈靜；內政方面，多少有了餘裕；因彼得之軍隊業已近代化，且有了近代的戰備，所以大規模之對外侵略就要乘機而出了。而此時可以說是俄羅斯開始爬上國際外交的舞臺。

十八世紀之俄羅斯之封建的侵略主義是完全奉戴商業資本之利益的。商業資本之利益，爲開發俄羅斯商品的販路，故在北方則獲得波羅的海之支配權；同時，在南方則進出黑海，而握其霸權了。如斯置南北兩洋於自己的支配下，從此和世界諸國談自由貿易通商，此即俄羅斯商業資本之宿望也。前者即「北方問題」是在十八世紀上半葉，由主角彼得大帝來解決；後者之「南方問題」（亦叫南下政策或東方問題）則在十八世紀下半葉，由主角卡薩隣第二來解決的。

（二）

十七世紀之俄羅斯，全爲瑞典所制，自波羅的海被擊退以後，勢力卽難越西方一步。此可忍，孰不可忍，俄羅斯之商業資本必思報復，事所當然，所以忍耐未發者，惟俟復讎機會之來臨罷了。職是之故，俄羅斯當時就在努力養成歐洲一流強國如敵國瑞典一樣強力的軍隊；又與瑞典的競爭國波蘭及丹麥聯結同盟；然後爲奪取波羅的海之故，決意賭國運與瑞典作殊死之戰了。

當所謂「北方戰爭」之最初一戰那爾瓦（Narva 一七〇〇年）戰爭之際，殊出彼得意料之外，開始卽遭了慘敗；猶幸瑞典國王查理十二（Charles XII）於一度摧毀莫斯科軍之後，卽不加追究。此在查理方面，原以俄羅斯爲初登國際舞臺之國，視爲藐小，既非我敵手，縱之復何傷；殊不知此卽瑞典之失策，日後將有噬臍之痛，蓋與彼得以有強化軍隊之餘裕故也。果不出十年之間，俄羅斯臥薪嘗膽，竭全力強化農奴收取，重整新式軍隊；祕密占領芬蘭灣沿岸，施以嚴重的防備，且移其大本營於此地；嗣後又建都於聖彼得堡，作了全俄的基礎。當瑞典發覺之時，業已過晚，欲通波羅的海以攻擊俄羅斯已成不可能事於是求援於烏克蘭的哥薩克，欲從此方面進擊，但更不成功了。波爾塔瓦（Poltava）之戰（一七〇九年），瑞典軍便和十年前完全相反，竟被教俄羅斯軍殲滅了。形勢既相反，俄羅斯就改守勢爲攻勢，戰爭尚繼續十二年之久，瑞典到底失卻勝算，遂於一七二一年成就「尼斯塔」（Nystat）之媾和，瑞典便不得不在此公然承認自己之敗北了。俄羅斯在此次媾和由瑞典獲得之地，除聖彼得堡和喀朗斯塔得（Kronstad）所在之尼瓦河河口不消說外，尚有維堡（Viborg）里加（Riga）勒佛爾（Reval）等的波羅的海沿岸諸港。如是俄羅斯的商業資本手中便握有歐亞二洲，波羅的海與裏海所聯結的大水路之北端了。以前，輸出品須通白海迂回斯干的那維亞（Scandinavia）而入目的地英吉利；今由波羅的海直達，前後運費相去，不啻有天壤之差。瑞典從此就不得不急速走入衰退一路了。

然而對於波羅的海的工作，尚不能算作完成。維堡也罷，勒佛爾也罷。里加尚且一年中有數個月結冰，絕對不利於航行，所以務必在波羅的海內尋出一個「不凍港」來，這都成爲戰勝後的課題了。北方戰爭後不三十年，解決這個課題的機會果然到來了。十八世紀的中葉，俄羅斯豈不是參加所謂「七年戰爭」（一七五六——六三年）的麼？其眞目的，在攫得庫爾蘭（Courland），因此州有不凍港里巴（Libau）和溫道（Windau），名雖向波蘭要索，實則由普魯士奪取。當時關於印度及北亞美利加殖民地一事，英吉利與法蘭西之間，互相爭奪。英吉利與普魯士攜手；法蘭西則與奧地利亞同盟，各不相讓。俄羅斯之目的物在庫爾蘭德，實質上須從普魯士的勢力範圍處尋普魯士構釁，其對敵之陣營則須附和法蘭西方面。此次戰爭俄羅斯得了部分的勝利，俄羅斯軍正欲將普魯士的海港哥尼斯堡（Konigsberg）一幷占領；殊不料軍隊及國力甚覺疲弊，不能確保其勝利的結果，遂一無所得，竟與普魯士單獨媾和了。

俄羅斯今已與「七年戰爭」之敵軍普魯士提攜來分割波蘭了。因爲卡薩隣二世自得帝位以來，卽欲分割波蘭，情難自禁，所以普魯士送至分割提議之時，他卽認爲時機成熟，首先占據了波蘭的東部地方。此地固多俄羅斯移民，且當卡薩隣二世占據此地之時，對於波蘭的官吏及農奴主——地主，毫不干涉，所以沒有碰到強烈的反抗。問題只在住着波蘭人的西部地方。該方面的普魯士——俄羅斯聯合軍常受頑強的抵抗，只有用殘酷的手段去鎭壓的一法。結果，一七七二年俄羅斯得了白俄羅斯；一七九三年及一七九五年又得了波蘭所保有的烏克蘭殘部和萊多尼亞的全部及宿志所希望的庫爾蘭德。然在這「第一次波蘭分割」中寧將華沙（Warsaw）歸入普魯士了。

「北方問題」於是一切都告終結，俄羅斯附近的波羅的海，完全收入在俄羅斯霸權之下，然與此相並行的「南方問題」又漸漸帶來重要性了。迄至「七年戰爭」爲止，俄羅斯輸出於外國的商品，是脂肪、船檣木料、麻、蠟及毛皮等；穀物的輸出還未盛旺。然從此次戰爭以後，莊園內面的農奴制的農業生產已漸發達，穀物遂爲輸出品中的一重要項目了。一般俄羅斯的對外貿易雖要到二十世紀的初頭，纔從穀物輸出上長成發展起來；但其端緒卻於此際造成的。然而控制波羅的海的國之中央部，如前面講的，農奴制的農業生產，大有衰頽的傾向，每況愈下，已非人力所能挽回。因此之故，特地花費莫大之犧牲而得獲取的交通路，亦不能充分利用了。反之，國的南部地方地味非常肥沃，後來竟有「穀倉」之稱；且既於此時代生出近代的農業經營的萌芽；如果論農業生產，可以說是開始壓倒中央部。惟是，這個地方去波羅的海太遠，倘要尋海上的出口，就非經過黑海不可。

因爲黑海當時是和亞速夫海及其沿岸的克里米、敖德薩等同在土耳其勢力範圍以內，所以與土耳其的一戰，是難避的。女帝卡薩隣二世就與「波蘭分割」相提而並行此南下政策了。即俄羅斯於一七六九——七四年的「第一次土耳其戰爭」獲取敖德薩；更於一七八三年實現「克里米合併」；於一七八七——九一年的「第二次土耳其戰爭」遂握到亞速夫海及黑海的支配權；坦大尼爾海峽（Dardanelles）的航行權，也在這個時候奪取於土耳其的。

如是爲俄羅斯商業資本之大動脈的南北貿通航路業已完成；同時，以二三的小侵略（譬如：一八〇七年由瑞典奪取芬蘭等）爲中間的插戲，而在十八世內面的俄羅斯之封建的侵略，於此閉幕。

（三）

「北方問題」及「東方問題」是在十九世紀初頭再登外交舞臺的，不過今後所取的角度相異，因而所得的結果不同。

上面講過，一入十九世紀，俄羅斯的工場手工業生產，將其農奴制的勞役組織，則次第擧而棄之既而對於機械大工業之轉化則在窺伺機會以趨之。其工場數、勞動者數、以及生產額等，比在十七世紀末葉工場手工業生產的初期是明示激增了；國民經濟中的工業生產之比重是增高了；新興資本家階級的勢力無論經濟的，無論政治的，都是發展到從來的支配階級所不能無視，閑卻的地步了。十九世紀前半中的俄羅斯帝國之封建的外交政策，是不得不迎合此新興資本家階級的意旨而有多少複雜化了。

先是，西歐羅巴的中心地帶，法蘭西，爲着廢棄封建的生產之最後的樣式，誕生近代的生產樣式，繼續奮鬭，實開前代未曾有之困苦了。隣接諸國，特別是英吉利爲防止法蘭西革命的餘波波及己國，起見；又爲欲將獲取殖民地積蓄多年之對法鬬爭，趁此機會一舉而解決之，乃游說諸國，包圍法蘭西，組織「第一次對法同盟」。俄羅斯此際之立場，是參加於以英吉利爲盟主之對法同盟。蓋英俄關係是一種物質的關係，是以物的需要而成立的。由英吉利之產業資本輸其工業製品於俄羅斯；反之俄羅斯的產業資本則將穀物，其他輸出於英吉利。若由俄羅斯方面來說，則英俄同盟是俄羅斯商業資本所要求的根本方針了。初保羅一世(Paul, I 1796-1810)雖忠實服從此根本方針，但如前述，他畢竟破棄同盟，投入反對方面之法蘭西陣營裏去了。當然必來的結果，定是英吉利封鎖波羅的海；保羅自身甚至於某夜被人暗殺於寢牀中了。兇手為誰？此陰謀之原因為何？大概是不滿於保羅破棄英俄同盟之人即商業資本的利益是矣。（保羅之子，繼承帝位之亞歷山大亦參加此陰謀）亞歷山大一世(Alexander I, 1801-1825)一即帝位，便立刻復活英俄同盟。然由大革命，急速趨向資本主義的法蘭西今得拿破崙，勢如破竹，英吉利之同盟政策悉歸失敗了。即一八〇五年有俄羅斯——奧地利的公盟，一八〇七年有俄羅斯——普魯士的同盟軍，多由拿破崙軍喫了慘敗。於是英吉利不但包圍法蘭西政策露了破綻，而且形勢亦直下逆轉了。一八〇七年的爾西特(Tilset)和平條約一成，歐羅巴諸國都被強制加入所謂「大陸封鎖」的陣形中，從此反使英吉利孤立。俄羅斯的親英政策，嗣後五年間雖將變為假死狀態；然此五年間，確使俄羅斯因英吉利之工業的競爭，被人為的所隔離之實業資本，便得到了一大飛躍的絕好機會。工場增設了，勞動者數增加了，工業生產額也從此作未曾有的飛騰了。

（四）

不過，他面俄羅斯的商業資本，不堪長遠因「大陸封鎖」喪失其自己之生命線，此五年間爲屢欲脫離法蘭西的羈絆，繼續了種種的策動，有時甚至以前皇帝保羅一世之運命脅追亞歷山大一世，尙且不惜而爲之。遂於一八一二年，不能抵抗商業資本之壓力的亞歷山大一世，便宣言與法蘭西斷絕國交了。拿破崙爲懲罰俄羅斯故，率了五十萬大軍，長驅直入，陷落莫斯科。莫斯科市街，均遭火災，歸於灰燼；法蘭西的遠征軍因兵食盡而退卻，途中遭俄羅斯軍的追擊，如大風雨之襲來，失去兵員大半，千辛萬苦，纔得歸還巴黎。從此以後，拿破崙的運命便開始傾斜，英吉利的同盟政策又復活起來，拿破崙之二次反攻（一八一四——一八一五年）也被同盟軍擊退。特於一八一五年俄羅斯軍占領巴黎以來，法蘭西之野心遂一敗塗地。

法蘭西之敗北，英俄關係之復活，特與立在發展途上之俄羅斯的實業資本以打擊無疑。然其間根深蒂固之實業資本究未因繼續反動時代的暴風雨，傷損其根本，一八二二年又使農奴主的專制政府，因不得而讓步，使工業商品之輸入，依然適用高率關稅。

先是不遠，俄羅斯乘對法戰爭之勝利，一八一五說服普魯士，奧地利，締結「神聖同盟」；幷糾合其他歐洲諸國於其傘下。「神聖同盟」，不外於對法蘭西之資本家階級的自由主義的封建的反動之政治的同盟。嗣後歐洲雖暫經過陰鬱的反動時代但俄羅斯則以「神聖同盟」的盟主以反動的支柱，歐洲的憲兵，暴露其眞態。

在「維也納會議」中，俄羅斯實現了「神聖同盟」之締結；同時將波蘭（正式言之爲華沙侯國）作爲報酬，納入自己的手中。而此波蘭的獲取，卽不啻向歐洲獲取立足場；然以進出西歐的地點爲誇耀的亞歷山大一世，對於獲取上所蒙的犧牲，是毫無躊躇的，是毫不愛惜的。維斯杜拉（Vistula）河中流的資本主義化，已在俄羅斯之上，其實業資本將有壓倒俄羅斯實業資本之勢。自國的產業資本界之悲鳴，亞歷山大不但充耳無聞，而且要與波蘭人攜手給與「波蘭帝國憲法」，因此大遭國內反對與論譁然，大有四面楚歌之勢。聖彼得堡的商人憤待遇之不平，首先責難政府，也主張要求給與憲法，幷在外飛散流言，說沙皇愛護波蘭，憎惡俄羅斯。如是，首先發現資本家階級革命團體，有所謂「十二月黨員」者，其陰謀爆發的前夜卽一八二五年十一月十九日亞歷山大一世已物故。尼古拉斯一世（Nicolas I 1825-1855）一方從嚴懲處「十二月黨員」五名被處絞刑，其餘都流放到西伯利亞作苦工，貴族的知識精華從茲喪失；他方面政府將從前所執的政策大加更張，不但不將波蘭與俄羅斯同等待遇，而且將其待遇降至水平線以下；所有問題，就從此「解決」。從前先帝所與之「憲法」，不消說，至此自在取消之例。其實該「憲法」亦不過是欺瞞的——掩飾的，其所有效力聊勝於無罷了。

（五）

尼古拉斯一世之時代，——「農奴解放」（一八六一年）之過度時代亦轉換時代。彼以農奴制度爲基礎之羅曼諾夫——專制政治，已由其自身的辨證法成就內部的變化，伺候新時代的轉換。嗣後將舊生產關係迅速地導入解體，以新生產關係之擔當者自任，爲一切變革的要素之代表的，不消說只有新興實業資本家階級了。該階級發達之固有速度，雖說受了強固的農奴制度之抵抗而顯其緩慢；雖說當尼古拉斯時代，尚未至壓倒舊支配階級之農奴主——地主階級；然卻已臻臻日上，具備着實力，與地主階級並駕齊驅了。他們的階級利益是在自由勞動力之獲得與販路之擴張，依國內問題而論，則無論那一種都是與「農奴制度」及其擁護者之地主，和從屬的商人階級之利害相衝突，難得有解決之希望。於是國內問題，只得置之勿論；無寧在無礙於農奴主——地主，商人之利害的範圍內，就對外政策中解決此問題，這是當時的實在情形，在產業資本家方面，確是有利無害的。商業資本和實業資本在對外政策上的相提攜，已在互相默認中成立了。然而以波羅的海為中心的北方航路，是幾多前進諸國的、工業競爭的舞臺，究不是這俄羅斯之幼稚的實業資本所得自由伸翼的部面。在他們方面無寧是南方的後進諸國，確為其恰好的活躍部面。同時，在商業資本方面，也可在此等諸國中，看出自己之小麥貿易上的競爭者，乘機與以打擊。「東方問題」便不得不再活潑了。迄至一八二〇年，希臘人在土耳其起了叛亂，誠此良好時機，豈肯交臂失過。一入尼古拉斯一世時代，因土耳其及波斯的戰爭〔一八二八年以占領斯利凡（Erivan）為終，約二十年間之對波斯戰爭，一八二八——二九年，一八三一年之對土耳其戰爭〕，俄羅斯資本乃得在此等方面得到商品的廣大市場。然自此以來，俄羅斯已不得不視舊日之商業資本的同盟者的英吉利為仇敵了。蓋自一八二二年採用保護關稅以後；觸犯英吉利資本主義之逆鱗的俄羅斯，今將企圖從土耳其，波斯，更進向中央亞細亞及阿富汗印度國境進出，到處與英吉利資本衝突，犯其權限和利益。英俄關係，便從此風雲告急。當時法蘭西也以俄羅斯進出東方，引爲恨事，遂由英吉利發起兩國結爲同盟，他們對俄報復的意志便愈加堅決和鞏固。而一八四九年俄羅斯以扶助奧地利鎭壓匈牙利爲口實，出兵該地；一八五三年占領摩爾達維亞(Moldavia)和瓦拉幾亞(Walachia)(現今之羅馬尼亞)，開始與土耳其作戰，俄羅斯艦隊殲滅土耳其艦隊，正要占領多年宿望之君士但丁堡，當進軍之際，英法之對俄共同動作就斷乎阻其進路。英法聯合艦隊入黑海，將俄羅斯的黑海艦隊追入根據地塞巴斯托波爾(Sebostopol)；同時在多腦河對岸的奧地利軍和俄羅斯陸軍，均被英法聯軍所控制或阻止而失其作用。形勢全歸俄羅斯不利了。海戰方面俄羅斯的帆船和英法的蒸汽船相對壘，勝敗之數，不難決定，十一個月包圍之後，俄羅斯的黑海的軍港塞巴斯托波爾遂告陷落。(克里米亞戰爭，一八五四年——五六年)巴黎會議結果，俄羅斯不能在黑海設艦隊。抱薔薇色之希望的「東方問題」，便從此永遠沈淪於黑闇之中；實業資本所決定的問題之販路擴張問題，也以此慘淡的結果而終，不敢再作對外政策以重提了。無論如何，問題就不得不在國內解決，除此以外沒有血路。徬徨失所逆境難堪的實業資本，和因克里米亞戰敗，痛感近代的軍事實業及近代的軍隊有培養及編成之必要的專制政府，兩下動向一致，均覺得有改革的必要，遂於一八六一年宣告「農奴解放」於全國了。

八　農民運動和革命的資本家階級

(一)

以上，我們已從二三方而究明「農奴解放」的動機；試再一瞥農奴制度本身所起的直接反抗的農民運動，和以廢棄農奴制度爲目的之革命資本家階級的運動；是如何積極的地展開的罷。

我們已經知道農奴制度之初期中的一大農民運動即拉新的叛亂，嗣後百年間，沒有發現規模和此相匹敵的農民叛亂，此正是羅曼諾夫政權確立之標記和表示了。其後又約百年，到了十八世紀的下半葉，農民運動又再活潑起來，遂結成「浦加撤夫的叛亂」（Pugachev Rebellion, 1773-74）。這次的叛亂雖不久卽被撲滅，但它卻明示我們俄羅斯是那樣的一個社會的火山，是這樣的將近崩潰了。

浦加撒夫的叛亂可和拉新的叛亂並稱爲農奴制時代之大農民運動，也以頓河·哥薩克爲母胎而產生的。此運動一起，俄羅斯之勞動者階級的祖先，烏拉爾地方之農奴工業勞動者便首先參加了，他們所製造的大礮和火藥，於浦加撒夫軍增加不少的威風和勢力，使來鎭壓的政府軍頗費手續和煩惱。

浦加撒夫叛亂的中心舞臺，烏拉爾及保伏阿基埃雖今日還是留着豐饒肥沃的土壤，爲小麥的生產地。在當時因小麥由該地輸出甚旺，故更有重要性。因此，農奴主——地主的收取慾便益加貪婪，竟在此等農奴數甚少的地方，將賦役勞動，每週由三、四日增加到六、七日不等，收取之強化已走到了極端。首領浦加撒夫，於一七七三年，自稱彼得第三，唱言拾奇蹟救民，在雅克（Yaik）出現的時候，雅克的人民差不多全體糾集在他的傘下。雅克·哥薩克人當時在烏拉河以經營漁業爲生，所獲之魚用鹽浸漬，運送各地。當時，鹽爲政府專賣，哥薩克的長老，承辦鹽稅，常假公濟私，榨取哥薩克民衆。哥薩克人對於長老的利害對立，非常之深。所以浦加撒夫一發難，他們就欣然來參加。烏拉爾工業勞動者之參加也和上面情形相仿，獨有大礮及彈藥之供給，足使浦加撒夫軍對於政府軍，在技術上先得了優位，故其運動初期，總是戰無不勝，攻無不克。後來，弱小民族如巴什喀爾人(Bashkirs)等也加入了。此等混成軍以浦加撤夫爲總指揮，與政府軍戰於保伏阿基埃之野，連戰連勝，陷落樞要的都市，殺戮數千的農奴主；在喀山(Kazan)與政府軍全面相衝突，破之下窩瓦河，使烏里雅諾夫斯克(Uliyanovsk)薩馬拉(Samara)薩拉多夫(Saratov)諸縣激昂了農民運動，都捲入叛亂的漩渦中。然不在此時，一舉襲擊莫斯科維者，此乃浦加撤夫軍重大之戰術的誤謬了。蓋當時莫斯科維及圖拉內部的勞動者們，業已動搖，不穩的空氣，籠罩着全市，以卡薩隣爲頭腦的支配階級，周章狼狽，達於極點。若大軍直搗莫斯科維，則容易奪取政權，也未可知。殊知他們正在勝利之下，反要引兵屯守頓河地方，求援於頓河·哥薩克人，而因頓河·哥薩克已受政府懷柔之故，不肯表示贊同，乃不得已歸回保伏阿基埃與政府軍會戰於乍利茲印，先受致命的打擊；一七七四年八月二十六日又被政府軍大破於沙甯波塔。浦加撤夫逃至烏拉爾平原，爲手下武將所出賣，捆交政府軍。翌年（一七七五）一月十日，被處打首之死刑於拉新的死所。浦加撤夫死後，叛亂仍不停止，四方蠢起，反使政府軍惱於奔命；然此等叛亂，大都組織不全，指導乏人，一被政府馬蹄所蹂蹦，任何猖獗的叛軍，皆歸於沈靜的了。

（二）

浦加撤夫叛亂的失敗原因，固然是戰略上的錯誤；但如上述，因其構成分子太複雜之故，屢屢自起內訌，最後首領且被出賣，這是自作的致命的打擊了。據他們的標語上所「宣言的項目」來說：如反抗沙皇專制政府的個人的支配！撤廢農奴制度！絕滅人頭稅及其他一切的負擔！剷除地主階級及其爪牙等等！都很義理充足，何等正大而光明；但關於權力獲取後之政治的組織，經濟的組織，除舊來政權的存續和土地分割以外，就太不明瞭了。在他們的見解，以爲政權就是政治，只要推翻了目前的政權和其下面所從屬的各個支配政治，便上了軌道，人民便有了出路，故他們所能保證的，不外於政權的轉移罷了。

但無論如何，浦加撤夫已以其鐵火一般的行動，與拉新同時深入於農民的胸中，使農民奉爲慈父永久銘記不忘；使支配階級視爲可恐之危險的象徵，銘記在腦中了。卽後年的「農奴解放」，也不得不說是在其直接間接的影響之下實現的。

浦加潡夫叛亂鎮靖以後，卡薩隣二世痛定思痛，或增加縣數，或創設警察機關（警視廳），專欲以強力機構的整備來求農民運動的殲滅；但一切均歸無效了。農民運動，以後仍然頻頻勃發，將近一八六一年的「農奴解放」的時候不但暴動件數愈加增多，而其個個的規模且益加擴大，出現的都是差不多和拉新叛亂浦加潡夫叛亂相仿彿的恐怖了。茲由蘇維埃農業辭典舉出一八二六年至一八六一年間的農民叛亂次數如次：

年	叛亂數
一八二六——二九	八八
一八三〇——三四	六〇
一八三五——三九	七八
一八四〇——四四	一三八
一八四五——四九	一〇七
一八五〇——五四	一四一

一八五五——六一	四七四
合計	一、一八六

政府覺到對於這種執拗的叛亂，不可僅用強力來壓迫，於是轉變了方針，專用小讓步來懷柔了。保羅一世發布勅令限制農奴的賦役勞動以三日為度；尼古拉斯一世設置農奴制度研究委員會，依照決議案頒發關於「御用地農奴」的勅令等等。這種彌縫政策，雖然對於農民運動的緩和，不無少補；然欲解決農民消除運動，則相去尚遠。而農民問題，依然與日俱進的尖銳化着，尤其適當克里米亞戰爭之際，恐農民再取脅威的性質，故在此動亂中即位之亞歷山大二世務必表示一種大讓步，纔能支持此行將崩潰之農奴主——地主的政治的支配；不然者，身家尚且難保，土地其更為我所有哉？其讓步確於「農奴解放」以外無他法了。不過於此所可注意者：此時所謂「解放」，到底還是在農奴主與新興資本家階級的利益範圍以內的「解放」，因之「農奴解放」後之俄羅斯支配體制，仍不過原來的階級之形態變化罷了。

（三）

俄羅斯向以農業立國，工商業發達較遲，新興資本家階級之階級的成熟，亦有限度。俄羅斯的新興資本家階級在當時未能使其專制國家將其存立之物質的基礎之農奴制度，縱形式亦一應廢棄，以遂自己階級勢力之長成，這種情形是俄羅斯的特色；同時中央權力非常強旺，所以新興資本家階級，不能如他之先進資本主義諸國一樣，將農奴制度和立在其上的封建的專制政治一舉而清算之之一點，也是俄羅斯和西歐不同的特色。要之，當時的新興資本家階級，正在依然維持農奴制度則太強；徹底廢棄農奴制度則太弱的一種發展階段中。我們觀於前述之澎湃的農民運動中的新興資本家階級的態度，便可知道他們的弱點了。典型的資本主義諸國，例如在法蘭西則當資產階級革命之際。革命的資本家階級無不思利用對於舊封建的政治勢力的農民，小市民及勞動者之叛亂，將政權收入自己的手中；然當時俄羅斯的情形則不然，新興資本家，因自己的階級基礎，非常脆弱，所以不但不能利用最有力之農民運動之變革的醱酵力，卻反在農民運動前，表現其戰慄和恐怖。因而他們的運動，便不能取大衆運動之性質，只有帶着少數者陰謀的性質。又其階級的利益之觀念的表現，卽觀念的形態（Ideology）及變革的陰謀之指導者，都不散在於國民的各層間，而只於政府官僚間見之。在政府之下的官僚制度，自其發生之根源機能之方向和性質看來，確是有產階級而新興資本家階級獨於官僚中得到自己階級的形態變革的陰謀之遂行者，這又是俄羅斯資本家階級特色之尤甚者。最初的革新思想家拉提什徹夫(Radishtchev)是一彼得堡的關稅長次之斯培朗斯基(Speransky)是亞歷山大一世的祕書；最初之資本家的革命者團「十二月黨員」(Decembrists)是由軍人且是士官們所構成的。

一七九〇年，有題名由彼得堡到莫斯科維的旅行之一見平凡的旅行記發刊。其中有對於農奴制度之一切悲慘和不合理之尖銳的觀察，有對於專制政治之痛烈的批判。就從來所奉爲神聖不可侵犯，無論何人所不敢公言之諸制度，加以前代所未聞之無忌憚的筆誅的著者就是上面所講的拉提什徹夫(一七四九——一八〇二年)。他曾留學於外國，後爲政府官吏，恆居要職，曾任彼得堡稅關長，其間著書痛詆官僚制度之一切腐敗、墮落及醜狀；一方又留心農奴制度之悲慘狀態，以前記的題名吐露其所懷抱之革命思想。書爲卡薩鄰二世所見，立刻捕之下獄。聞其被捕後卽失其「英雄」自豪之本質，足見當時俄羅斯之資產階級的革命思想家，未能使其運動大衆化，故有此結果拉提什徽夫之事尤然。他在西伯利亞流刑中曾草成關於中國貿易的書簡一書，闡明保護關稅政策之經濟的基礎，所言多關新興實業資本家階級之積極的經濟政策。人稱俄羅斯之最初的資本家階級的革進思想家，卽以此故。他流刑後，欲向官廳活動，希圖再起；不料被政府認爲革進的禍根予以戒告處分，痛心之餘，神經衰弱，仰毒而死。俄羅斯之資本家階級的革進思想家之本質的柔弱，於玆畢露。

第二之資本家階級的革進思想家斯培朗斯基（一七七二——一八三九年）也是一個官吏，他以教授的經歷而入官界，才氣渙發，頗見重於政府，受亞歷山大一世之信任，先充祕書，後升司法次長。當時承保羅一世之反動時代以後，自由思想，舉國滔滔，宮廷內自亞歷山大一世以至左右重臣，無不占染自由思想。斯培朗斯基以其闊達之氣性，迎合時流，鼓吹自由思想於窒息於封建的氣分之官界。隨沙皇游法蘭西，接觸其資本家階級的文物歸朝以來，他便利用司法次長之地位，欲將民主的改革加入於家國組織全體。據他受沙皇之依賴而作的改革案而觀：『專制的權力，須有憲法之制定與以制限；選舉貴族院及衆議院，代之處理一切國政』。此正與百年後魏德（Witte

1849-1915)給與俄羅斯的憲法相吻合。就農奴制度而說，則『農奴雖依然無人格權，被置在有選舉資格的人民之外，但凡爲國民者，應該有平等之權利，是以農奴之差別待遇將來當然在廢棄之例』。這是斯培朗斯基廢棄農奴之豫想，以當時的情形而說，未免有超時代之憾，所以這種改革案，頗爲支配階級之農奴主——地主所厭惡。特以此案要求農奴主——地主階級之斯培郎斯基就觸犯彼等之怒而不自知。於是一八〇七年法蘭西同盟與農奴主——地主及商人階級的利害直而相衝突的時候，本改革案便流產，作者斯培郎斯基且被追放。他之所以發揮資產階級的革命思想家之面目者，蓋有其尊重國家權力之主要目的及任務，其藉辭則云謀工業之發達。若從他的計畫而行，則專爲實現此目的起見，須以國務省中之內務省當之。他被免流刑，再受官職的時候，雖同是官僚，但與其他文官們不同。而被指定起草武官——軍人出身的有產階級的革命者團「十二月黨員」的告發狀，於是不幸的運命又光顧了他，有志於同一資產階級的革進者，變爲裁者與被裁者，同在一堂之下會聚。

（四）

拉提什徹夫和斯培朗斯基都不是眞意義的資產階級革命家，僅不過是資產階級的革進思想家，於茲對於羅曼諾夫專制政治發生了希圖變革的軍人團體。「十二月黨員」就是這個團體的中堅份子，亦卽是領袖了。他們是軍人又是知識階級。俄羅斯的知識階級，十八世紀末葉，都聚匯於「共濟組合」和當時唯大的大學，莫斯科大學（University of Moscow）而受教育。「共濟組合」雖是僅許少數人入會的極封鎖的宗教團體；但其會旨卻承認信教自由集合雜多不同的教徒在自由討論；其所討論的問題，也不限於宗教，一切社會的、政治的、經濟的問題，都在討論之例。惟因其抱封鎖和祕密主義，而且又關心社會的問題，所以爲釀成社會的陰謀計，卻爲恰好的條件了。「十二月黨員」大半出自這個「共濟組合」。他們以軍人資格參加對法「祖國戰爭」，二度入資產階級革命之坩堝的巴黎勾留期間雖不甚長；然多感的青年士官，已於不知不覺中受了資產階級革命的洗禮，並飽嘗了新式的進步的社會秩序的眼福。他們是勝利者，所以尤覺意氣軒昂；不料歸來一看，俄羅斯的社會，則惟有一切的野蠻和醜態橫流而已。他們要想驅其戰勝的餘威，對此野蠻未開的社會狀態，決意交戰一下，可以說是情理中事。但是他們的企圖，則是受着新興實業資本家階級之支持的「彼得堡派」首領利雷耶夫(Kondratii Fedrovitch Ryleiev ,1795-1826)是資本家的企業「俄屬美洲」的經營者與彼得堡的資產階級諸團體的關係頗濃厚；在莫斯科有最初計畫俄羅斯百科辭典的印刷出版業者塞利華諾夫斯基與「十二月黨員」有密切關係；由陰謀者們所推舉的臨時內閣閣員巴典哥夫屢屢出入於商人之家，交換意見云云。

他們的一致目的，是要以憲法限制「沙皇」的權力，廢止農奴制度。由憲法所賦與於國民代表的選舉權，是以財產關係爲基礎的有產階級的所有物。又「農奴解放」比後年事實上所行的「解放」，規模還要大些，以由農民收取土地爲條件。極妥協的宣言之首唱者，是富裕的大地主，近衛隊的官吏，且擁有不革命的官士的「聖彼得堡派」。解散最初的祕密結社「救濟同盟」；創設極平和的而實行力尚爲沙皇所疑的「福祉同盟」者；都是這個「彼得堡派」。他們是主張以和平的手段，實現其目的。

然在南方也有一個屬於「十二月黨員」，而以所謂「現役軍」聞名的一團。在他們的一團中，有許多強硬份子，如阿波斯爾(Apostle)及陰謀首領培斯塔利(P.J.Pestel, 1793-1826)等，皆不滿於「彼得堡派」的立憲君主制說，而澈底主張共和政治的出現和促成。憲法的旁邊若沒有國民大衆的立場，畢竟不過是羅曼諾夫專制的裝飾品；又國民大衆即農奴的農民，若依「彼得堡派」之妥協的方策來辦理，是無濟於事的；這是他們所竭力主張的。在他們也說當「農奴解放」之際，給還地主賠償，不過土地之全部則須歸農民所有。更有最重要的一點他們是主張以實力的興起來代替舊政專制的廢棄的。

這個「南方派」之變革的思想，漸次變成「十二月黨員」之支配的思想，威脅妥協的「彼得堡派」，首記的首腦者們，次第見機附和，姑待陰謀實現。最初，陰謀者一八二六年夏，襲擊在南方觀察戰術之亞歷山大一世，更計畫進軍莫斯科及彼得堡，要占國家樞要機關，組織臨時政府；不料事前出現內通者，一八二五年十二月初，首領培斯塔利被捕縛。陰謀的運命即由培斯塔利的被捕而解決了。不過在對手的陣營中，也極形甚混亂不堪了。爲什麼呢？因爲不到二星期，亞歷山大一世忽然卒死的緣故。并且亞歷山大一世之嗣，論理應歸皇弟君士但丁（Constantine）承繼帝位；殊不知亞歷山大在日，懼皇弟於己不利，恐使其跡踵先帝之故事，特約以前辭帝位。此種事實，當然在嚴守祕密之例，因而除一部分少數人外，都以爲君士但丁行將來登大寶，不料他接到亞歷山大一世之訃報的時候，竟肯堅守誓言棄位不就；然而事實上君士但丁之弟尼古拉斯（Nicolas）早已做了皇太子，登基即位，全然失了近衛兵的信用了。這樣的經緯文章，國民都莫名其妙，既疑惑之叢生，自有浮說和風聲之隨起。或說：『君士但丁因俄羅斯將要發生憲法，所以寧甘及早退避』。這種謠言，正與陰謀者以可乘之絕好機會。自從陰謀之中心人物培斯塔利被捕以後，其他的首腦部，恆多優柔不斷；繼被部下強迫要求，乃決意於尼古拉斯宣誓之日，實現陰謀。而尼古拉斯宣誓之日，本爲十二月十四日。此日，陰謀的指導者們，各率自己的兵士，列陣於「元老院」的廣坪中，以待其他聯隊之合作。其間，彼得堡的市民都不約而至，如雲霞一般，大有壓破廣坪之勢，政府軍躍躍欲動。當此之時，苟有陰謀首腦部在場，適當指導自己的軍隊和此憤起的市民大衆以及迷於去就的政府軍，直向政府方面壓迫，勝敗一舉而決。乃彼重要分子，一人也不見露面了。事實除因染病而未到場之阿波斯爾外，餘皆藏匿不敢出大門一步。迄至最後的一瞬間，叛軍終因無人指導之故，而暴露其愴惶失措。最初狼狽周章的政府，見此叛軍的醜態，便急歸冷靜，布置礮兵的陣地，施行猛力的逆擊，不瞬間卽解散叛軍，致使無辜無數之聖彼得堡市民，慘遭橫死，令後讀史至此，徒增一番浩歎而已。他們是很悲慘的。培斯塔利，利雷耶夫（Ryleiev）阿波斯爾及其他二名的首腦者，同時被絞殺；尙有數百名，或被懲役或被流放到西伯利亞；還有當時參加叛亂的兵士，共計數千名，被押送到裏海之後，相傳，不久，都遭了疫病而死。

如是，新興實業資產階級的最初而且是最後的變革的陰謀者，便不得不被敎鎭靜了。他們的敗北，不過是其階級的基礎，卽新興實業資產階級之經濟的——政治的未成熟之一表現。因這個新興資本家階級，旣不能利用由下而上的農民的變革力，且又不和支配階級提攜，所以不能得到實現自己一階級所要求之政治的行動。如是，資產階級變革，非由上面給予不可；然而由上面所給的「變革」不過是簡單的「改革」。如一八六一年之「農奴解放」乃「由上而下的農民改革」，不外是舊來的農奴制度之妥協的解消而已。

第二篇　資本制社會構成

I 「農奴解放」

一 「農奴解放」之由來

關於「農奴解放」的動機，我們已在上面敍述其原委。要之，根本還是在農奴制社會的胎內發達的、作成的、生產諸力和農奴制的生產關係間的矛盾形態日益顯著；而地主經濟的衰退：農民運動的頻發、革命的實業資產階級的陰謀等等；使當時的支配階級均覺得從來的農奴制度，大有難於維持之苦；於是激動皇帝亞歷山大二世（Alexander II）來實行「農奴解放」。列寧（Lenin）說：

『大概是什麼力量使農奴主、不得不、趕向「改革」（農民改革即「農奴解放」）的呢？這就是使俄羅斯取了資本主義的路徑的經濟的發達力。地主——農奴主既不能阻止俄羅斯和歐洲的商品交換的發達，又不能維持舊式的瓦解的經濟形態。克里米亞戰爭暴露了農奴制的俄羅斯的脆弱性和無力。在「解放」前十年中漸次增加的農民「暴動」，使第一個地主亞歷山大二世，不得不承認，與其等·下·面·來崩落，不如·由·上·面·來解放。「農民改革」是由地主所行的·資·產·階·級·的·改·革」。

觀上述，可知「農民改革」的內容完全是資產階級的性質。列寧同時又將「改革何故不澈底」的原因，指摘如次：

「一八六一年的「改革」，祇是單純的改革其利益，亦不過因社會的分子（首先是農民）極端柔弱無自覺太分散之故所要求的改革爲止。因此之故，在這個改革內面，農奴制的特質，既如此顯著；而官僚的臭味又如彼充足的。因此之故，農民所得的貧困，就不可以數量計了」。

然而這種由「上發動的農奴解放」的思想，不是突然在亞歷山大二世的頭腦裏浮起來的；乃是歷代的「沙皇」（Czar）對於農民運動、其他的「由下而起的運動」，一方面在表示小讓步，一方面在再三的想施行一種方法來作最後的解決。遠者，如卡薩隣二世，幾分感染西歐的自由思想，提倡「農奴解放」，可置勿論；既而在亞歷山大一世的時代，自波羅的海沿岸諸國以至波蘭的「農奴解放」很足使「沙皇」聯想到自國的「農奴解放」而有餘；次之，入尼古拉斯一世時代，且曾爲此問題開過幾次委員會；而一八四〇年六月又發布工業中的農奴制度廢棄的法律。不過這個問題，成爲全面的，尖銳化的，愈近切迫的狀態，不許再遷延旦夕的，是在克里米亞戰爭（一八五四——五六年）以後。此時在亞歷山大二世指導之下，開了幾次祕密委員會，纔產生表示「農奴解放」的勅令。此勅令雖不過是一種撮要的議決案，但自發布以來，致使當時的民主主義下的各黨派對之都表示滿腔的讚意和感激，這是周知之事。其後一八五八年，爲討議「農奴解放」的原則之故，設置縣委員會、審議解放案的最高委員會、解放令起草委員會等等；在最後的起草委員會所起草的「解放令」，再經最高委員會於一八六一年二月審查終結，本月十九日，繕成「宣言書」由亞歷山大二世署名，越三月五日，布告全國。

通過這許多委員會以後，最初的「解放」原案的諸原則，已改變到身無完膚，原案縱有一滴革命性，最後也被昇華而去。這是無待說的。對於最初所發表的原則，感激流淚的民主主義黨黨人，今觀此形骸，不覺啞然無言，若有所失。然而，其間，自由主義者和農奴主——地主之間，則以解放條件而起意見之對立了。原來，自由主義者，是懼怕大衆運動的，寧甘隱匿在沙皇主義脅下抱觀望的態度的代表此國當時的脆弱資本家階級的觀念形態的，所以這個對立，就是統治階級內部的對立，毫不能改變農奴制度之妥協的消解形態。雖然，於此有須注意者，就是從此以後，俄羅斯便發生了資產階級發展之兩個主要的傾向，兩個對立的勢力。卽一是自由主義的傾向，他是人民黨所代表之民主主義的傾向。以後試就此等傾向詳述之。

二　「農奴解放」之意義

一八六一年的「農民改革」好像很爽快地把農奴制的身分的隸屬關係，一概廢棄了。可是，這種封建的收取樣式，使人看來，好似從一方的窗中追了出去，其實仍從他方的窗中走進轉來了的。他走的是什麽徑路呢？就是：（一）通過「分有地」，（二）通過「收買金」（賠償金），（三）通過「密爾」。

（a）「分有地」

（一）

討論農奴的身分的「解放」者有兩說：不問農民使用地也不問地主使用地，確認一切土地，一概歸地主所有；次以不給土地「解放」農奴，或與「解放」同時給與土地。黑壤地帶，過去五十年內人口發生過剩，領內雖無農奴，但其土地的價格反比有農奴的土地貴些，故主張「無土地之解放」，非黑壤地帶向來受年貢的支配，需要貢納年貢的農奴，比較需要土地爲切，故與前相反，主張「有土地之解放」。這兩種意見，雖互相對立，然雖黑壤地帶的地主，倘全不用土地解放農奴，又恐有失去勞動力之虞，故原則上是不反對「有土地之解放」的，這是很明顯的事。其他諸地方，都附和後說，大勢是要決定「有土地的解放」了。於是，繼此而起的問題，便是給與農民的「分有地」(holding)的面積究應如何規定呢？「解放」的基礎案，是說：『爲保證農民的生活狀態起見，於政府和地主之前，給他們有充分服務的程度』。然這是極漠然的原則。無論怎樣，都難得有具體的解決。起草委員會開手所起之案，是將農民從來所耕用的土地，作爲「分有地」看待，他們受地主之擊肘，無處不爲地主謀利益。其唯一之目的，在使地主保存最大的土地。當其決定「分有地」和農民的現耕地的關係時，則曰：「現耕地」如超過「分有地」之「最高分量」者，須將其超過部分收回奉還地主；倘「現耕地」不足「分有地」之「最低分量」，卻不要地主增加補足云云。此種議案爲地主計誠佳矣，無奈農民太受寃屈何？最後的決議案以其語言太不雅觀，遂將這「最高分量」及「最低分量」命交各地帶自行決定。於是地主便將全土地的三分之一收回自己所有，農民的「分有地」遂因各地帶而生差異，其標準大約如次：（單位爲 Deciare — Deciare 等於十平方米，即 Are 的十分之一面積）。

地帶	最高分量	最低分量
非黑壤地帶	3……7	1……2
黑壤地帶	2.7.5……6	11—12……2
草原地帶	2……12	……

依照這個標準給與「分有地」的結果，一般農民所得的耕地，便有大大的面積被地主奪回。

結果，在黑壤地帶諸縣，可以看到農民耕地的減少情形。（單位：十平方米）

縣名	「解放」前農民一人所有耕地	「解放」後農民一人所得耕地
庫爾斯克	二・三	二・二
阿爾羅夫斯克	二・六	二・六
利薩	二・六	二・三
圖拉	二・六	二・八
坦波夫	三・一	二・四
佛羅納茲	二・六	二・七
奔薩	二・八	二・二
赫利哥夫	二・五	二・二
依卡托臨斯極夫	二・八	二・〇
基輔	六・五	二・一
巴特里斯克	五・五	二・二

薩拉多夫	三・八	二・四
西姆比里斯克	二・九	二・四
喀山	三・〇	二・三
服提托克	三・二	三・〇
柏姆	五・五	四・〇

他方，非黑壤地帶，則另有一狀態：

縣名	「解放」前農民一人所有耕地	「解放」後農民一人所得耕地
雅羅斯拉夫	五・二	三・八
科斯特羅馬	六・八	四・九
烏里雅諾夫斯克	三・一	二・七
莫斯科維	二・六	二・九
客利極克斯	二・五	二・八
彼得堡	三・三	四・八

諾佛哥羅	二・七	五・七
斯摩稜斯克	三・六	四・八

本地帶有二三例外，即農民的「分有地」，反因「解放」後增加的。

（二）

總而言之：「農奴解放」後，農民所得耕地之多寡，仍與「農奴制度」相反映。即觀上表，亦可見徭役的黑壤地帶和年貢的非黑壤地帶，根本不同，故範疇各異。其在黑壤地帶，農民「解放」後，「分有地」而積，大抵被地主奪回一部，加以昔日的公共利用地如森林、牧場、飼水場、牧草地等等，皆依然變成地主私有地，故已失掉獨立經營的能力，陷於賤農(Cottor)的地位，非再與地主訂立「雇役」的條件，重借土地不可。於是凡屬黑壤地帶，又發現了「雇役制度」，即徭役制度之直接的殘存物。封建的收取形態，不但依然存在，而且有永久保存之勢。其在非黑壤地帶，農民所得的土地，雖已增加，然其所增加的部分，仍負有一種擔負，並非無條件的增加。次節所謂「土地收買金」，即本地帶農民所負的重擔，不易有償清的希望。「土地收買金」云者，結局不外年貢的形態化而已。如是爲年貢制度所支配的非黑壤地帶，行將於「收買金」形態、封建的年貢之「直接的存續」之下永遠保存着封建的收取之另一形態了。據此以觀，可知「農奴解放」，並不是完全廢棄「農奴制度」的意義；不過是變形的「直接的殘存物」的支配，卽農奴制度之妥協的解消形態罷了。

「農奴解放」中之土地收奪，除上述的「收沒地」以外，又有施行「贈與地」的形態者。「贈與地」云者：卽由地主給與於農民之地，其面積等於該地的「最高分量」的四分之一。地主只以此無條件的給與農民，收回其他一切土地，既不索償還又不附帶何種義務。盛行於東部的薩馬拉(Samara)及薩拉多夫（Saratuv）一帶。

結局，形形色色的土地收奪之後，農民事實上所受分的土地，較以前爲狹。其所失的部分卽喪失量，因縣分而異，大體的標準如次：

（單位：1000 Diare 等於百米平方或平方公里）

地域	「解放」前農民使用地	「沒收地」的面積	百分率
非黑壤地帶十五縣	一四、五五〇	一、四三七	九・八
黑壤地帶二十一縣	一四、六一九	三、八二五	二六・二
合計三十六縣	二九、一六九	五、二六二	一八・一

農民之土地喪失量（包括沒收地以外）在黑壤諸縣爲約三分之一；各地帶平均約四分之一云。

農民之失，卽地主之得，地主以「解放」之名，行其攫奪之實手段雖云巧妙，心地亦殊惡劣。土地與農民之雇傭條件或租借條件，一日不除；則土地收奪與農奴的勞動力之確保一日存在。關於此點以後更當詳論。「有土地之解放」正如人民派說的：這不是保證俄羅斯之非資本主義的（社會主義的）發展，反是保證封建的農奴制的收取之再出和確保。這樣的「解放」，離解決「農民問題」尚遠，祇造成日趨爭持的情況而已，

（b）「土地收買金」

（一）

「分有地」不是無條件分給農民的，農民對之，若不支付收買金，則不能成爲自己的所有物。未支付以前，依然爲地主負徭役，納年貢。這叫做「一時的義務負擔者」。依然爲農奴制度所支配。這個「一時的義務負擔者」，在地主經濟方面看來，不但利益全無，而且於他們的資本上尚且發生了障礙。地主們就強要農民急速脫離「一時的義務負擔」，支付土地賠償即收買金；農民由與地主之「任意」的協商，有賠償自己的土地即「義務」的權利。然而賠償金即收買金係照年貢率六％來決定其價額。譬如說：假設所與的土地，每年收取六盧布的年貢，則其土地的價格即「收買金」爲百盧布。這樣評定的「土地收買金」，當然是超過當時實地買賣的價額。譬如在黑壤地帶（五七％）每特西頓(Deciare)超過十二盧布五十加貝克，在非黑壤地帶（三五％）則超過十五盧布二十加貝克。茲舉其差異的全量而言，則可得次表（單位：百萬盧布）

區別	「分有地」的買賣價		分有地賠償價	地主的利得
	一八五四至五八年	一八六三至七三年		

黑壤諸縣	二一九	八四	三四二	一二三
非黑壤地帶	一五五	一八〇	三四二	一八七
西部諸縣	一七〇	一八四	一八三	一三
合計	五四四	六四八	八六七	三二三

依照買賣價格，只要五億四千四百萬盧布或六億四千八百萬盧布；今農民付出八億六千七百萬盧布，豈不是於正價以外又多付了三億二千三百萬盧布或一億一千九百萬盧布麽？這是人格賠償金無疑了。如是農民不但要收回土地，且要收回人格。將此總額，分作一人應得數目來說：則黑壤地帶之農奴，每人應得人格賠償金三十六盧布十加貝克；非黑壤地帶則每人須六十二盧布三十加貝克。肩負此巨額「收買金」的農奴，不能靠此僅少的耕地來彌補，遂於「解放」以後，不得不陷入借金隸農態。這何異於中世紀的年貢，未解放以前的農奴主——地主的收取，與夫國家警察的徵收。無論從那一方面看去，總難逃乎封建的性質；唯有爲獲取「收買金」——「賠償金」之故，農民經濟便不得不捲入貨幣關係的一點，堪爲吾人注目而已。

（三）

農民對於地主的土地的賠償，是由國家來代繳，規定按四十九年償清，農民分期付還政府。這樣，地主得了莫大的賠償金以後，除將二億五千萬償清債務，一部充作生活費以外，所有餘額，均投入於工業部門中之最緊要的鐵道企業，遂急激的轉入實業資本家階級了。蓋在俄羅斯的資本主義的發展上，鐵道敷設的演進，逃不出後進諸國的通例，如後章所述，將有一番大建設。

綜觀「賠償金」之歷史，自發生以至一九〇五年，因革命廢止，前後凡四十年，其債務的原額，為十億百萬盧布，農民所付出的總額為十五億七千四百萬盧布，超出原額五億以上，纔得免除；否則，尚有八九年的義務，至少還須繼續支付四五億，纔能償清。以俄羅斯農民的窮狀，應付偌大巨額，而竟有此「好成績」，誠不可思議。中間滯納雖有相當次數，結果雖以不堪負擔而止，然畢竟能夠繳出如此巨額，抑被迫令繳出如此巨額？試再一言其巧妙的收取機構罷。

（c）　密爾

（一）

當「農奴解放」時所給與農民的土地，不是作爲農民的私有地，是作爲密爾——土地共同體的共有地；爲密爾之所屬員的農民，不過以此共有地的一部爲「分有地」行使其使用收益的權利罷了。土地賠償金，由密爾(Mir)支付，其所屬員負連帶責任。在支配者方面的心目中，以爲密爾是在租稅支付連帶責任上，纔有意義。他們爲保證「土地收買金」的確實的支付之故，利用此密爾制度無疑，如是「收買金」便不是各個農民負責，是要農民全體共同來負責了。這種巧妙的收取機構，不但可由農民榨出最後的精髓；而和密爾全體始終相纏綿的中世的雰圍氣及其身分的隔離性，封建的連帶責任移轉的制度，土地動員之不自由等等，做了一切封建的收取形態的發源地，爲立於俄羅斯社會的一切進步的前面的一大障礙。

密爾——土地共同體，自一八四〇年代，旅俄的德國貴族豪克斯泰盛(Howkestuzen)著書論及以來，如此巨大的研究問題，便惹起西歐羅巴學界轟轟烈烈的論爭。這種有名的資產階級學界的論爭，多以密爾的起源爲主題，拘拘於極枝葉些末之點，大半資料不足，所以到今日尚未達到確定的斷案。然而我們所可藉以引起興味者，算是十九世紀，尤其是「農奴解放」時代的密爾的本質，由資產階級的發展的過程所受的變化及其消滅的過程。俄羅斯之近代的社會運動之星雲的形態的「原始共產主義」(Narodniki) 正由此角度，取得問題，走入誤解最明瞭地爬羅剔抉「原始共產主義」之以密爾為俄羅斯社會主義的發展的基礎之空想社會主義的性質，的確預言密爾的歷史的運命者，唯有俄羅斯的資本主義的發達之著者而已。

我們在下面先簡單地考察「密爾」的發生，再觀察改「革」時代的密爾可乎。

（二）

「密爾」如「原始共產主義者」講的，不是俄羅斯獨特的產物，不過是曾存在於西歐所有國家的原始共同體之一形態而已。原始共同體雖經一系列之過渡的形態，迄至土地私有而解體；然原始共同體本身及其過渡的形態，也由典型及時代，而各有多少不同的形態，原始共同體的此等諸形態之一，即俄羅斯的土地共同體——密爾是也。共同管有土地，共同耕作土地，將其生產平等分配於成員間之純粹的土地共同體，因其內部的生產力之發展的結果，更轉化為森林、牧場或荒地等的共同，耕地則為私的所有之一種過渡的形態之共同體。俄羅斯的「密爾」，到了這個時候，也是經過同樣的典型的發達而來的。其在德意志一般西歐是因商品經濟發達的結果，在帶着共有制和私有制的二元性的共同體中，迄至私有制度占了優勝，密爾便完全解體，轉化爲土地私有制。然在俄羅斯，則密爾差不多依然保存了很久。不但如此，且封建領主之苛斂誅求和特用農民的連帶責任的租稅徵收，在密爾中保存着原來的形態，強要了內部的變化。即密爾由耕地的私的所有，轉移到平等按成分配制度。特別完成這移渡的一大動因的是彼得大帝時代的人頭稅賦課。彼得本一視同仁的意義，將農奴和奴隸化爲一體，提高到公民的地位，並許他們繳納人頭稅，除特別豁免外，一切非特權階級均須課徵，成爲國家歲入的一大宗，命由密爾支付，於是密爾的成員便負了連帶的責任。「解放」的地主，即着眼於此點，使密爾代替農民，接受土地並賠償金的支付，於是賠償金的收取，便得了鞏固雙重的保障。

(三)

既而在可視作平等按成分配制度的密爾中，已經含着和共有制度相矛盾的異分子，即土地私有的萌芽之分割的耕作。土地共有和分配耕作之密爾的內的矛盾，這個二重性，若有一方的要素強固起來，則他方就要被驅逐的。商品經濟的發達增強了密爾內部之私有的要素，共同體就非直入崩壞的運命不可。事實上密爾到了斯托利平（Piotr Arkadievitich Stolypin. 1863-1911）的農業改革，已經是最後的瓦解了。在知道密爾的運命的我們，是知道「原始共產主義」者對於密爾的薔薇色的希望，是毫無他愛的。唯是「原始共產主義者」之擁護密爾制度，不像「社會主義革命黨人」之堅持土地案抱着種種的幻想，大吹其收歛的——觀念的理論。無寧在「土地較多賠償金較少」云云宣言之下，主張帶有幾分資產階級的民主主義之土地問題的解決方法為有意義。卽自此時以來，土地問題的解決方法，便分成自由主義的妥協的傾向，和民主主義的革進的傾向；而此貫俄羅斯社會史的兩主要之政治的傾向，日益的對崎化。前者後年雖由斯托利平的農業政策，一時開了時代之花；然不久卽在二月及十月革命云云的後者之最後的發展之前，便等於曉星的消失了。

要之，一八六一年的「農奴解放」，因要求該解放的階級的無自覺分散和脆弱之故，遂以農奴制度的極妥協的解消，由農奴主來實行自上的改革而終；「解放」後忽在新形態之下再編成了農奴制度。然而爲開拓俄羅斯的資本主義的發展之路計，則「農奴解放」又須要資產階級的改革。必作如是解釋，我們纔能了解「農奴解放」後的俄羅斯農業內的資本主義的發展實業資本之急速的確立。「原始共產主義者」說的以土地之完全的收取爲基礎的農奴解放，保證資本主義的前進；「附與土地的解放」保證赴向社會主義前進云云。這種理論，到底不能把握事實。

II 「農奴解放」後之農業

一 農業發展之概觀

「農奴解放」後至少二三十年間，農業生產的資本主義化，沒有看到多大的發展。蓋「解放」之極不澈底的妥協的性質、農奴制度的再出——確保，是極度妨礙農業中的資本關係的發達，帶來農業生產力的甚緩慢的發展的條件。寧於二三十年間通過農民及地主之半現物經濟的、商品的貨幣的經濟之轉化，使舊經濟形態達到最後的崩壞，帶着這種特徵。商品生產的農業，即轉化後的商業的農業之農民經濟，從其轉化程度之如何，而於市場、即地方的市場、國民的市場、更至於世界市場，直接從屬於商業資本。此際商業資本之規定的使命，「解放」後就增高了一級。

那麽商業的農業的成長，是導農業於專門化。而各種農業地方的分離是「改革」後最特徵的現象，例如亞麻栽培地方、穀物耕作地方、甜菜栽培地方、釀造用馬鈴薯栽培地方、酪業地方等等。

然則農業的專門化，是須採用較高度的技術和較高度的經營方法；但得以採用此等較高度的技術和較高度的經營方法者，惟是強固的地主經濟或農民經濟。如是在農民大衆的一方中，採用機械技術或輪栽農法則在同一農民大衆的他方，必然地隨着發生農業勞動者。結果，當着農業生產力的發展之際，在舊來的統一的「農民層」中，打開近代的階級分化的破口。在近代的社會經濟的關係之下，農民層就有分化爲農村資本階級和農村勞動者階級的必然性。這種必然性便開始貫澈掃蕩俄羅斯的「解放」後之強固的半農奴制的殘存物。十九世後半葉，俄羅斯的農民層開始分裂爲僅少的農村資產階級和龐大的農村勞動階級——半貧民。

然而妨礙這個農業的資本主義化表現階級的農民層的分化的，是地主經濟。無論如何，地主經濟，「解放」後雖有一部分，由於自由賃銀勞動者的雇傭，從事資本主義經營；然其基本的生產形態，還是甚於半農奴的土地所有和農奴制的直接的殘存物之半農奴制的農業經濟。他們的階級利益，是在一面擁護地主的土地所有，維持半封建的雇役制度；一面徐徐向資本主義的經營移行，此即農業的資本主義的發展的「資產型」的代表了。在這個地主經濟看來，農民層之急速的分化，卽是他們的經濟所從立的雇傭制度的崩壞的意義，故他們是始終反對的。地主階級想把農民全體包羅在農奴制度之妥協的解消形態之傭役制度的網中。在地主階級努力的前面，農民層內部的對立關係，暫被抑在背後，他們全體反對封建的巨大土地所有、地主的土地所有，企圖徹底清掃國有化之封建的諸關係。卽此所謂「美國型」的發展徑路是了。

這個地主和農民的階級對立，因一八九〇年代的農業恐慌，特別尖銳化了。到了一九〇〇年初頭，恐慌漸被克服，穀價也可說是漸漸向上，其對立關係，一些不能和緩，且在一種新形態之下，更進一層的繼續着尖銳了。立於甚於封建收取的近代資本家的收取的箭牌前的農民，遂於一九〇五年擕着「美國型」農業發展的序曲再登社會鬬爭的舞臺。

二 商業的農業之發達

（一）

「解放」直後之農業生產的特色，依然是主穀三圃農法，技術也是極低度的

茲就一八七五年代所利用的土地面積列舉其種別如次（單位：1000 Diare）

耕地	九八、三〇〇（二一・五%）
草地	五四、六〇〇（一一・九%）
森林	一三八、〇〇〇（三〇・二%）
其他	一六七、四〇〇（三六・四%）

耕地之地方的分配，當然甚少，例如在農業中心地方和西部地方，耕地約占六〇%。

九千八百三十萬俄畝的耕地面積中，約三千二百萬畝（三三%）是休耕地，六千三百五十萬畝（六五%）是穀物耕作面積，殘餘是穀物以外的工藝用耕作面積。更六千三百五十萬畝的穀物耕作面積中，五千一百萬畝是食料用穀物耕作面積，其中還有二千三百萬畝是黑麥耕作面積。工業用產物的耕作面積的分配大約馬鈴薯百五十萬畝，亞麻八十萬畝，大麻五十萬畝，甜菜二十一萬二千畝，烟葉四萬一千畝。如是壓倒播種面積（九七%）的是穀物，僅三%是其他工業用物品的耕作面積。穀物耕作面積之中黑麥三六%，小麥一七%，燕麥一八%，大麥七%，其他則爲蕎麥、稷等等。總之，七十年代爲止，可以說主穀三圃農法演着壓倒全部的使命。

貨幣經濟的侵入和商業化的農業的移行於耕地面積有很大的刺戟。歐洲·俄羅斯四十五縣中的耕地面積的增加，如次：（單位：千(D)等於一平方公里）

	一八六〇年初	一八八一年	一八八七年
黑壤地帶	四九、〇三四	六五、四九二	七三、一六四
非黑壤地帶	三三、四九九	二八、七八二	三〇、六二九
四十五縣合計	八二、五三三	九四、二七四	一〇三、七九三

試看一八八一年至一八八七年間的耕地面積增加率，以一八六〇年代的數字爲一〇〇則可得次表：

	一八八一年	一八八七年
黑壤地帶	一三六・八	一四九・二
非黑壤地帶	八五・九	九一・四
四十五縣合計	一二四・二	一二五・九

觀上表，可知黑壤地帶六〇年代與八七年代間，約有五〇%的增加；非黑壤地帶，則此二十八年間反減少了約一〇%；以合計卽平均而論，則共計增加二六%。黑壤地帶的耕地面積之所以增加者，因在中央農業地方，減少了草地和牧場的面積卽三圃農法惡化之故；又因南部及東部的邊境地方，有了新土地的開墾及休耕退地的減少，亦爲增加面積的一大原因。至於非黑壤地帶耕地之減少，是因栽培牧草向牧畜移行之故。一八八一年播種面積占全耕地面積六〇·六%穀物占全播種之九一·三%。卽此可以證明本年依然是主穀農法所支配。

（二）

一八九十年代，受世界農業恐慌的影響，大概的縣分耕地面積及播種面積，不但不增加，而且有絕對減少的。農業中心地方，減少三——一〇%；非黑壤地帶減少九——一九%。但亦有情形相反者，如南部東部及南東部等處，卻反得異常的增加（一八——五七%）。蓋因此等地方，自「解放」以來，卽着實增加的緣故。被世界農業恐慌和此等諸地的競爭所推動，因而農業中心地的耕地面積便開始減少，農業生產上的霸權便被南部諸地方所奪，而南部諸地方的農業生產物的增加，亦即是俄羅斯全體生產物的增加。茲將其農業生產額列表如次：

歐洲．俄羅斯五十縣（單位：百萬 Tchetvert）

〔Tchetvert：俄國穀量單位等於二一一立〕

	兩性人口單位百萬	穀物		馬鈴薯		（每人純收穫）（單位：千 Tchetvert）		
		播種	純收穫	播種	純收穫	穀物	馬鈴薯	兩者合計
一八六四——六六年	六一·四	六五·三	一三五·八	六·九	一七·〇	一·二一	〇·二七	二·四八
一八七〇——七九年	六九·八	六六·九	一八〇·九	八·七	三〇·四	二·五七	〇·四三	三·〇二
一八八三——八七年	八一·七	六九·五	二一九·〇	一〇·八	三六·二	二·六八	〇·四四	三·一二
一八八五——九四年	八六·三	七六·一	二二〇·九	一六·五	四四·三	二·五七	〇·五〇	三·〇七
一九〇〇——〇五年	一〇七·六	七八·六	三〇二·八	二四·九	九三·九	二·八一	〇·八七	三·六八

如是四十年間人口爲七五·二%，穀物收穫爲一五九%；馬鈴薯收穫特多爲四五二·三%倍之增加。人口增加當全收穫增加之半，故每人收穫額之增加特別顯著，試從最末年的收穫量減初年的收穫量，即可算出增加的數字爲四八·四%。於此所當注意者，爲馬鈴薯收穫之特別增加。

因馬鈴薯可爲麵包原料的代用，顯然暴露國民營養的惡化，尤其是表示勞動者階級狀態的惡劣化。

無論怎樣說，農業生產力的增大是無疑的。試就各個穀物種類，示其播種面積與收穫額的增加如左：

播種面積（單位：百萬D.）	穀物合計	小麥	黑麥	大麥	燕麥
一八八一年	五九・〇	一〇・七	二三・二	四・二	一三・九
一八八三——一八八七年	五九・九	一〇・七	二一・九	四・六	一二・九
一八九三——一八九五年	六〇・四	一二・〇	二八・八	五・八	一二・五
一八九六——一九〇〇年	六四・一	一三・七	二三・二	六・四	一三・四
穀物收穫額（單位：百萬普特）					
一八八六——一八九〇年	二、二四三・九	三五一・八	九七〇・五	一八三・〇	五一九・四
一八九一——一八九五年	二、四八七・九	四五二・二	九九五・七	二六七・七	五三一・九
一八九六——一九〇〇年	二、七三四・九	五〇〇・八	一〇九〇・〇	二七四・七	五九五・四

在歐洲・俄羅斯五十縣中僅十個年間穀物收穫高爲五億普特增加；小麥一億五千萬，大麥九千萬加增了。若再加其他的地方或亞細亞於此五十縣中，則其增加的速度便更急。一八九六——一九〇〇年此等諸地方的總播面積爲七千五百二十萬達西傾，總收穫額約四十億普特，如是「解放」後四十年間，俄羅斯農業穀物收穫額由二十億普特增加到四十億普特，適合對倍，所以獲得「歐洲穀倉」之稱。

商業的農業之成長、生產力的發達、農業生產的專門化，促成生產形態的高度化。從來之粗放的三圃農法移入了集約的多圃輪作法。同時農村生產的種種部門，都分化了，都發展了。穀物以外的工業用耕作物，如亞麻、馬鈴薯、甜菜等生產，也發達了。此等專門地方不但要分歧起來而集約的、商品的、牧畜業、酪業等便開始發達。

這樣的新商業的穀物生產地方，首推前述的歐洲・俄羅斯的南東邊境地方，即新俄羅斯的草原地帶諸縣及窩瓦河對岸地方；此等諸地方、穀物生產、尤其是輸出穀物的小麥生產之點，凌駕中央黑壤地帶的諸縣，占了首位。此等地方適用相當高度的農業技術和機械，使用多數的工資勞動者，到處多是近代的資本主義的農場。

商業的牧畜酪業，盛行於波羅的海沿岸及西部諸縣、北部地方、工業地方及若干中央地帶諸縣，與都市生活或工業的發達頗有關係。酪製品的生產額，一八七九年中，在北部地方十縣，爲三百三十七萬盧布；工業地方七縣，爲一百零八萬八千盧布；合計四百五十萬盧布。顯示酪業生產的發達情形之最良指標的，是乾酪的生產；一八六六年，乾酪製造工場之數已達七十二個，一八九〇年則有二百六十五個。生產額也從十一萬九千盧布增加到百三十五萬盧布。二十五年間，工場數增加至三倍強，生產額增加至十倍有餘，其發達之迅速情形，於此可見一斑。

其次「商業的植物」中最重要的亞麻的栽培地方，爲北斯哥夫、斯摩稜斯克、圖拉等縣，其生產額，由六十年代的一千二百萬普特增加到一八八〇年的二千萬普特，一八九六——九七年的二千六百萬普特。同時，由此等地方輸出的亞麻，到了「改革」以後，也急速地增加起來：一八五七——六一年平均每年出產四百六十萬普特；一八六七——七一年平均每年出產八百五十萬普特，一八七七——八一年平均一千二百四十萬普特；一八九四——九七年平均一千三百三十萬普特;前後四十年間,產額相差三倍強,其發達不爲不速。

三 農業資本主義化爲前提的內外市場

(一)

然則於農業生產並農技術革命影響最大者,乃爲農產物之技術的加工的經營之發達是已。蓋因農產物在未入個人的消費以前,必須經營技術的加工;這種經營的發達,是促進農業生產之技術的發達的。凡可加工的農業原料的生產,無不使其改良農作的技術;又加工之際,所生的渣滓,凡可使用於農作者,則使其設法利用;前者爲工益求精之意,後者爲屑物利用之意,如是雙方並進,則農業的生產性,庶崇高而有意義。

在此技術的加工經營中,當推第一等事業者,卽以馬鈴薯爲原料的火酒製造及澱粉生產工場是也。上述馬鈴薯生產額的增加,一面是因此技術的加工經營所要求的緣故可知。火酒製造工場所消費的馬鈴薯,據說:一八六七年,銷納六百九十萬普特;一八九六——九七年的銷納量,一躍而至一億二百萬普特；又馬鈴薯澱粉生產額，一八六〇年爲二十七萬普特；一入一八九〇年，也增加到百七十六萬普特其馬鈴薯消費量亦大大增加了。

最後，最新式最帶資本家性質的農業者，要推甜菜生產：其產地在南西部、南部及中央黑壤地帶；其耕作面積，在一八六〇年代爲十萬達西傾；七十年代約十六萬；一八八六——九五年爲二十三萬九千；一八九六——九八年，爲三十六萬九千；一九〇〇年爲四十七萬八千七百十八；一九〇一年爲五十二萬八千七十六達西傾。甜菜的收穫額及加工額的增加更迅速，一八六〇——一八六四年的加工額，平均四百十萬貝爾可威支；一八九五——九八年增加到三千五百萬貝爾可威支；幾有九倍之多。

此等集約的商業的農業經營之發達，當然要引起高度的農業技術——機械的採用與夫自由賃銀勞動者的雇傭，在此條件之下便招來農業之資本主義化。至此、農民層便分解爲農村勞動者階級和農村資本家階級。一方的改良機和改良耕作，越廣汎地普及；則他方農民層之向賃銀勞動者轉化便越急速。地主經濟的雇傭制度，也被資本家的自由雇傭制度所驅逐，顯示着地方貴族

(Junker)經濟巡向純資本主義的經營移行。關於此資本主義化過程，以後更當詳細討論，茲先就農產物的輸出並價格的動態，述其梗概罷！

（二）

俄羅斯自「改革」以後農業物的輸出，年有增加。其大概情形可得立表如次：

	一八六一——六五年		一八九一——九五年	
	百萬盧布	百分率	百萬盧布	百分率
輸出總額	一八一·六	一〇〇·〇%	六二八·〇	一〇〇·〇%
穀物	五六·三	三一·〇	二九六·七	四七·二
砂糖	〇·五〇	〇·三	一八·三	二·九
雞蛋	〇·〇一	〇·〇	一四·七	二·三
酪製品	〇·七〇	〇·四	三·四	〇·五
家禽家畜	〇·〇二	〇·〇	四·六	〇·七
牛脂	一〇·八〇	五·九	〇·七	〇·一

亞麻	一七・八〇	九・八	五四・二	八・六
大麻	九・一〇	五・〇	一四・八	二・四

如是，三十五間輸出總額，由一億八千百六十萬盧布增加至六億二千八百萬盧布，計達四倍之譜。就中穀物輸出自五千六百萬盧布到二億九千六百萬盧布，其增加之量計達五倍；其比重計自三一%增加至四七・二%；換言之，總輸出額的半數爲穀物所占。俄羅斯依然是農産物輸出國，歐洲「穀倉」之稱，卽以是故。

更就穀物的種類來看輸出狀態，如次：

年次	小麥 百萬普特	黑麥 百萬普特	大麥 百萬普特	燕麥 百萬普特	合計 百萬普特	合計 百萬盧布
一八六一——六五年	五〇、一三五	一三、七七四	五、〇二三	五、九六七	七九、八八六	五六、三
一八六六——七〇年	七六、七六六	二〇、四九四	七、五五六	一六、一七九	一三〇、〇五六	九五、一
一八七一——七五年	九二、一四九	五三、二七四	一三、〇五〇	三三、九三七	一九四、一二三	一七二、四
一八七六——八〇年	一一〇、四九〇	八七、二一九	二〇、六六五	四二、七七六	二六七、〇〇五	二六一、七

一八八一——八五年	一三四、三六七	六一、三六八	三二、三五八	五一、二四四	三〇一、七三五	三〇〇、一
一八八六——九〇年	一六二、二六五	八二、五〇七	六一、五七七	六一、一九九	四二三、七四六	三三二、一
一八九一——九五年	一七一、三三	五六、八六三	九二、五三三	五六、八八五	四四一、一三九	二九六、七
一八九六——一九〇〇年	一六六、八八四	七四、七二一	八二、一二八	四八、九八一	四四四、一六六	二九八、八

小麥的輸出，逐年增加，秩序整齊，而且常占首位。黑麥改革後雖呈急速的現象，然未幾卽陷停滯狀態；蓋因小麥生產，逕向南部移動，輸出上竟將黑麥壓倒之故。大麥正如名之義，大大的發展，壓倒黑麥，獲得第二位，和小麥同爲輸出穀物之花。如是，一八九一——九五年內輸出穀物中：小麥占三八·八％，大麥占二一％，黑麥占一二·九％，燕麥再次占一二·六％云。

（三）

穀物輸出的增加，使俄羅斯的農業從屬於世界市場；世界市場的變動，直接影響於俄羅斯農業。世界農業市場，主要的是歐洲農業市場，爲歐洲諸國的資本主義的向上所影響，少至要保持好況到一八七〇年代，從而穀物價格也表示着上昇的傾向；不過到了一八七〇年末直至一八八〇年初頭，又看到了逆轉的情形，這因為俄羅斯及其他殖民地諸國穀物過剩與歐洲工業發生恐慌之故，所以驟形低落。於是穀價的低落和長久的農業恐慌，就相襲而來。

歐洲主要諸國內一普特的平均穀價，在十九世紀後半，大概如次：（單位：加貝克）

年次	英吉利	法蘭西	普魯士
一八六一——七〇年	一八八	一七〇	一五五
一八七一——七五年	一八七	一八九	一七八
一八七六——八〇年	一五七	一七四	一六〇
一八八一——八五年	一三七	一五六	一四三
一八八六——九〇年	一〇八	一四七	一三二
一八九一——九五年	九七	一三九	一二五

以世界的關係說，穀價以一八九四年為最低，暴落到一八七〇年的穀價的半額，這個世界的穀價低落於俄羅斯的輸出穀價起了如次的反映：（每五年平均、一普特的穀量所要的加貝克）

年次	小麥	黑麥	大麥
一八六一——六五年	六六·八	五二·八	四九·四
一八六六——七〇年	六五·八	五二·八	四九·七
一八七一——七五年	九〇·一	六五·七	六〇·七
一八七六——八〇年	八五·一	六三·一	五六·一
一八八一——八五年	七六·七	六三·四	五二·〇
一八八六——九〇年	六四·六	四二·五	三七·六
一八九一——九五年	五五·六	四六·六	三五·九

尤其是一八九四年，小麥低落到四六．七加貝克；黑麥低落到三五·二加貝克；小麥且只有二九·一加貝克爲一八七〇年的半額，開數十年未有之破局。

不消說，輸出價格一低落，國內的價格也隨之低落，據農務部統計，各地方的穀（一普特）價（加貝克）大約如次：

年次	秋蒔小麥	黑麥	燕麥	平均
一八八一年	—	九八	六二	八〇
一八八三年	一〇九	八二	五七	七八
一八八五年	八一	六三	六〇	六七
一八八七年	八五	四九	三八	五三
一八九四年	五一	四一	三五	四三

各種穀物的價格，均前後相差一半。有些地方甚至慘落到五分之一，小麥一普特，降至三十加貝克以下的價值。低落的情形，因穀物的種類而異，頗不畫一。首先最發現恐慌者，爲農民的穀物之黑麥和燕麥。就地域而說，農業中心地犧牲最大。一八九十年代，此種情形，且波及於小麥，其主要產地的南部諸縣，便捲入恐慌的渦旋中。當一八八七年，栽培小麥的地方價格雖低，幸收成尙好；然迄至一八九四年，既而小麥也完全無收了。例如一八九四年中，地主經濟的穀物生產，得了次的結果。若比較一普特穀量的生產原價和市價，則如次表：（單位：加貝克，原價未算入地價）

	黑麥		春蒔小麥		燕麥	
	原價	市價	原價	市價	原價	市價
南部草原地帶	三五	三一	四二	四〇	—	—
南西部	三二	三三	—	—	三三	三六
中部黑壤地帶	二五	二五	二二	三九	二六	二八
北部黑壤地帶	二四	三五	—	—	二〇	三三
窩瓦河下流地方	三二	二七	三四	四四	二三	二八

市價有低於原價，有與原價相同，且原價中未算入地價，若彼佃農租入地畝而耕者，則苦痛更不堪設想了。穀物恐慌未幾先誘起農業之其他部門，如牧畜、酪業、工藝用耕作物栽培的恐慌繼又發展到全般的農業恐慌。統全國所有農業地方，無不波及，不問地主經濟也不問農民經濟，一樣捲入渦旋中。農業恐慌之一般的結果，一方、無論於地主經濟，於農民經濟，凡強固經濟得保存，弱少經濟被淘汰；他方、農奴制度、一般封建的收取樣式就愈強化——擴充了。前者爲農業資本主義的發展和農民的階級分化的快車；則後者爲阻止前者的有用能力了。俄羅斯農村內的基本的矛盾，卽

封建的——殘存的收取樣式和資本主義間的矛盾，便如是由農業恐慌而加倍的尖銳化、激烈化了。我們於是捨去流通部面專注重農村的生產部面罷。

四　農業中的資本主義之發達和階級分化

（a）概說

（一）

「農奴解放」後，若將俄羅斯的全土地，分割作：（1）私有地（2）分有地及（3）國有地其他的三個範疇，則一九〇五年內的分配狀態如次：（單位百萬達西傾）

私有地	一〇一・七
分有地	一三八・八
國有地其他	一五四・
歐洲・俄羅斯全體	三九五・二

「私有地」的大部分，是「改革」之際，被農奴主——地主留作自有的土地；「分有地」與前相反，是由地主給予農民（直接的是密爾）的土地；前者是地主的土地，後者是有作爲農民的土地的特徵，在二個對立的範疇中，各有所屬。我們的分析是專注重於此等兩種土地所有的範疇。

私有地　由一億百七十萬俄畝（Diare），減去土地公司及同業會所屬的一千百八十萬畝，所餘八千五百九十萬畝，都是如次所列的社會身分的私人所有。

土地所有者的身分	一九〇五年 百萬Diare	一九〇五年 百分率	一八七七年 百萬Diare	一八七七年 百分率	一九〇五年的增減（△減） 百萬Diare	增減百分率
貴族	五三・二	六一・九	七三・一	七九・九	△一九・九	二七
僧侶	〇・三	〇・四	〇・二	〇・二	〇・一	五〇
商人及名譽市民	一二・九	一五・〇	九・八	一〇・七	三・一	三二
小市民	三・九	四・四	一・九	二・一	一・九	一〇〇
農民	一三・二	一五・四	五・八	六・三	七・四	一二八
其他的諸身分	二・三	二・五	〇・三	〇・三	一・九	六三三

俄羅斯國民以外	〇・三	〇・四	〇・四	〇・五	△〇・一	△二五
私有地總計	八五・九	一〇〇・〇	九一・五	一〇〇・〇	△五・六	△六

觀上表，私有地的六一・九%屬於貴族所有，此貴族的私有地斷然壓倒其他一切身分的私有地；然當注意者，卽貴族私有地有漸減的趨勢；「其他諸身分」之私有地，則有急速增大之勢。但貴族私有地所以依然居支配的地位者，蓋有一定的道理，試觀次表的面積分類當更明瞭：

土地所有者的區別	所有主數	土地面積	一所有者平均面積
一〇 Diare 以下	四〇九、八六四	一、六二五、二二六	三・九
一〇——五〇 Diare	二〇九、一一九	四、八九一、〇三一	二三・四
五〇——五〇〇 Diare	一〇六、〇六五	一七、三二六、四九五	一六三・三
五〇〇——二〇〇〇 Diare	二一、七四八	二〇、五九〇、七〇八	九四七・〇
二〇〇〇——一〇〇〇〇 Diare	五、三八六	二〇、六〇二、一〇九	三、八二五・〇
一〇〇〇〇 Diare 以上	六九九	二〇、七九八、五〇四	二九、七五四・〇

五〇〇 Diare 以上的總計	二七、八三三	六一、九九一、三三一	二、二二七・〇
歐洲・俄羅斯總計	七五二、八八一	八五、八三四、〇八三	一一四・〇

即土地所有者總數的七分之六即六十一萬九千八（409,854＋209,119＝618,983），除六百五十萬俄畝（1,625,226＋4,891,031＝6,516,257）以外，一無所有；五百俄畝以上的所有者他們二萬八千人，管有土地六千二百萬俄畝，論土地的面積的比例，則爲前記的十倍，論個人所有則爲前記之百六十餘倍；論身分他們多是貴族。特別是其中六百六十九人的所有者，他們一人平均，拿到三萬畝土地。這種巨大土地所有者，確是中紀以來的殘存物，現在做了變相的農奴制度的支配之物質的基礎。於是如後所述，雇傭制度，便得到最良的繁榮；部面其他、一切中世紀的野蠻的醱酵所，多賴以保存。

其次來說「分有地」罷，這裏是和私有地完全呈反對的現象。那一方是暢行土地所有的集中，這一方是支配土地所有的分散。除不在土地所有面積的分類以內的百九十萬畝以外，所殘留的土地面積一億三千六百九十萬畝，分配於一千二百二十五萬戶的農家，平均一戶可得十一畝一分。所以這裏也發生土地所有上的不平等。茲將其情形立表如次：

農家種類	戶數	Diare	平均一戶所得D.
五畝以下	二、八五七、六五〇	九、〇三〇、三三三	三・一
五畝至八畝	三、三一七、六〇一	二一、七〇六、五五〇	六・五
八畝以下總計	六、一七五、二五一	三〇、七三六、八八三	四・九
八畝至十五畝	三、九三二、四八五	四二、一八二、九三三	一〇・七
十五畝至三十畝	一、五五一、九〇四	三一、二七一、九二二	二〇・一
三十畝以上	六一七、七一五	三二、六九五、五一〇	五二・九
歐・俄合計	一二、二七七、三五五	一三六、八八七、二三八	一一・一

根據此表，「分有地」農家一千二百三十萬戶內面約半數六百二十萬戶，每戶該得八畝以下的土地。屬於這個範疇的農戶，有些有馬一頭，但不多見。只有八畝以下的土地的農戶，不論其有馬無馬，悉屬貧農；俄羅斯此種貧農，連同家族，約計三千萬人，均屬被救恤之民。在「分有地」農民之間，其所有土地，既不甚懸殊，故殘酷的不平等，已不存在；惟從中世紀帶來的農奴制度——身分

的區別，依然存在。這種身分的存在，是於地主的土地所有，確爲利益，助農民的孤立分散，對於資本主義的發達演着中世的隔壁的使命。此等封建的殘存物的支柱確是密爾。

（二）

然則，以上的地主的土地所有和農民的土地所有，其間的相互關係，究竟怎樣？我們首先將土地所有的種種的規模分作次之四羣來看歐洲俄羅斯土地面積的近似數、二億八千萬俄畝，是如何分配的呢？第一羣是每戶十五畝以下的土地所有，卽可由農奴主——地主的收取來抑壓的貧農層。第二羣是有十五畝以上二十畝以下的中農層。第三羣是有二十畝至五百畝的富裕農層（農村資產階級）和資本家的土地所有者。第四羣是有五百畝以上的農奴制的巨大土地所有者。

十九世紀末之歐俄的土地所有：

土地所有者羣	戶數單位百萬	百萬（D.）	一戶的畝數
（1）任農奴主——地主收取的貧農層	一〇·五〇	七五·〇	七·〇
（2）中農層	一·〇〇	一五·〇	一五·〇

(3)農村資產階級及資本家的土地所有者	一·五〇	七〇·〇	四六·〇
(4)農奴制的巨大土地所有者	〇·〇五	七〇·〇	二、三三三·〇
以上合計	〇·〇三	二三〇·〇	一七·六
不入以上各種分類的土地	—	五〇·〇	—
總計	一三·〇三	二八〇·〇	二一·四

各羣之經濟的特徵，姑讓後章再論。茲有不可脫略的事實就是：「俄羅斯的土地所有者在一方的極端，有一千五十萬的農家（約五千萬人），分着七千五百萬畝的土地；反之，在反對的極端，只有三萬戶的家族（約十五萬人）擁着七千萬畝的土地」云云，這是誰也知道的。這種極端的土地所有上的對立，就是遍歷俄羅斯農村，熾烈地行着階級鬬爭的樞軸了。我們從此一探此等土地所有上的土地經濟——農業的內面能？

(b) 地主經濟

(一)

在占領私有地大半部的地主的土地所有之上，經營的是地主經濟。這個地主經濟的主要特徵，是在資本家的制度（自由僱傭勞動）和雇役制度的結合，所謂地方貴族(Junker)經濟之一種變態點。關於資本家的制度，無在茲說明之必要。試就所謂雇傭制度來說罷

我們先是在「農奴解放」的時候，看到農民有巨大的土地面積被地主收奪了去；其結果：第一農民不但留着一點極惡劣而且極少的土地，而且第二，更有比此重要的事情，卽在土地經濟——農業上，務必使用的森林、牧草地、飼水場等等，依然歸了地主所私有，農民失掉了利用的機會；加以一部分的耕作地，已被地主奪回，土地較以前更狹。地主居心叵測，諸事與農民爲難，非使農民無足之地，則不能完全收歸己用。譬如農民有一隻仔雞，走入地主地內，卽負有「踏害」之名，斷難逃其處罰。故當時有一種「仔雞無處放」的歌謠，卽此可知農民的苦痛，已達極點。農民不欲生於世上則已，如其欲之，則勢非再向地主租借土地；或者拿了自己的農具和家畜，去到地主的地裏，替他勞役，希圖餬口不可。這就是雇役制度了。地主有用雇役的形態，繼續保存其舊來的經濟制度的可能性。「經濟外的強制」的可能性也依然同樣存在繼續，如「一時的義務」的狀態，連帶責任

農民的體刑、徵發農民於公的勞動等等是。

「沒收地」所包含的社會經濟的意義之重要性，觀於上述，已可明瞭。地主的經濟也可說是「沒收地的經濟」。其雇役制度，便是封建的徭役，或賦役之「直接的殘存物」，農奴制度之直接的繼續；而且造成從徭役到資本主義之過渡的制度。蓋雇役制度，對於農民勞役上的報酬，除用現物（土地、沒收地、牧草地、冬期的預支等）以外，既有一部用貨幣支付；這種貨幣支付，性質上漸漸和自由雇傭勞動者的賃銀相接近，又雇役有兩種形態：第一是自己有役畜和農具的中農雇役；第二是一無所有的貧農雇役。迄至雇役自第一形態推移到第二形態，則雇役制度便以目下所見的種種形態表明逕向資本主義直接移行。後面所述農民層的分化，也是促進這個移行的，故此際不得不述及之

無論那種形態，只要是雇役制度存在，農民便非將自己降落到借農奴的地位不可。因農民若不爲雇役，即無勞役，須另撰普通的借地的緣故。地主將農民的勞動作爲借金隸農態，則可得比較普通勞役便宜三分之一。此際，地主便是一高利貸者。例如中央黑壤地帶當一八八三——九一年

的時候，農民以自己的農具替地主做工，每一畝土地，對於完全耕作的平均支付，爲六個盧布。若將此勞動價值換算爲自由的賃銀勞動，則人勞動，只有六盧布十九加貝克，若加入馬的勞動則爲十盧布六十九加貝克。這種雇役勞動所以低廉者因有「分有地」的存在，而其收入須償還農民家族的諸經費之一部的緣故，所以工資就降至「自由勞動之標準」以下。

欲決定雇役制度究普及至何程度，雖甚困難；然大體的情形，可得逕言：在地主經濟之下，是只有小部分的土地，使役工資勞動，即以地主的農具，臨時僱傭自由勞動者，而使其從事耕作；若大部分的土地，則行着分益農制借地雇役的工資借貸，或此等兩制度的併用，實爲普遍的形態。試就主要地帶區別其形態如次：

	縣數			
	黑壤地帶	非黑壤地帶	合計	私有土地耕作面積 單位千 Diare
一 資本家制度占優勢之縣	九	一〇	一九	七、四〇七
二 兩制度併同占優勢之縣	三	四	七	二、二二二

三 雇役制度占優勢之縣	一二	五	一七	六、二八一
總計	二四	一九	四三	一五、九二〇

在昔為農奴制度之中心地帶之黑壤地帶，依然雇役制度完全居優越地位；但就四十三縣全體而言，則尤未能占勝。

（二）

雇役制度於農業生產力的發展，究有什麼影響呢？當時的一研究者考夫曼(Kaufmann)說：『小農民的小借地和分益借地乃是阻害農業進步的條件之一，這是無容疑的』。他又概括波爾塔發縣(Poltarva)的農業說：『借地農耕作粗末，種籽惡劣，適足減退地力，使土地荒廢』。

一方、小借地用的依然是粗放的三圃農法，往往不施肥料；然他方、在地主經濟之下的土地，行的是多角的輪作農法。此兩制度之生產性上的相異，必為收穫額所表現。茲就下諾弗哥羅縣加爾巴托夫郡全體的黑麥示其每畝的收穫額如次：（單位：普特）

土地部類	分有地	私有地		
		地主經營地	分益借地	借地
第一羣	六二	七四	—	四四
第二羣	五五	六三	四九	—
第三羣	五一	六〇	五〇	四二
第四羣	四八	六九	五一	五一
平均	五四	六六	五〇	四五

觀上表，可知借農奴制的方法（分益借地及小借地）之助以耕作的私有地，其收穫較「分有地」所得爲少，此種事實正所以明白表示俄羅斯農業之落伍，正所以明白表示全國國民經濟的停滯及農業中人之世界無比的卑鄙；而雇役制度卽農奴制度之「直接的殘存物」之存在，要爲其主要原因。

同時上表又表示，爲資本家所耕作的（地主經濟）土地，其收穫額，比農民地的收穫額高些，

（即六十六對四十四之比）。這因爲雇役制度的壓倒的支配，和資本主義侵入地主經濟，而必然發展之故。自由雇傭勞動者之採用雖是表示資本主義制度侵入地主經濟的第一指標；其實農業方面資本的經營，尤賴機械的使用而發展，猶之在工業方面所見的一樣，俄羅斯的農業，成功了急角度的轉變，其原因主要的是在機械的輸入。茲將歷年所輸入的農業用機械依統計形式示之如下：（單位：千盧布）

一八六九——七二年……七八六
一八七三——八〇年……二、九〇〇
一八八一——八八年……四、二〇〇
八八九——九六年……三、七〇〇
一九〇二年……一五、二〇〇
一九〇三——二〇年……二〇、六〇〇

又國內生產額在一八七六年，是二百三十萬盧布；一八九四年是九百四十萬盧布；一九〇〇

——三年是一千二百萬盧布。顯示着機械侵入農業以後，農業生產力就從此增高，資本家的經營就從此發展；不過這裏的發展，要想和美國一樣近代的——資本家的國家相比較，則相差遠甚，這是誰也不能否定的。在美國，據一九〇〇年六月一日的調查，農業企業家的土地，是約三億二千四百萬達西傾，農場數是五百七十萬，因之，平均每農場的面積約六十達西傾；又機械生產額，當一九〇〇年是一億五千七百七十萬弗。我們由這個對比，可以同時知道農業資本主義的「美國型」發展的急速和「俄羅斯型」即「普魯士型」發展的緩慢。同樣廣大的農業土地面積的兩國，因其農產發達之不同，而生上面所講各種的相異者，因美國是以缺乏土地所有上的封建的殘存為特徵；俄羅斯反之，因有如磐石一般重的殘存物的緣故。自此以後，俄羅斯的農業問題，只有次述兩路可循：或為發展農業資本主義起見，從「美國型」清算封建的殘存物；要不然，就倣照「普魯士型」，徐徐進入妥協，靜候最後崩潰罷？我們試拭目待之！

然則可就地主經濟下一般的結論如次：

「資本主義完全明瞭地於此領域開着自己的路徑。變形正在這個方向——由以賦役勞動爲基礎的經濟走上以自由工資勞動爲基礎的經營的方向中進行。與以雇役爲基礎的經濟並小農民的經濟相比較，則資本家的農業從一切方面看，都要明瞭地現着技術的進步。可以說，這個進步，若與近代的資本主義諸國相比較，則其樂曲的速度，又極形緩慢了。而在十九世紀末的俄羅斯，是現存着全社會的發展的諸要求與農奴制度的最銳的矛盾。這種農奴制度，在地主的貴族的巨大土地所有姿態中，在雇傭經濟制度姿態中；是經濟進化的阻害，是俄羅斯生活中的抑壓野蠻「韃靼人精神」之無限形態的源泉」。

（c）農民經濟

（一）

和地主經濟立於對蹠的關係的農民經濟，確成爲當時的農業問題的中心點。是這裏所要討論的。

農民當「解放」之際，雖然得到了「分有地」；但如前述，這種「分有地」不是作爲所有地的，姑且作爲「密爾」給與的。「密爾」將其土地平等分與農民，又爲保證這個平等性起見，行了定期的土地劃換至少「密爾」的土地劃換是該當這樣的性質的。而從此生出「人民派」俄人呼爲Narodonek的幻想、「將一切做到平等」制度的「密爾」的一種幻想來。「密爾」內面的「分有地」的分配，對於農民各層，果平等了麼?今舉柏姆(Perm)縣克拉斯諾佛德斯克(Krasnovodsk)的分配爲例以斷之。

	農家每戶兩性人數	每戶分有地畝數
不耕作土地者	三·五	九·八
耕作五畝以下的土地者	四·五	一二·九
耕作五——一〇畝者	五·四	一七·四
耕作一〇——二〇畝者	六·七	二一·三
耕作二〇——五〇畝者	七·九	二八·八
耕作五〇畝以上者	八·二	四四·六
總計	五·五	一七·四

若將上數換算作每人所得，則最下羣應得之「分有地」爲三畝以下；次羣爲三畝；又次羣爲

約四畝；最後的最上層羣是有五畝以上；雖不見得無甚不平等，然總是不平等的。富裕的最上層的二羣，他有多數的家族和多數的「分有地」，這是明白的。將農家數、住民數和「分有地」的分配的比率用百分率來表之如次：

農家羣	農家數（%）	兩性住民數（%）	分有地（%）
不耕作土地者	一〇・二	六・五	五・七
耕作五畝以下者	三〇・三	二四・八	二二・六
耕作五——一〇畝者	二七・〇	二六・七	二六・〇
耕作一〇——二〇畝者	二二・四	二七・三	二八・三
耕作二〇——五〇畝者	九・四	一三・五	一五・五
耕作五〇畝以上者	〇・七	一・二	一・九
總計	一〇〇・〇	一〇〇・〇	一〇〇・〇

如在前面的統計所見一樣，「分有地」的分配也是有一種均衡性，住民數和「分有地」面積數很接近；不過於此所當注意者，乃下層諸羣所得土地的百分率，較住民的百分率爲低；上層諸

羣則與此相反之一點。且此種現象不但見於克拉斯諾佛德斯克，乃是俄羅斯全體所見的普遍現象。農民層雖既於此伏着上層與下層分裂的萌芽；然關於「分有地」以外的土地分配，如下面所見，還要表現更不平等呵！

（二）

借地 和當說明雇役制度所述一樣，土地不足的農民，必由地主告借土地。在這土地借進時，就有種種的形態的「借金隸農態」的關係，包圍住農民進攻。說其本質，不外於：農民借地，乃地主經濟中的雇役制度的一形態，乃土地所有者由此爲自己確保勞動力的、賦役的一形態罷了。不過，這話是專指農民層的最下層羣而言：若一部最上層羣的借地，其意義就完全不同，他與貧農中的「爲窮迫而借地」相異，乃是「爲賺錢而借地」爲致富而借地的。試與次表對比觀之，當更明瞭。

農家羣	農家數（%）	農家一戶所得	
		分有地畝	借地畝

無役畜者	二六·四	五·四	〇·三
有役畜一頭者	二〇·三	六·五	一·六
有役畜二頭者	一四·六	八·五	三·五
有役畜三頭者	九·三	一〇·一	五·六
有役畜四頭者	八·三	一二·五	七·四
有役畜五頭以上者	二一·一	一六·一	一六·六
總計	一〇〇·〇	九·三	五·四

第一、在「分有地」所有中最上層羣比最下層羣多三倍（一六·一對五·四之比）以上；第二、在借入地中有多過五十倍（一六·六對〇·三之比）。而既有一二——一六畝的分有地，而又加以七——一六畝的借入地的最上層，這明明是欲轉化爲資本主義的農業經營者了。若就全體的借入地面積的配分情形而言：則全借入地的五〇·八——八三·七%，歸入於約農家數二〇%的最富裕農家；而爲農家數之五〇%的下層部類，僅得五——一六%。如是，關於借地一節，我們便得作成如下述一般的結論來。

「從借地的農家的數字來說，大多數的農民，無疑地，爲着貧困而借地；借地必然地陷入「農奴的地位」；但就借地的面積而說，無疑地，至少有半數在富裕農民的手中，組織資本家的農業的農村資產階級的手中」。

更就地稅來說，不得不連帶附言兩極羣的重大差異。茲錄地尼伯郡（Dnieper）的統計報告如次：

農家羣	借地農家數%	每戶耕作面積畝	一畝的地租盧布
五畝以下的耕作者	二五	二·四	一五·二五
五——一〇畝者	四二	三·九	一二·〇〇
一〇——二五畝者	六九	八·五	四·七五
二五——五〇畝者	八八	二〇·〇	三·七五
五〇畝以上者	九一	四八·六	三·五五
總計	五六·二	一二·四	四·二三

由上表、貧農的平均地租，超過富農的平均地租三倍以上，同是一畝土地，因借者貧富之關係，

租貸一至相差如是之鉅，貧農其有不破滅者乎？不但如此，富者常乘地價低落之時，以有利的條件，買入土地，迄至鄰人需用之際，則以二七五%的利得貸與一輾轉間卽獲利數倍。前者顯然是借金隸農態——農奴制度的借地；後者顯然是土地高利貸無疑。

「分有地」之貸出　應當保證土地所有之平等性的「分有地」之有貸出現象，顯示着共同體內部之資本家的關係。貸出「分有地」的經濟之數、貸出地的面積，據八十年代的統計，全體並不算多。惟是最重要者就是：「貧農脫離土地，富裕農租借土地的最大部分的事實」。二〇%最富裕的農民所脫離的土地，與其貸出地全體的〇·三——一二·五%相當；反之，五〇%下層的農家羣所脫離的土地，相當於其貸出地全體的六三·三%。此等貸出地的大部分，是有富農接受租界的。茲揭地尼伯郡的貸出地統計於次：

	脫離分有地的農家的百分率	被脫離（貸出）分有地的百分率
不播種的農家	八〇	九七·一
五畝以下的耕種者	三〇	三八·四

五——一〇畝者	二三	一七・二
一〇——二五畝者	一六	八・一
二五——五〇畝者	七	二・九
五〇畝以上者	七	一三・八
郡平均	二五・七	一四・九

下層羣因資金不足，不得將土地貸出；反之，一部分的上層羣，爲遂行其土地高利貸之故，脫離土地。一方面地尼伯郡的貧農，即得着五萬六千畝「分有地」，居總數四〇%的農家他們雖有八千畝的借地，但亦貸出二萬一千五百畝。然而富裕農羣，即得着六萬二千畝的「分有地」，居總數一八・四%的農家，他們貸出三千畝，借進八萬二千畝的「分有地」。

買入地　上面所述借地的情形在買地亦差不多可以說是同樣。不過，借地方面，多少含有農奴制度的特徵；反之，「分有地」農民所視作私有財產之土地買入，在今日「偏偏當在土地共同體的眞中表現農村資產階級的成立」。若說買入地究如何被各農民羣所分配，則二〇%的富裕農家，將買入地的五九・七%——九九%，集中在其手中；反之五〇%的極貧農家，不過有買入地面積的〇・四——一五・四%而已。故我們敢主張一八七七——一九〇五年間，農兵所買入的土地七百五十萬畝之中，其三分之二——四分之三，是在極少數的富裕農家之手。

（三）

關於「分有地」、借入地、貸出地及買入地的研究，上面言之已詳，此地爲總結上面，不可不述者，就是「農民層事實上所有的土地和官廳所登記的公的「分有地」所有，一日一日的不一致下去」一件事。即「分有地」的平等性，業已喪失，事實上下層農民羣的土地面積，相對的也是屢屢絕對的也是比「分有地」所有少；反之在上層羣中，其全面積，因爲買入地及借入地的集中的緣故，相對的也是絕對的也是比之「分有地」，是要比較多些的。次表指示此點很明瞭。

下諾弗哥羅縣的三羣（單位：俄畝）

農家	每農家分有地	每家全土地面積
無馬的農家	五・一	四・四

有馬一頭的農家	八・一	九・四
有馬二頭的農家	一〇・五	一三・八
有馬三頭的農家	一三・二	二一・〇
有馬四頭以上的農家	一六・四	三四・六
平均	八・三	一〇・三

這裏在最下層羣中因土地的貸出淩駕借地的結果，就表現土地面積之絕對的減少。且無馬的下層羣，要占全農家的三〇%。

從而農民經濟中的「分有地」的使命，業已減退，貧農因窮乏和沒落之故，縮少了土地經濟；因變作賃銀勞動者之故，脫離了「分有地」。若富農則因經營擴大的結果，超過祖先傳來的「分有地」的制限，進到借入地或買入地：有些地方、農業經營的中心，從「分有地」移動到借入地及買入地。

「這種事實（「分有地」使命的減退）明白地示着舊來的土地所有諸關係的——地主

的並農民的——崩潰，變成無條件的經濟的必然性。這種崩潰，是絕對不可避免之事，大地上無論什麼權力，都不能妨礙他。鬬爭圍繞這個崩壞的形態及方法而行。或者以保存地主的土地所有，許由富農——高利貸(Kyrak)略奪土地共同體的斯托利平流的方法來處理；要不然、就用土地國有化破壞地主的土地所有，取去對於土地的一切中世紀的隔壁的農民的方法來處理。二者任聽擇一而行，也祇能擇一而行」。

最後「分有地」的使命的減退，導租稅及諸負擔於極不均等的分配。無論中世之農奴制年貢之直接存續的「土地賠償金」無論其他爲封建的人頭稅之遺物的諸種租稅，皆以形式的「分有地」所有爲標準賦課的，農民各層起了分化，發現貧農和富裕農的今日，那是惹起了極端的負擔之不平等。例如佛羅內茲縣(Voronezh)的農民的家計統計如次(單位：盧布)

農家類別	總收入	支出	租稅及諸負擔	對於支出的百分比
(a)無馬的農家	一一八·一〇	一〇九·〇三	一五·四七	一四·一九
(b)有馬一頭的農家	一七八·一二	一七四·二六	一七·七七	一〇·二〇

(c)有馬二頭的農家	四二九・七二	三七九・一七	三二・〇二	八・四四
(d)有馬三頭的農家	七五二・一九	六三三・八六	四九・五五	七・八三
(e)有馬四頭的農家	九七八・六六	九三七・二〇	六九・九〇	七・二三
(f)有馬五頭以上者	一、七六六・七九	五九三・七七	八六・三四	五・四二
平均	四九一・四四	四四三・〇〇	三四・三五	七・七五

無馬或只有一頭的農民，將其總支出的七分之一付作租稅；比有馬五頭以上的農家，對於支出的比率上，其支付率要超過三倍或二倍。

次就在家畜及農具所有類別中所見的農民層的分化，僅簡單地揭其統計。地尼伯郡農民的家畜所有狀態如次表：

農家類別	每家分有地面積（畝）	每家家畜數（頭）
不播種的農家	六・四	一・一
五畝以下的耕作農家	五・五	二・四

五——一〇畝的耕作農家	八・七	四・二
一〇——二〇畝的耕作農家	一二・五	七・三
二五——五〇畝的耕作農家	一六・六	一三・九
五〇畝以上的耕作農家	一七・四	三〇・〇
平　均	一一・二	七・六

又根據關於改良農具的分配狀態的統計，將農家百戶中使用改良農具的戶數表示如次：

	使用改良農具農家的百分率	
	就俄盧羅夫縣的兩羣統計	就佛羅內茲縣的一羣統計
無馬的農家		
有馬一頭的農家	〇・一	—
有馬二頭的農家	〇・二	〇・〇六
有馬二——三頭的農家	三・五	一・六〇
有馬四頭以上的農家	三六・〇	二三・〇〇
平　均	二・二	一・二〇

觀上二表，可知役畜及農具的所有者，比在土地所有，不平等遠甚。

(d) 農業勞動

(一)

由以上的考察，我們知道了本來的農民層起了分解，最上層的正在向着農村資本家階級，最下層的正在向着農業無產階級轉化的情形。至於分解的程度如何？那是一個重大問題。其最明瞭的指標，便是關於勞動市場的形成的資料。富裕農即農業企業家究竟使用若干農業無產者，即男工和日傭勞動者呢？次表便是關於柏姆縣克拉斯諾弗德斯克(Krasnovodsk)郡的資料。

農家類別	每戶男子勞動者數	雇傭賃銀勞動者的農家的百分率			
		季節勞動者	刈入	收穫	打禾
不耕作土地的農家	○・六	○・一五	○・六	—	—
耕作五俄畝以下的農家	一・○	○・七○	五・○	四・七	九・二
耕作五——一○俄畝的農家	一・二	四・二○	一四・三	二○・一	二二・三

耕作一〇——二〇俄畝的農家	一・五	一七・七〇	二七・二	四三・九	二五・九
耕作二〇——五〇俄畝的農家	一・七	五〇・〇〇	四七・九	六九・六	三三・七
耕作五〇俄畝以上的農家	二・〇	八三・一〇	六四・五	八七・二	四四・七
平均	一・二	一〇・六〇	一六・四	二四・三	一八・八

占農家總數約一〇・三%的最上層的二羣，大都雇傭勞動者：又占農家總數二二・四%，有耕地一〇——二〇俄畝的農家羣，其五分之二以上，也爲收穫起見雇傭勞動者。即此一端，就可知道富裕農當其農業經營之際，非僱傭數百萬的男工及日傭勞動者不可。二〇%的富裕農雖與有男工的農家總數的四八——七八%相當；但他們就如是在向農業企業家轉化的。

那且不必說，只是他對極面的農業勞動者，究是什麼農家出身？究竟有多少數目呢？一般在可稱爲農家的「生業」裏內含着各種農業勞動。薩馬拉縣諾佛遜斯克（Novozensk）郡，農業勞動者很多，其分布狀態如次：

農家類別	從事農業「生業」者
無役畜農家百戶中	七一・四
有役畜一頭農家百戶中	四八・七
有役畜二——三頭農家百戶中	二〇・四
有役畜四頭農家百戶中	八・〇
有役畜五——一〇頭農家百戶中	五・〇
有役畜一〇——二〇頭農家百戶中	二・九
有役畜二〇頭以上農家百戶中	二・〇
平均	二五・〇

卽無馬的農民中十八之七及有馬一頭的農民中約半數，爲賃勞動者。一般、「下層尤其是無馬的農家羣，及只有一頭的農家，從國民經濟之一般的構造來看他的地位，就是有「分有地」的男工及日傭勞動者；廣言之，卽工資勞動者是已。

除上面的地主經濟及農民經濟以外，在歐洲・俄羅斯的南部及東部的邊境地方，又出現了大規模之資本家的經營。在這裏是採用近代的農業機械，使用多數的勞動者，內面也有男子，也有女子，尚且有未成年的兒童勞動者。如是，在十九世紀末的俄羅斯內面，便看到最發展的亞美利加式的形態中的純資本家的收取的一切莊麗；同時殘留着純中世的先進諸國所早已消滅的雇役及賦役經濟的方法。俄羅斯之農業諸關係的如是完全巨大的多樣性，便歸着於農奴制的收取方法和資本家主義的收取方法的鏈鎖中。

將以上要約言之，右邊的諸資料所示，悉是俄羅斯的農業正在決定的地向着資本主義的發達的方向進行。在土地所有中，中世的所有形態漸被清算。在地主經濟中，雇役制度和資本主義的制度同被採用；而且經濟的中心，正在由前者移至後者。只是在農民經濟中，農民層各向兩端，急速地起了分化；一方正在形成富裕農——農村資本家階級，他方已在形成貧農——農村勞動者階級。對於這個資本主義的發展，生產力的發達，作了巨大的障礙——暗黑者，不消說就是農奴制的巨大土地所有及地主的土地所有，雇役制度和借金隸農態，「分有地」與其身分的隔離，及其他一切中世的殘存物。歷史的發展之必然性，帶來的使令為着資本主義的發展，可將此等障礙和桎梏粉碎。且其粉碎的方法有二個，纏綿着這二個方法，一個相對立的階級，展開了熾烈的鬬爭。所謂二個方法，就是將封建的土地所有，一舉淸掃，打開資本主義的發展之大道的方法；和且保存地主的土地所有，且解體密爾許富農略奪，僅僅保證較多的資本主義的發展的方法。前者是由下面的農民的——社會民主黨人的解決方法；後者是由上面的地主的——斯托利平(Stolypin)的解決方法。就農業發展的典型來說，前者是代表「美國型」，後者是代表「普魯士型」。這兩個方法，確是「十九世紀留給二十世紀的遺言」，在一方有七千五百萬俄畝土地之一千五十萬農家(約五千萬人)和他方有七千萬俄畝土地之三萬戶家族(約十五萬人)的基礎上，封建的地主和「農民」之間，在二十世紀初頭所展開的階級鬬爭，實此遺言的執行了。劈初地主的方法，雖以一九〇六年的「斯托利平的農業改革」實現了幾年；但到了一九一七年，農民的布爾雪維克(Bolsheviks)的方法就獲取了最後的勝利。

(二)

綜一八八〇年代及九〇年代的深刻的農業恐慌，從兩方給與地主經濟打擊了。其一、就是由恐慌加拍車的農民層的分化過程，陷地主經濟的勞動力保證於危險；其二、即穀價的暴落，使地主經濟沒落，有許多地主放棄土地。例如私有土地中，貴族地所占的成數，在一八七七年的時候，本爲七九·九%；可是到一九〇五年，即變爲五三·二%，其間貴族所失去的土地，有一千九百九十萬畝之多。羅曼諾夫政府爲救護貴族窮乏起見，特於一八八七年，創設「貴族土地銀行」，於一八八六——一九一二年，以二千四百七十萬畝的土地爲抵押，將十一億四千六百萬盧布的鉅額，借給貴族。更使一八八三年所創設的農民銀行，亦一并改變宗旨，由本來的農民保護，轉換爲貴族保護，由該銀行出其巨額的資金，貸與貴族。爲使地主經濟加料保證勞動力起見，政府自從一八八〇年以降，即由一聯的方策，防止農民無產階級化，假保護農民之名，行其復活純然的農奴制度之實。例如修改賠償金，減少額面（一八八一——八三年）；廢棄人頭稅（一八八二——八三年）；限制農民的財產分割（一八八六年）；限制「密爾」的土地劃換（一八九三年）；由「分有地」的讓渡及抵押，禁止變農民「分有地」爲不可讓渡的身分的土地基本（一八九三年）；至於農民的移動，則絕對禁止，或加以極端的壓迫（迄一九〇四止）。由於這個反動政策，地主經濟雖然得了多少保護；然未能完全被救濟，故仍不免於崩壞。可是農民不承服這種反動政策，比什麽都要緊，所以一八一九〇〇年以來，卽由廣汎的農民運動，表明反對的意志了。政府、一方固然用其慘酷暴行的禁衞軍來鎭壓農民運動；然他方也未嘗不用其緩和的手段，對於富裕的農民分子，同時表示讓步。「斯托利平的反改革」就是如此。

III 工業資本主義的發展

一 概觀

農奴制度解消之妥協的性質，不僅農業，對於工業的發達也不無影響。在一方有農民層之充分的分化，國內市場的狹隘性；在他方無如西歐之大規模的本格的原始的蓄積；所以不能保證工業生產急度的發達。在生產部門，依然是保留着農村小工業及工場手工業之支配的工業形態；機械制大工業，除了棉業以外，並沒有握住其他任何部門。然其間因有鐵道的敷設和銀行的成立，而相當廣汎的國內市場，曾以此等爲脈絡而形成。迄至一八七〇年代初期，大規模的資本主義的工業企業，以前記工業諸形態爲基礎，相繼設立，從而工業生產額亦急增了。不過最初的繁榮，雖說是大規模企業，然都以優越性無定的工場手工業爲基礎；且企業設立，類多在所謂企業濫興時代的投機的氣分中行之者；所以一受世界之工業恐慌的飛沫，則又不得不急速地萎縮了。要之，七十年代以前是創造實業資本之基本的前提諸條件的時期是形成幷擴大國內市場的時期，是鐵道、銀行體系等等的流通機關網的整備時期。

一八七三——七五年的工業恐慌以後雖因戰爭及其他原因，到了一八七九——八一年，一概克服，工業轉呈活狀局而但這也不能永遠繼續活況之一時的諸原因，未幾即行消去；這次一沈滯就遷延十個年頭之久。歷史上所稱「八十年代」，雖指思想的沈滯期而言但也可以說是經濟的，執拗的舊農奴制的經濟形態及社會關係的殘存，重壓着新芽生的資本主義的分子的時期；且可以說是一部的工業，脫離這個重壓，排除種種困難，由工場手工業向工場制工業，正在完成推轉的過渡時期。

經過遍歷三十年的長期準備，一至九〇年代，特別是其下半，俄羅斯的實業資本，又以前代所未聞的加速化的曲序，驀進確立之途，而僅僅於十年間，遂行了西歐諸國耗費數十年，纔得完成的歷史的發展。不但輕工業，即重工業中的機械製工場工業得到優越的發展；生產手段生產部門和消費資料生產部門之總括的社會總資本，向着嚴密的意味的再生產軌道定置，即產業資本的確立，都於期內達到成功之域。惟在此際切不可忘記了俄羅斯的資本主義，是通過許多溝道，與農村之農奴制的中世的基礎構造相固結的一點。畢竟這不過在半封建的土壤上鑄出聳立的資本主義的模型，而於此點又橫着俄羅斯資本主義發展的限界，因此到了與這個發展限界相衝突的時候，則更深刻的恐慌又要來光顧的。

此時，世界資本主義，踏入本格的帝國主義的階段了。通過幾多的經濟的關係，和世界資本主義有密接的交涉的俄羅斯資本主義，從此時起，做了世界帝國主義體系的一環，堂哉皇哉的參加了獲得販賣市場鬬爭，獲得投資市場鬬爭，畢竟為世界再分割的鬬爭。工業生產的企業合同(Trust)——企業聯合 (Cartel) 化獨占形成，進行到高度，確立金融寡頭支配；而金融資本家階級，便結集成一個的政治的勢力。可是在俄羅斯則有軍事力的獨占，無限領土的獨占，或者收取支那及其他異民族的特殊便宜的獨占；一部分補充，一部分代替近代的金融資本的獨占云云各關係。如是，俄羅斯帝國主義，是專制君主制與金融資本，以緊密的癒着而顯現。

然而，以一九一四——一七年的第一次帝國主義世界戰爭為契機，此巨大的複雜的俄羅斯資本主義將內包的諸矛盾悉行暴露，而與斷末魔的一切苦悶同時斷絕最後的一息。

所以我們可以把「解放」後的俄羅斯資本主義的發展，分作一八六〇——八〇年代的原始蓄積期；一八九〇年代的產業資本確立期；一九〇〇——〇八年的恐慌及不景況期；一九〇九——一四年的金融資本——獨占資本主義時代；一九一四——一七年的世界戰爭——沒落期。

二 原始的蓄積期

(一)

在「解放」後的十個年頭也可說是體制的沈滯期出現的時代。舊來之農奴制的工場手工業，即特許及世襲的工場手工業轉化爲資本家的——商人工場手工業。同時、爲工場手工業之必然的隨伴現象之資本家的家內勞動，或小商品生產等，當時還沒有和農業分化，包括此等雜多的小工業形態而稱爲副業工業的農村小工業，便通過這過渡期的間隙而卻發展擴大了。此種工業的集中和分散的結果，一般多表現着工業生產的減退。例如毛織工業，勞動者數在一八五九——六三年內從九萬九千人減到七萬一千八百人；工作場數從四百十九，減少到三百六十五。又在重工業方面也呈同樣的現象冶金工業的生產，就銑鐵來說，則由一八六〇年的二千五十萬普特，減少至一八六六年的一千八百二十萬普特。石炭採掘額，稍稍增加。結局，一八六六年內的工場數，有百人以上的勞動者的大工場七十一個；工場總數共六百十四個(就中有蒸汽機械者三百又七個)；勞動者總數，二十三萬三千人，生產總額不過二億百萬盧布。

然其間資本之原始的蓄積過程，已在着着進行。卽由穀物貿易或農產物國內買賣而得的商業資本的巨額，莫不是農民對於舊貴族的封建的年貢之土地賠償金和土地賣卻金，莫不轉入於貴族之手。貴族收入如此巨額的資金之後，其一部，卽轉爲實業資本。土地賠償金及土地賣卻金次計算方法如次表：(單位：百萬盧布)

年次	土地賠償金	土地賣卻金	總計
一八六三——七二年	六〇七·二	一一五	七二二
一八七三——八二年	一五八·二	二一九	三七七

一八八三——九二年	一〇〇·〇	三〇四	四〇四
一八九三——九七年	六·二	二〇七	二一三

算至一八八二爲止，約十一億盧布轉入於地主的懷中，綜三十年間，轉入於地主懷中者共計十七億盧布。

（二）

鐵道的敷設，始於一八三〇年，在「解放」以前。當時的鐵道敷設，是以軍事的——戰略的意義爲主；純以經濟的——商業的意義而敷設的鐵道，是在「解放」以後，纔開始施行。貫通國之重要的商業——貿易交通路的鐵道，卽幹線鐵道，皆以莫斯科爲中心。一方有由聖彼得堡分達波羅的海沿岸諸國的鐵道，他方有由莫斯科連結中部及南部穀物中心地帶的鐵道；實行穀物中心地帶與波羅的海諸港的聯絡。此外更有南部與南部諸港相聯絡的幹線。若以上各線是爲外國貿易而設；則莫斯科與生產諸地方的聯絡線，卽南東部窩瓦——卡馬（Kama）；西北部、北部地方等等相通的幹線，及其聯絡的支線網，是以聯絡國內市場爲主旨而設的了。如是、當在一八七五年的時

係聯絡各生產地方的主要幹線大體業已建設；其餘的延長線，是在以後絡續增加的。（單位：俄里）

年次	每五個年間的鐵道敷設延長	每五個年初的鐵道延長
一八六一——六五年	二·〇五五	一·四八八
一八六六——七〇年	六·六五九	三·五四二
一八七一——七五年	七·四二四	一〇·二〇二
一八七六——八〇年	三·五二九	一七·六二六
一八八一——八五年	三·〇七四	二一·一五五
一八八六——九〇年	二·八六四	二四·二二九
一八九一——九五年	六·六四三	二七·〇九三
一八九六——一九〇〇	七·九七八	三三·七三六
一九〇一——〇五年	六·五三二	四一·七一四

和「農奴解放」時的情形相比較，則一八七五年代的鐵道延長數已經有十二倍之多。

鐵道敷設是給國民經濟以革命的影響的。因此黑壤地帶，便將其穀物中心地的地位，讓給南部地方迄今立在國民經濟外的，遠隔的邊境地方，以後也要列入商品生產和商品流通之中，織入國內市場之網；不論廣狹深淺，凡是封鎖的農村經濟，至是都要分解，吸引到貨幣經濟方面來。農業的「商品性」，便如是增大復增大，形成比較廣大的國內市場。

大實業企業，與此合一步調，開始呈現蓬勃興盛的氣象。當「改革」以前，全國所有股份公司，不過七十八家，其所擁資本不過七千二百萬盧布；可是到了一八六一——七三年之間，資本金已早達十一億一千六百萬盧布，公司亦有了三百七十五家之多。此等股份公司分配於次列各實業部門：

	股份公司數	資本金百萬盧布
銀行	七三	二二六・九
鐵道	五三	六九八・五
輪船	一五	七・三

商社	一	六・〇
工業公司	一六三	一二八・九
其他		
總計	三七五	一・一一六〇

投資於鐵道及銀行之投資額，占總投資額之八三%，工業投資額不過僅占一一、四%而已。綜所有事業，惟以銀行的發達為最可驚訝，當一八六〇年代，雖有國立銀行之名，然只有一個，迄至一八七〇年國立銀行既有四十一支店以外尚有二十九個股份銀行；其他多數的信用組合、貯蓄組合，好似雨後春筍，四方林立，國立銀行及股份銀行的儲金總額計達二十七億五千四百萬盧布云。

鐵道方面的投資額，在「解放」以前，是一億七千八百萬盧布；「解放」後十年間，增加新股六億九千八百萬盧布。結果鐵道延長數，就由一八六一年的一千四百八十八里增加到一八七一年的一萬二百二里，一八七六年的一萬七千六百二十六里。

（三）

近代的信用體制的整備、鐵道敷設、國內市場的開發，促進了工業企業的，尤其是重工業部門的發達。惟是俄羅斯的重工業與此急速的鐵道敷設的發展相應接，尙覺過於微弱；七十年的建設，祇是輸入外國的鐵道諸材料、諸機械；迄至九十年代，俄羅斯的重工業纔成長到相當的程度，纔能適應大規模的鐵道建設的需要。試就其在七十年代爲適應鐵道建設的需要而輸入的鋼鐵、機械類來說：第一銑鐵及鋼鐵的總量，一八六七——七一年爲千九百五十萬普特：一八七七——八一年爲二千九百四十萬普特。其次，諸機械的輸入，在一八七一——七五年代爲二千九百五十萬盧布；在一八七六——八〇年代爲五千百萬盧布。綜此以觀，我們可以說，鐵道建設，給與俄羅斯的幼弱的重工業有強大的刺戟，這是無容疑義的。

此等諸條件及諸關係，使七十年代的工業生產必然地增大了。「改革」後十五年間的工業生產的發達，由下面的統計可以一目了然：（單位：百萬盧布）

工業種類	一八六〇年	一八七六年
棉紗	二八・七〇	四四・二
棉織物	四二・九〇	九六・三
毛線	〇・四五	二・五
毛織物	三四・九〇	五二・七
機械	一四・〇〇	四三・四
石油	〇・六〇	一〇・九
石炭	七・三〇	一一一・三
銑鐵	一八・二〇	二五・五
鍊鐵	一一・七〇	一七・一
鋼鐵	〇・一〇	一・一

舊工業部門中的棉業及羊毛工業生產增加二倍以上；新興重工業部門中的石炭，石油製鐵工業，亦有相當的發展；資本主義的工業的基礎，就在此間築成的。百人以上的大工場數，是由一八

六六年的六百四十四個，增加到一八七九年的八百五十二個；就中有蒸汽機關的工場由三百零七增加到五百四十九；勞動者數由二十萬一千七百三十九人增加到三十九萬三百七十四人；生產額由二億百六萬六千盧布增加到四億八千九百九十萬五千盧布。既而、大工場方面，有蒸汽引擎的，將有壓倒無引擎的工場之勢。在此時代又發生了有劃期的意義的重工業部門的大企業，例如在克利威依羅格（Krivoi Rog）河流域的南俄羅斯開冶金工業之端的英吉利系製鐵所，巴庫（Baku）的石油採掘公司，多內次（Donets）炭田的大石炭企業等等，都是在俄羅斯重工業中首屈一指。

（四）

可是，到了一八七三年，工業循環，早又移行到恐慌局面了。因爲受了農村中所殘存的廣汎的農奴制的生產——收取式樣，國內市場的狹隘性，鐵道建設速度的緩慢化，饑饉、歐洲諸國的恐慌等等的影響，工業製品陷於過剩生產，失卻販路的商品，就形成龐大的滯貨，物價暴落，銀行及工業企業的破產續出，雖業已向榮的俄羅斯的資本主義，又要大受打擊而無可如何了。新設股份公司的資本金由一八七一年的三千八十萬盧布，一八七二年的六千九百萬盧布，一八七三年的八千六百九十萬盧布；當一八七四年代就低落到五千百十萬盧布，一八七五年就低落到三千七百萬盧布了。一八七四——八一年間的新式股份公司數二百七十二個，其資本額對於市價十一億一千五百六十萬盧布，是三億五百六十萬盧布。然此股份組織化的減少只以銀行及鐵道爲特殊情形，至於其他工業則反有增加的。卽工業公司的新股份發行，對於市價一億二千八百九十萬盧布，是一億七千七百四十萬盧布。

一八七三——七五年的恐慌，未幾卽被克服而又呈繁榮的氣象；爲一八七七年的對土耳其戰爭，一八七七——七九年的豐收等所刺戟，生產又擴張起來，新工業企業又增加起來，再現出未曾有的繁榮了。棉製品的生產額，由一八七六年的九千六百三十萬盧布，增加至一八八〇年的二億盧布；又一八八〇年石炭工業的採掘額，增至二億百萬盧布；石油出產額增至二千萬盧布；鋼鐵生產額增至二千六百萬盧布。

然而這個工業生產的繁榮，又偏偏是短命的。適在一八八一——八二年之間，一方旣遭凶年，鐵道敷設的停滯，國內市的依然狹隘性；地方又由西歐襲來恐慌，雖未幾即被消滅，但俄羅斯工業界所受的影響，已非淺鮮。這次的不景況，綿綿各產業界，一直繼續到一八九〇年末爲止。其間諸工場的操業被短縮，多數的工場被閉鎖，夥多的失業者被趕出在街頭，於是大衆的勞動者運動和同盟罷業的波浪就澎湃而起，此即迄至一八九〇年代末爲止的產業資本確立準備期之總括的表現。此等好況和不好況，儘管不斷地反覆，而歷史的必然性仍似鐵一般的嚴冷和強固貫徹工業資本的完全的制霸和機械制大工業的發展。

三　實業資本確立期

（一）

工業大經營中機械制工場之數量，自七十年代的末年到八十年代的初頭，既已壓倒以手工勞動爲主的「工場」即工場手工業。機械制大工業，確是澈底地清算一切舊工業形態及與封建的殘存物所結合的小規模手工業的生產，或以此意味而有革命的影響力。惟是機械化過程，在所有工業部門發生的情形不一樣，又不必以同一速度發展。有急速機械化的部門，也有機械化很緩慢的部門；又有完全不起機械化的部門；也有同一部門因地方而異其先後緩急的。綜所有工業導入機械最早的部門，要算纖維工業，尤其是棉業了。在一八四〇年代，已有用英國製諸機械從事製織、印花、紡績的情形，已如前述，不過在棉織業中機械製織壓倒手織之事，尙在三十年之後，即一八七〇年代中葉纔開始的。又當一八六六年的時候，機械製織工場四十二，勞動者數九萬四千六百人；而手織——家內勞動者是六萬六千二百人。然當了一八七九年的時候，對於工場數九十二，勞動者數十六萬二千七百八人，而手織——家內勞動者，則爲二萬五千人；更到了一八九四及九五兩年，對於製織工場勞動者數二十四萬二千一百人，而手織——家內勞動者僅有二萬五百人。機械製織於茲可告完全勝利。然而紡織業的其他部門，例如在絲織物工業，差不多沒有使用機械，依然是受資本主義的工場手工業的支配。在這裏是以絲織物工場手工業爲中心，必然地隨伴着多數的資本家的家勞動。在這種半農奴的農民的副業的家內勞動中，是在農奴制的勞動之上，最加陰慘的「苦汗制度」，毫不假借的半農奴制的資本家二重收取，保存了很長的年代。其他的纖維中，毛氈工業、帽子、頭巾製造工業、麻及麻繩工業等等，都是同一狀態。

在重工業部門鑛山業及冶金工業機械化最遲。鑛山工業至一八七〇年代纔知道用金屬鑽孔器來代手打入器，至於機械力及電力之應用，則爲一九〇〇年代初頭之事冶金工業，遲滯更甚，在一九〇〇年前尚不知木質燃料可以代替鑛物燃料，舊式冷卻通風器也是到那時纔使用，鍊鐵爐之數，直接凌駕製鐵爐的，也是在一八九三年。又在一八七六時年代有倍塞馬式熔鐵爐八基的冶金工場，甚至無一基馬爾丁式熔鐵爐。

就鑛山業而說，烏拉爾和南部地方，勢成對峙。「改革」後，劈初烏拉爾爲鑛山業的中心地，而其勞動組織的基礎自古卽爲農奴制度。然而農奴制度不但烏拉爾有之，凡鑛山業之其他最重要地方多有存在，烏拉爾不過其典型的地域耳。鑛山工業家們，有的是大地主；有的同時又是冶金工場主。一八九〇年代，一千四百萬俄畝的土地（其中八百七十萬畝是森林），屬於全國總計二百六十二家的製鐵工場，就中一千二百萬畝是屬於百十一家的烏拉爾工場所有。卽平均十萬俄畝的巨大的大私有地所有者，是與烏拉爾的所有工場是有密切的關係的，由此礦區分給一部的土地於農民，而烏拉爾的冶金工場，除自由雇傭勞動以外，也可以使用此等農民的雇役勞動，恰如「改革」前使用農奴一樣。因之，他們的賃銀只要南部的二分之一，或三分之一够了。不特如此，舉凡身分的從屬或其他的分子，均應有盡有。勞動者及雇役農民的生活狀態，非常惡劣，此等事情就是使烏拉爾鑛山業的技術日趨後退的主要原因了。所以農奴制度爲基礎的龐大的烏拉爾鑛業，當在資本主義的初期，是凌駕先進諸國頗極一時之盛；但到了資本主義的開花時代，便不得不自招沒落了。俄羅斯資本主義的發達一書的著者，將烏拉爾鑛山業的半農奴制的性質，附上如次的許多特性，可謂形容盡致。

「自有農奴制度以來所遺留的諸制度的直接的殘存物、雇傭制度之強大的發展、赴向經營之勞動者的緊縛、低度的勞動生產性、技術的舊弊、較低廉的勞動賃銀、手勞動的優勢、該地方天然埋藏物之原始的濫掘、獨占競爭限制和進步的工商業之隔絕和孤立；凡此種種，都是烏拉爾的一般形相」。

與此處於對蹠的立場的，即爲南部地方。該著者，書南部的情形如次：

「假設有「通過幾世紀間而被神聖化的」諸慣習的烏拉爾爲老齡，則在發育期中的南部地方是青年。於是發生於最近數十年間的純資本主義的工業，也不知有傳統、也不知有身分制度、也不知有民族性；甚至一定的住民的孤立化，亦一併不知。外國的資本、技師及勞動者，不斷地一羣一羣的流入到俄羅斯的南部地方來，現在尙在流入。而內部所有一切組織都與美國的全工場一模二樣，卽謂爲美國的全工場的移轉，亦無不可」。

次之統計係兩鑛山的生產量的增加的對照：

年次	全國總數	%	烏拉爾	%	南部地方	%
一八六七年	一七、〇二八	一〇〇	一一、〇八四	六五・一	五六	〇・三
一八七七年	二四、五七八	一〇〇	一六、一五七	六五・四	一、五九六	六・五
一八八七年	三七、三八九	一〇〇	二三、七五九	六三・三	四、一五八	一一・一
一八九七年	一一四、七八二	一〇〇	四一、一八〇	三五・八	四六、四三九	四〇・七
一九〇二年	一五八、六一八	一〇〇	四四、七七五	二八・二	八四、二七二	五三・一

一八九七年代南部地方，凌駕烏拉爾。談技術革命者，都取南部與烏拉爾爲例，說南部地方的工業，苟以農奴制度處之卽不得有如是發展云。

（二）

這種技術革命卽機械化，惹起舊來的工場手工業及與此相隨伴的諸工業形態卽所謂副業勞動工業的驅逐。於玆就有原始共產主義者所謂「副業勞動工業與機械制大工業的對立」的存在。然而副業勞動工業與機械制大工業不是對立的；乃是自然地機械起了使用由一種手工業的副業勞動或其分業勞動漸向機械制大工業移渡的。且當此移渡之時，他們看到機械小，價格便宜，工場手工業卻起了分解，人人都想用小機械來製造他的商品。所謂以小機械產生商品的「小商品生產者」，就有多數出現了。反之，機械大，價格高，纔有機械制大工場發生；縱是這個時候，無論「世襲工場」或「私人工場」的資本家，仍可在自己家內行使到相當的程度爲止。要之，俄羅斯資本主義在這個發展階段中，是保着工業的三個主要發展階段，卽小商品生產，工場手工業，機械制大工業之相互密接的時間的及物的關聯。結果，且向最後的階段前進；而此等工業諸形態，且得同時併存的。不消說，機械制大工業，是從一八九〇年代中頃，急速地發展的；可以說以資本家的工業之支配的形態，君臨諸形態，但不能使其他的工業形態多歸絕滅。蓋不能拒絕在工業部門中的工場手工業或其他以手工勞動爲主體的工業形態的廣汎的殘存。因此都市和農村，勞動者和農民，便不能完全分離的了。尤其是小工業的商品生產者，與農村及農民有直接密切的關係；工業的經營者是富農，其勞動者是有「分有地」的農民。於是在農業關係中所起的分化過程，卽農民層的農奴資本家階級和農村勞動者階級之分化的過程，也是與工業相纏綿而行的。當此之時，農民是「有分有地的工資勞動者」是農奴的勞動者；在工業的工場手工業的發展階段中，生出工業與農業的分離之特殊的一形態來了。蓋這個勞動者，已不是農民，乃是「職人」；又形成多數的工場手工業所成的非農業中心地。然此「職人」的一部，是由所謂非農業的營生勞動者而成，概屬「分有地」的農民。列寧將一八八〇年代中的非農業的營生勞動者之數假定爲三百萬人以上計算。當一八九〇年代營生勞動者的全體數目如次：

縣集團類別	有身分證明書者 一八九七年	一八九八年
1 非農業的營生營業占優勢者（十七縣）	四、四三七、三九二	三、三六九、五九七
2 無明確的營生性質者（十二縣）	一、八八六、七三三	一、六七四、二三一
3 農業的營生營業占優勢者（二十一縣）	三、〇〇九、〇七〇	二、七六五、七六二
五十縣總計	九、三三三、一九五	七、八〇九、五九〇

非農業的營生勞動者之數，比農業的營生勞動者之數爲大，大約在四百萬與四百五十萬之間，當時的資本主義的工場手工業是使用着如此莫大的半農奴的勞動者了。營生的勞動者除少數的都市定着者以外都於一定期間之後回到農村，從事農業勞動。這種工業勞動和農業勞動的結合，明示在次表內：

工場及製作所	農餘兼工的百分比
手工	
有染色場的棉布工場	七二・五%
絲織物工場	六三・一%

生產	陶瓷器工場	三一·〇%
	印花布	
	精緻上等棉布印花工場及經絲分配事務所	三〇·七%
	普通粗棉布工場（完全生產）	二〇·四%
機械生產	棉紗紡績工場及機械的織物工場	一三·八%
	有上等布印花及整理的織布工場	六·二%
	機械製作所	二·七%
	機械經營的印花及整理工場	二·三%

此表明示着當時的工場手工業勞動和農業勞動的密接，農民和工業勞動的未分化狀態，并同時表示機械制生產中的工業和農民的分離，又農民與勞動者的完全分化。此際，農餘兼工的勞動中，其大部分是爲營生勞動者所占無疑。

工場手工業又必自地須通資本家的家內勞動與農業勞動相結合。在俄羅斯，資本家的家內勞動，所以特別普及者，因爲農奴制的殘存物，特別廣汎存在之故。結果，人爲的地將農民束縛於此等最惡的收取形態中家內勞動者的勞動條件，非常惡劣，與最惡的收取形態之「苦汗制度」相結合。上面亦會講一言。

機械制大工業，如上面講過的，原則上是使工業和農業分離於最後的，在當時的俄羅斯的半農奴制的諸條件之下，「分有地」農民和工場勞動者的紐帶，依然不能切斷的。有益於工場所有者——資本家的低廉勞動力，亦在「密爾」中隔離了身分失掉移轉自由的農民來提供的。於是一農民不到工場去工場就到農民的地方來」。「改革」後工場工業，在農村內面反比在都市內面容易急速發展的一事，誠有研究的價值。列寧有幾句話寫在下面：

『有勞動者一千人以上的都市的中心地的數，由我們來選一個時期（一八七九——九〇年）來說，雖只有僅少的增加（由三十二到三十三）；但農村的中心地數卻非常顯著的增加（由三十八到五十三）。在四十個的中心地內面工場勞動者的數，沒有增加到一六・一％以外（由二十五萬七千人到二十九萬九千人）；可是在六十三個農村地方增加了五四・七％（由九萬八千五百人到十五萬二千五百人）。在都市內面，平均工場勞動數，由六千四百人增加到七千五百人；反之，在農村的中心地內面則有一千五百到二千四百人的增加」。

如是工場便得突然以迂遠的農民爲勞動者，暫時將最低廉的最未發達的最寡欲的「勞工」歸於自己所有。這個工場工業的分布的特殊性，就不得不一時阻止機械制大工業的變革的作用；不過這種阻止不能長遠繼續是很明瞭的。但無論如何俄羅斯工業，在這個發展階段中是不能由農奴制度的殘存物完全脫離出來的。關於礦山業方面的廣汎的農奴勞動的使用，既在敍述烏拉爾礦山業的時候講過，不必再贅。

總之在當時的俄羅斯，是併存着資本主義的工業之三種發展形態，各各都帶着與中世的遺物，農奴制度的殘存物的關係；換言之，即實業資本以殘存的農奴制度爲勞役土壤，使自己聳立於其上而已。即當時的俄羅斯資本主義形成了由農奴制度生出的資本主義的典型。

（三）

給與九十年代的工業發展以強大的刺激者與七十年代的繁榮相同，即鐵道的敷設是已。自從鐵道敷設熱最猛烈的一八七〇——七五年以後，於一八七六——九〇年的十五年間，總計敷設鐵道一萬七百俄里，平均計算每年所敷設的，不過六七百里而已。一八九一——九五年敷設一萬五千一百三十九俄里（包括西伯利亞鐵道及中央亞細亞鐵道，次之一八九六——一九〇〇年的五個年間敷設七千二百五十五俄里新鐵道，全鐵道網達五萬六千一百三十俄里，換言之，一八九〇年代的十個年間，建設了全鐵道的三七％，即前五十個年間所建設的一半。因此，投下了十數億盧布的資金，對於重工業的發展上有極大的貢獻，這是無待說的了。此外還有必須敍序的，就是爲助成輕工業部門急速發展的一大原因，因八十年代的農業恐慌所激化的農民層的階級分化，因此所形成的廣大的國民市場。和「原始的共產主義」者所論正相反對，農民分化，確是爲俄羅斯之資本主義的工業之發展，開拓了廣大的國內市場，而八十年代的農業恐慌，在此形成過程中，開了拍束的。

如是，俄羅斯的資本主義就於一八九〇年代，以急湍之勢，一氣呵成地確立了產業資本。其間所有經營數，勞動者數，及生產價額的急增情形如次：

年次	經營數	勞動者數（千人）	生產總額百萬盧布
一八八七年	三〇、八一八	一、三一八・〇	一、三三四・五
一八九〇年	三二、二五四	一、四三四・七	一、五〇二・六
一八九八年	三九、〇二九	二、〇九八・二	二、八三九・一

十個年間企業數增加二六・二%，勞動者數增加五九・二%生產額增加一一二・八%。尤其是生產額的增加，大爲觸目。若示其累年的增加額，則一八七八——八七年間，每年平均增加了二千六百萬盧布；一八八八——九二年間，同樣四千一百六十萬盧布；一八九三——九七年間則可作一億六千二十萬盧布計算。

茲揭標示工業諸部門中的發達的數字於次：

一　纖維工業	一八八七年	一八九七年	增加率%
企業數	二、八四四	四、四四九	五六・三

生產額（單位百萬盧布）	四六三・〇	九四六・三	一〇四・四
勞動者數（單位千人）	三九九・二	六四二・五	六〇・九
二　鑛山業			
企業數	二、六五六	三、四一二	二八・五
生產額（單位百萬盧布）	一五六・〇	三九三・七	一五二・四
勞動者數（單位千人）	三九〇・九	五四五・三	三九・二
三　冶金工業			
企業數	一、三七七	二、四一二	七五・二
生產額（單位百萬盧布）	一一二・六	三一〇・六	一七五・八
勞動者數（單位千人）	一〇三・三	二一四・三	一〇七・五
四　化學工業			
企業數	五八八	七六九	三〇・八
生產額（單位百萬盧布）	二一・五	五九・六	一七七・二
勞動者數（單位千人）	二一・二	三五・三	六七・三

五 製陶工業			
企業數	二、三八〇	三、四一三	四二・四
生產額（單位百萬盧布）	二八・九	八二・六	一八五・八
勞動者數（單位千人）	五七・三	一四三・三	一一二・九
六 總計			
企業數	三〇、八八八	三九、〇二九	二六
生產額（單位百萬盧布）	一・三三四	二・八三九	一一三
勞動者數（單位千人）	一・三一八	二・〇九八	五九

就絕對數說紡織業，斷然壓在其他工業部門之上；就相對說，重工業部門，比較發展快些。從生產額累年增加率來說：鑛山業一一 二%，化學工業一〇・七%，木材加工工業八・四%，製陶工業八%，織物工業七——八%，食料工業一・七%云云。在實業資本確立期中，和生產手段的生產有關係的重工業部門的急速發展，從此一目了然。

（四）

現在就若干重要的工業部門，觀其發達狀態，煤的出產量如次，當九十年代，最呈飛躍的發展。

（單位百萬普特）

年次	總計	其中頓河流域	對總出產量之比
一八六〇年	一八·三	六·〇	三二·八%
一八七〇年	四二·四	一五·六	三六·八%
一八八〇年	二〇〇·六	八六·三	四三·〇%
一八九〇年	二六七·二	一八三·三	四九·九%
一八九五年	五五五·五	二九八·三	五三·七%
一九〇〇年	九九五·二	六九一·五	六九·五%

即四十年間煤的採掘量增加到五十五倍，最後的十年尚增加三倍。當四十年前不過一荒野的頓河流域，三十年間使採炭量達二十七倍，每五年使其增加二倍半，遂占全出產量的三分之二，變爲一煤的大產地。

不僅煤而已，最呈急速發達的，還首推石油業。茲舉其採取量如次：（單位百萬普特）

年次	總採油量	其中巴庫	對總採油量百分之比
一八七〇年	一·八	一·七	九四·四%
一八八〇年	三四·〇	二五·〇	七三·五%
一八九〇年	二四一·〇	二二六·〇	九三·八%
一八九五年	三八六·〇	三八五·〇	九九·七%
一九〇〇年	六三二·〇	六〇一·〇	九五·一%

採油量與前世紀末的二十年間相較，已增加到二百倍之鉅，巴庫獨占其大部分。

冶金工業的發達，亦頗有可觀者。茲揭鋼鐵業之發達的指標數字於下罷。

銑鐵及鋼鐵生產量：（單位百萬普特）

年份	銑鐵			鋼鐵		
	合計	其中南部	百分率	合計	其中南部	百分率
一八六〇年	一九·六	—	—	一二·四	—	—
一八七〇年	二〇·七	〇·三	一·四	一四·五	—	—

一八八〇年	二六・一	一・三	五・〇	三五・三	一・六	四・五%
一八九〇年	五五・二	一三・四	二四・三	四八・四	八・六	一七・八%
一八九五年	八六・八	三三・六	三八・七	六二・三	一八・二	二九・二%
一九〇〇年	一七六・八	九一・六	五一・八	一三四・四	五九・二	四四・〇%

全體計算，凡五個年間一倍增；南部地方有增加三・四倍的壓倒爲農奴制度所支配的烏拉爾冶金工業；將二十年間對於總生產量之比率從〇・一%（一八七〇年）增至五一%（一九〇〇年）與進步之烏拉爾（從六七%跌至二八%）相比較，眞不啻天壤之差。

代表輕工業部門的紡績業一八九〇——一九〇〇的十年間的發達情形如次：

	一八九〇年	一九〇〇年	增加率
紡績工場數	六六	一〇九	六五%
製織工場數	八三	一一八	四二%
紡錘數（單位千錘）	三、四五七	六、六四六	九二%

織機數（單位千臺）	八七	一五一	七四%
棉花消費量（單位千普特）	八、三二八	一六、〇〇七	九二%
棉紗生產價額（單位百萬盧布）	一一九・六	二三三・七	九五%
棉織物生產價額（單位百萬盧布）	一四六・八	二五九・八	七七%

工場數的增大雖不見得那樣顯著；可是十年間棉紗的生產量卻增加到二倍了。

（五）

最後，試就生產集中的程度，一言及之。先將一九〇三年的勞動種別下的經營數及勞動者數之資料，揭之於次：

	歐俄五十縣（一九〇三）		俄羅斯六十六縣（一九〇八年）	
	經營數	勞動者數	經營數	勞動者數
勞動者數二〇人以下	五、七四九	六三、六五三	五、四〇三	六三、九五四
二〇——五〇人	五、〇六四	一五八、六〇二	四、五六九	一五二、四〇八

五〇——一〇〇人	二、二七一	一五六、七八九	二、一一二	一五〇、八八八
一〇〇——五〇〇人	二、〇九四	四六三、三六六	二、一六九	四九六、三二九
五〇〇——一〇〇〇人	四〇四	二七六、四八六	四三三	二八〇、六三九
一〇〇〇人以上	二三八	五二一、五一一	二九九	六六三、八九一
總　計	一五、八二一	一、六四〇、四〇六	一四、九八五	一、八〇八、一〇九

據此表看來，一九〇三年內歐洲・俄羅斯五十縣內面有勞動者百人以上的工場雖不過工場及製作所總數的一七%；但勞動者的數卻占總數的七六・六%。到了一九〇八年，集中的規模，更加高大，占工場總數　九・四%的百人以上的大工場，其所有勞動者，要占總數七九・七%了。

這種高度的生產集中，準備着後來資本主義的獨占階段。

如以上的生產之急速度的發達必須巨額的投資。資本時代投資的特徵，是在純工業部門起而代替前代的銀行，保險公司及運送公司的一點。今比較一八九〇年和一九〇〇年的重要工業部門中的股份公司的固定資本如次：（固定資本單位百萬盧布）

	一八九〇年	一九〇〇年	增加率%
鑛山業	八五·七	三九二·二	三五八
金屬業	二七·八	二五七·三	八二六
化學工業	一五·六	九三·八	五〇一
製陶業	六·七	五九·〇	七八一
紡織業	一九七·五	三七三·一	八五
食料工業	八七·六	一五三·一	七五
全工業部門	五八〇·一	一、七四二·三	二〇〇

向重工業部門投下的強度資本，和向輕工業部門流入的僅少資本，均有首先注意的必要。外國系股份公司的固定資本也示着同樣的發達。

	一八九〇年	一九〇〇年	增加率%
鑛山業	七〇·一	四三七·九	五二五
金屬業	一四·〇	一四五·三	九三八

化學工業	六·四	二九·三	三五八
製陶業	○·六	二六·六	三、一○○
紡織業	二六·○	七一·四	一七五
食料品工業	七·六	一一·四	五○
金工業部門	一八六·二	九一一·○	三八九

九十年代的重工業雖極發展，然因有外國資本參加在內，決不能謂爲業已向上。重工業部門尤其是在鑛山業，外國資本幾有壓倒俄羅斯資本之勢，惟有紡織業則情形相反，可以確認俄羅斯資本支配的地位。

若一看外國資本的系統，就可以知道其間的起伏和變化。（單位百萬盧布）

	一八九〇年	一九〇〇年
法國	六六·六	二二六·一
比國	二四·六	二九六·五

英國	三五・三	一三六・八
德國	七九・〇	二一九・三
美國	二・三	八・〇

一九〇〇年內的外國資本占首位者，首推比利時及法蘭西資本，即後來在世界大戰時，投入聯合國陣營的資本，而德意志資本是頗落在第三位中。

（六）

這樣俄羅斯資本主義，於一八九〇年代，很呈飛躍的發展，急速地參加了世界資本主義體系的行伍；且其發達速度要凌駕其他任何先進資本主義諸國。譬說：近十年間的銑鐵生產量能，在英吉利為增加一八%，在德意志為增加七二%，在美國為增加五〇%，獨有俄羅斯示着一九〇%的增加率。於是，俄羅斯的銑鐵生產，便由世界第七位，跳到世界第四位（一八八〇年第七、一八九〇年第六、一八九五年第五、一九〇〇年第四）了。又其間石炭採掘量的增加，在英吉利為二二%，在德意志為五二%，在美國為六一%；獨俄羅斯則為一三一%。又紡績業，也是如此，二十年間的紡錘增加率，英吉利三·八%，美國二五·六%，歐洲大陸全體三三%；獨俄羅斯以七六%占了最高位。這樣，俄羅斯的錘數，在一八九〇年爲世界錘數的四%，歐洲大陸錘數的一四%：而到了一九〇〇年，旣而與世界錘數的六%，歐羅巴大陸錘數的一八·七%相當。

與原始共產主義（Narodniki）者所云在俄羅斯缺乏資本主義的發展的證言相反；俄羅斯已決定的地變成資本主義國了。俄羅斯資本主義，在其無盡藏的天然資源之上，於九十年代急速地開花繁榮了，不過這種繁榮，是從泥沼中開出的東西罷了。國內農奴制度所遺的殘存物，農民受土地的縛束，身分的隔離性、現物經濟、農民層的緩慢分化、國內市場的狹窄性，是爲發展資本主義，提供過低廉的勞動力今爲資本主義謀更進一步的發展橫着在反面，爲不可逾越的界限了。近代的資本主義的發展，雖可云可驚而且急速；但在國民經濟上要想握完全的霸權，在社會生活上要想完全拂拭專制的——地主的諸制度，又政治上要想掃蕩封建的政治勢力，都沒有辦到。新興資產階級，寧在反面，與此等舊封建的階級、舊政治勢力妥協、提攜，汲汲於擁護自己的階級利益。然從此時以來，資本主義在他方的一端，打了一個滾身，便變作最徹底的地改革的階級、新興實業資本的政治及社會生活是以此種新興實業資本家階級爲中心，捲起一大旋回運動，未幾，如旭日之初昇，在世界史上站一重要的地位。

IV　階級鬪爭

一　政治的支配形態

（一）

俄羅斯的近代史，是以「農奴解放」開始。但是俄羅斯的近代更不似英吉利或法蘭西之在封建制度的完全的廢墟上所築的典型的資本主義社會；乃因妥協的「解放」。鑄成由巨大的封建的——農奴制的殘存物所生的資本主義，即半封建的資本主義的典型。自此以後，俄羅斯的社會生活，便變成「中世的野蠻上加重近代的苛刻」的生活。在俄羅斯的勤勞大衆肩上，不但負着舊來之封建的農奴制的收取；且要懸掛着近代的——資本主義的重擔。同時，在勤勞者的陣營內，而便發現了「迄至最後纔澈底的地變革的」階級領導者即以階級社會之最後的澈底大悟爲其歷史課題，而受近代的機械制大工業的訓練、組織而成意識的階級的統率者。但在資本家階級握着霸權以前，在社會鬬爭的前面，插着一個原始共產主義運動。土地國有爲他們政綱的中心，且想成爲農人的戰士。但無論如何，他們仍是一個純粹的知識階級黨，是空想的，是帶着恐怖主義的性質；所以不能衝破敵對階級的本核，也不能受勞動大衆農民的廣汎的支持，而終以知識階級的獨立運動，取了自然消滅之形而衰退了。而代替這個革命的知識階級的運動而起的，無他就是以無產階級爲霸權的勤勞農民的資本家民主主義運動。

在他方以克里米亞戰敗爲機緣，不堪新興產業資本家的壓迫，不得已表示一大讓步的羅曼諾夫專制政權，通極不澈底的「農奴解放」，使自己向着資本主義的君主制的方向更前進一步了。在這個歷史的時期內的羅曼諾夫朝的使命，是在資本主義的發展的必然性前面，當然要極力維持行將陷於崩壞的運命的農奴制度，或者儘可能的緩和其崩壞的速度。同時，在可能的範圍內，保證資本主義的發展；并以資本主義的發展的「普魯士型」，對置一舉掃淸農奴制度的殘存物，而入資本主義的發展的坦平大道之農民及其他勤勞者所要求的「美國型」。因此，對於欲廢棄農奴制度的急進的小資產階級運動卽「原始共產主義」運動，則務須加以彈壓；對於早爲民衆的革新運動所驚傷而常隱藏在主權者的袖下的大資產階級，則予以好餌引入自己的陣營，並保護之助長之。這樣「解放」後的俄羅斯的社會生活便分成支配階級和被支配階級：支配階級即封建的大地主——貴族高級官吏大資產階級等人所組織而成支配階級；階級同中間存在的富裕小所有者、最貧窮的小所有的、勞動者及半勞動所組織而成的被支配——被抑壓階級。據列寧的統計來看，可得各陣營的勢力關係如下：

階級構成	兩性人口
大資產階級地主高級官吏等等	約三百萬人
富裕小所有者	約二千三百萬人
最貧乏的小所有者	約三千五百八十萬人
無產者及半無產者	約六千三百七十萬人
總計	約一億二千五百六十萬人

在支配階級中，關於農業方面，已如上述，係由七千萬俄畝之農奴制的巨大土地所有者的三

萬戶的貴族（約十五萬人）構成主要部分。又勞動者及半勞動者之中，約四千八百五十萬人是農民；最貧窮的小所有者之中二千九百萬人；富裕的小所有者之中，約一千九百四十萬人，這都是農民；農民而中間階級及被壓迫階級的大部分，可以說是半農奴的農民。即「解放」後的俄羅斯社會的階級的構成，是封建社會的二大階級的領主和農民爲其主要的構成部分，其餘一切名目，不過是近代資本主義的諸階級爲各自的階級的利害所配屬——附加的。主要的階級對立，存在於纏綿着殘存的農奴制度的地主和農民之間。羅曼諾夫朝是被十五萬的貴族所擁戴，立在三百萬的階級的先頭之半封建的君主；在他的下面，有約一億的民衆。此等民衆，先由「原始共產共義者」指導；後由勞動階級的俄羅斯社會民主黨所領導。

由於十五萬人的一億人的支配，或由於三百萬人的一億二千萬人的支配，是以強固的國家裝置——強力機構爲必要了。先是與「農民改革」相提並行的，曾有許多改革，如裁判改革，或者實施地方自治體改革，而於農奴制的國家上施了近代的粉飾。由此國家機構，轉弱爲強，爲強力機構的主要構成部分的軍隊，愈受嚴格的訓練，養成充分的實力，一朝有事之秋，足以殲滅內亂外敵而有餘。他方、警察網如網目一般，捉住全國。與此警察網相交叉的又有憲兵制度所張之網，更加濃密。凡全國主要都市必置有憲兵隊，人民一舉手一投足，無論巨細，都被注意、監視。憲兵隊的主腦者，必爲沙皇最信任最親近之人，纔被任命；憲兵司令官自由驅使其網，最努力於預防，所謂防不祥於未然是已。然終爲後面所述的「民人黨」的恐怖團所乘，亞歷山大二世終被所殺。農村中，當一八八〇年的時候，除地方警察官及裁判官以外還有一種特別的警察的制度，使農民從屬於其絕對的權力之下。他們是由地方地主的推薦，擇世襲貴族中人任命。農民須呼其人爲「主人」，與舊主人無異，得自由監禁農民，鞭打農民。軍隊以外，都市的憲兵制度，和農村的特別警察制度，是爲維持半封建的資本主義國家，卽壓制勤勞農民及勞動工人的反抗而設的兩個強有力的裝置。「農奴解放」以後，局外人每以當時的社會有了一點光明，人民有了一線生機；殊不知俄羅斯的社會生活、一般民衆的生活，依然處於警察國家的機構之下，再投入陰慘的影裏了。受此強力機構的大規模的發動的一例，雖是「原始共產主義」革命；但將此讓在後面再論，茲就他的一例，卽波蘭革命先說幾句罷。

（二）

剛剛由一八一五年的「維也納會議」變了俄羅斯的從屬國的波蘭帝國，爲欲脫離俄羅斯帝國的覊絆，遂於一八三〇年決行所謂第一革命，經過稍延長的戰事，波蘭卒被俄羅斯軍及普魯士援軍所鎮制。以後以巴斯開維赤(Paskievitch, 1782-1856)爲總督，開始俄羅斯帝國的最露骨的支配。其間波蘭雖曾幾次遇到獨立的機會；然自此以後，機會已逸，不易復得。惟是經濟上比較俄羅斯本國發達的波蘭的都市大衆，當一八六三年一月一日，俄羅斯強迫徵兵的時候，他們感覺不滿，議決投入祖國波蘭軍隊，反抗沙皇決行第二革命。其革命的前哨戰，正與本國的「農奴解放」的宣布同時，而俄羅斯的「解放者」亞歷山大二世，苟同時在波蘭爲民族解放之仰止者，誠爲歷史的事業；熟知亞歷山大二世的「農奴解放」的眞相，竟於與波蘭一戰而暴露無遺。當此之役，波蘭革命軍初時本取優勝，後以所期待的列國不與援助，卒被最野蠻的方法所破壞了。而亞歷山大二世，因此便改變面目，派遣其侍從武官綽號「劊子手」之謨拉維挨夫 (Muravieff) 爲總督，一變從前的溫和政策而斷行最冷酷的反動政策。且使波蘭的學校及行政上所用語言，均不准用波蘭國語。其彈壓，可算澈底的了。這個化裝民族政策的封建彩色，即對於國內的革新運動的政策：也是共通的，可不待說。

沙皇政權，一方面對於內外的革新運動臨以斷乎的方針；他一方面，對於正在擡頭的實業資產階級，則以封建的——軍事的領土侵略來懷柔他。又該政權越自認無廢棄農奴制度，爲實業資本創出廣大的市場的能力，越益不得不訴之於這個方法。

克里米亞戰爭敗北以後，一時不得不中止南下政策，即君士但丁堡領有政策的亞歷山大二世的官府，乃改變河岸伸其侵略的魔手於中亞，一聯戰爭之後，於一八七〇年中頃征服突厥斯坦，幾將該地全收歸掌中。其間南下工作，依然着着進行。有鑑於克里米亞之戰敗，乃努力在西方尋覓同盟國。與法蘭西的同盟政略，因有波蘭介在其間，發現破綻，乃改變其同盟政策，轉向於普魯士。普俄同盟，不但於軍事上結攻守同盟，而且於經濟事情上亦頗有意義。因普魯士資本主義發達的結果，變爲俄羅斯的黑麥之主要需用者。故此同盟，一直繼續到一八九〇年俾斯麥能相，纔開始改變。由此同盟，普魯士得在普法戰爭（一八七〇——七一年）獲到勝利，二十年間法蘭西不敢對德報仇，歐洲和平得以維持，造成德意志帝國統一。同時俄羅斯亦由此同盟的團結，廢棄了屈辱的巴黎條約，再得在黑海間重與艦隊。實爲俾斯麥與亞歷山大二世外交之最大成功。本同盟的第一要點爲軍事的祕密條約，兩國協定：如俄羅斯一旦緩急之時，德意志即出其二十萬大軍，幫同作戰。奧大利以巴爾幹爲其工業生產的主要市場，常恐俄羅斯有進出巴爾幹的意圖，感覺不安；德俄兩國在數次協商之後，決定了分割的祕密計劃，許奧大利合併波司尼（Bosnia）與黑最哥維那（Herzegovina）兩州；許俄羅斯由多腦河至巴爾幹山脈橫取布加利之地；緩和奧俄衝突的氣運。對於英吉利的反對，以由突厥斯坦衝破印度的方策相抵制。法蘭西因普法之戰，瘡痍未癒，無暇東顧。於是俄羅斯的南下政策，遂得占領君士但丁，以完成其對外的準備工作了。

當時布加利人的暴行驚動全世界，塞爾維亞人（Serbs）開始與土耳其對抗。俄羅斯欲假民族解放之美名，行其侵略之實，乃於國內先造成輿論，稱從「汗」的壓迫之下解放土着民，然後進兵突厥斯坦，占領其基發（Khiva）之地。在巴爾幹方面，偶然在黑最哥維那發生叛亂；迄至叛亂波及到塞爾維亞，俄羅斯發見從土耳其的束縛解放斯拉夫民族，這是對土耳其戰爭的最好口實了。

這種「解放」的口頭禪是何等欺瞞呢？第一、對土耳其戰爭既已決定於一八七三年；向巴爾幹出兵，是預定的行動。第二、塞爾維亞是在祕密條約中有應合併於奧地利亞的豫定。我們只要想起此等事情，就可充分了解的。惟有被「解放」之名所眩惑的國民，則狂呼干涉，俄羅斯便爲狂熱的國內輿論所歡送，於一八七七年四月布告對土耳其宣戰，大軍指向君士但丁堡出發了。祇因英吉利不爲俄羅斯略取突厥斯坦的計劃所眩惑，早已加入土耳其陣營；又奧地利也看穿俄羅斯的眞意，是在獲得布加利，占領君士但丁堡不過其前提條件，遂對俄羅斯動員軍隊。以致亞歷山大二世不能送其一兵一卒於目的地，反因戰疲而媾和；唾手可得的君士但丁堡，今成畫餅，徒買資產階級之嘲弄，與革新運動以最好的口實。沙皇政府的「軍事的——封建的」南下政策誠是失敗的連續了。

二　小資產階級的革新運動

（一）

「解放」後的俄羅斯的社會生活，依然是農奴制度再編成的羅曼諾夫專制政治和在其下面的無人民權利所結成的狀態；苟有對於專制政治及農奴制度唱不平者，則輒以其強大的強力機構，立刻使其窒息，其陰慘情形，不可以言語形容。對於支持一切封建的桎梏的專制政治、半封建的支配體，直接受其重壓的農民，雖不斷地發生農民暴動與之反抗；然都以組織分散和柔弱之故，還沒有發展到可以推翻專制政治的力量。另一方面，對於爲資本主義發展的桎梏之專制政治，在資產階級也要抗爭，而「十二月黨事件」以來，他們寧在與羅曼諾夫政權的妥協下，姑且向着爲伸張自己階級少少利益的方向進行。然而近代的勞動者階級，則尚在胎生時代，而剩下可以代表一切被壓迫階級，特別是農民，與封建勢力相戰的，只有小資產階級罷了。「解放」後迄至一八八○年代的俄羅斯的社會運動，實革命的小資產階級的運動，即最初是「民粹主義」(Slavophilism)的社會改革運動，後來是「原始共產主義」運動。運動惟是這種運動，本質是在資產階級個人主義上置基礎，因與小資產的空想主義相結合，故與農民運動結合而不能發展爲大衆運動；由個人主義的恐怖主義自掘墳墓罷了。從此以後，在九十年代的實業資本確立期內誕生了近代的勞動者階級，立在解放運動的尖端來了。如是，這個時代內的社會運動，可以分做八十年代以前的小資產階級的革命運動和以後的勞動者運動。

（二）

「十二月黨事件」以來，政府的抑止益加激烈，關於社會問題的民衆的結合集會雖均在禁止之例；然終於四十年代終末產生了華美的文學領導社會的文學。以文學者彼得勒休夫斯基爲中心，插入極複雜的分子，即近衛士官、外務部官吏、小學教師、大學生、小藝術家、商人、市民、貴族、手工業者、小賣商人等等；一言以蔽之，是代表世所呼的小資產階級雜多社會層的分子相集合。他們就當時的社會制度，交換了毫無隔閡的意見。這種集會早被官吏所嗅覺到，會者悉被捕獲，受了流刑。然一旦下種之根斷無絕滅之理，迄至六十年代，又發生了一種急進社會主義。這雜多的構成分子所有共通的利害關係，是在完全廢棄農奴制度和獲得資產階級民主主義（言論、出版的自由）；而不滿於「解放」後的妥協僞瞞諸性質。凡對於政府的施政有反對的言論者，悉被捕縛、下獄、追放或治死。當時有名的政治家徹尼速夫斯基（Tchernyshvski 1828-89）和批評家彼薩累夫（Pisarev）就以上面的原因下獄的。甚至株連他們的朋友故舊，因此而遭處罰者不可勝計。然而隨着鬬爭的發展，在上述的社會主義中，就發現了兩個傾向：一個主張由自己所把持的智力成爲指導的社會階級，從民主主義的原理，改造社會生活。他們的機關紙的指導者即彼薩累夫。由客觀的本質來說，他們的世界觀是資產階級的，因之他們的社會的活動，也不過是資產階級自由主義者，或急進主義者之間的宣傳罷了。倘遇冷酷，則他們的急進夢想便蹂躪無餘了。他的一派，其出身近於農民，感社會層的知識階級之無力，求支持於農民，努力使自己的利益和農民的利益一致，爲農民的觀念形態的指導者，這一派的代表是徹尼速夫斯基、多布盧羅菩夫（Dobroliubov, 1836—61）及內克拉索夫（Nekrassov,1821—88）。他們當時既已懷抱社會主義思想。波蘭革命被鎮壓以後，俄羅斯的小資產階級，都被捲入於愛國的熱狂中，能堅持到底，尙立在變革的陣營中者，僅此一派而已。後二十年，由他們中間生出支配俄羅斯的社會思想和革新運動的原始共產主義（Nadrroraki 或稱無政府共產主義）的思想來。

（三）

繼承民粹主義之革命的傳統的「原始共產主義」人民黨，也是以小資產的急進主義爲變革的知識階級的集團，其中雖有種種雜多的分派，然其教說，則一致於次之幾點：

(一)以歐洲諸國的典型陷俄羅斯民衆於無產化或貧困化的資本主義，在俄羅斯是可看作退步的現象。約言之，在目前的俄羅斯尙無這種資本主義。

(二)俄羅斯的農村制度自有俄羅斯的經濟制度；尤其是農村共同體或農業小組合等集團主義的原理，有特殊性和獨自性。

(三)爲社會進步之基本的要因的「超階級的」知識階級有特殊的使命。

「原始共產主義」之創始者的一人蓋爾曾以爲『俄羅斯的人民，生活上比歐羅巴人民早與新社會主義的制度相近』。徹尼速夫斯基在其所著對於共同體的土地所有哲學的偏見的批判中立證：共同體得在一定的諸條件之下，直接移行於共產主義的發展，無論那種見解，都是根本上對於共同體，橫着錯誤的認識。共同體的本質，如本書當說明「農奴解放」之際所講的，既不是舊生產式樣的殘存物以外的東西，況得能成爲將來社會的出發點麽？他們不過由共同體作了農民和社會主義思想結合的契機而已。然而把共同體看作現實的社會主義，這是他們的空想性，實是

「原始共產主義」運動的致命的缺點。所以使彼等的運動從現實游離，不能發展到大衆運動的了。

徹尼速夫斯基認社會主義的變革，必要「原始共產主義」；但沒有想到幾時可以實現。然而信奉他的教理的莫斯科維及聖彼得堡的學生團，展開了最熾烈的學生運動，同時在其地盤上絕叫卽時變革，起草了有名的宣言書，叫做『給青年俄羅斯』。又學生團中的卡拉可速夫一派，繼「十二月黨」以後，卽劃策最初的暴動，至一八六四年四月八日，狙擊亞歷山大第二未遂。政府就在此等學生團及「原始共產主義」者的頭上大加壓迫了；大衆的流刑，亦開始了。「虛無黨」的第三代表者，當時陸軍大學教授拉物羅夫（Lavrov,1823–1900）亦在內。他後來在其所著歷史綱要（Historische Briefe）中，完成「原始共產主義」的小資產的社會主義之思想體系。他的社會哲學歷史哲學的基礎，是批判的思考的個人的思想。這個思想將歷史的發展、社會進化的原動力，歸着於被選的個人的運動，正是與唯物史觀相反對的資產階級的觀念論，祇不是企業家階級，是由（受企業家階級壓迫的）小資產階級的意識觀念所利用處出發的「原始共產主義」思想。這個思想在俄羅斯社會史上是有名的思想。據巴克羅夫斯基說：「原始共產主義」思想是小資產階級知識分子的社會觀——不忘其生育的農夫小屋，對於國民大衆，自覺自己有罪過，自己有責任；然而指揮並命令國民大衆下瞰着國民大衆的「好鄉村代表」的世界觀。

（四）

拉物羅夫的根本思想，雖由非常有天才的政論家密開勞夫斯基（Michailovski, 1841-1904）繼承的；但他們都是謙遜的書齋內的學者，而思想的宣傳（他們以爲革命運動），主體上都由聖彼得堡及其他都市中的宣傳隊「柴科夫斯基（Tchaikovskii,1840-93）團」，或「多爾古辛（Dorgusen）團」實行的。當時，有名的無政府克魯泡特金（Kuropatkin,1848-1925）是前者事實上的指導者，這就是專尙思想宣傳的拉物羅夫派了。若主張行動的，則有巴枯寧（Bakunin, 1814-76）派。他們以宣傳爲不必要，不如深入民衆中，學得生活力，給無秩序無組織的民衆運動以有一定的方向和組織，這是必要的。他們也是以同一「原始共產主義」的個人主義爲基礎，一旦放棄拉物羅夫主義的「批判的思考的個人」後，再取「組織民衆的個人」而已。而巴枯寧則於知識階級尤其是學生中看到「組織民衆的個人」。一八六六年以來巴枯寧所指導的學生團，不斷地繼續活動，「大學騷動」，成爲年中行事之一。不過最刺戟學生運動者，除巴枯寧的熱烈的社會性格以外還有西歐諸國六十年代的「第一國際」的勞動者運動尤其是勞動者初取得政權的巴黎公社的影響。巴黎公社的報道，如天來的福音一般影響了歐洲進步的知識階級；尤其是使巴枯寧所率的民衆派，不能再踢躇於從來的宣傳、煽動的領域；把七十年代初的俄羅斯社會運動史的、不得不歸抹消的一頁的、彼所謂「到民衆中去」的運動，以急湍之勢氾濫於民衆生活的內部了。然而事與願違，他們所講的民衆，就是農民，意把站在大衆前面參加「到民衆中去」的運動的宣傳者，都捕縛起來，送交政府，一個也不留剩，於是如燃燒一般的鬬爭，就於傾刻之間歸於消滅了。後來到了一八七七年的對土耳其戰爭及失敗，又給他們的運動有重與的絕好機會了；但那時的運動，也踏了同樣的路徑，在農民階級的大衆尙未興起以前，就被政府撲滅而挫折了。

（五）

「原始共產主義」運動，於是無遺憾地暴露其弱點了，他們一面求農民的支持，一面又不能接受農民的支持，不過徒然高聲喊叫叛亂而已。他們因是空想性之故，不用科學的方法，分析七十年代以來急速地開始的農民層的分解過程，只依賴對於農民的變革性的漠然的信仰。農業中的資本主義之發展，必然地使農民層分解，使一方發生農村無產階級，一方發生農村資產階級，農村的資產階級與貧農攜手，且在都市工業無產階級的嚮導之下，纔得遂行資產階級民主主義的變革。不解此種理論，將農民層一體看待，與之談「土地和自由」，所以農民無起而響應的了。這樣、一八七八年以來在「原始共產主義」的陣營內面就發生了兩派：一派斷定這種運動無進步的可能，不如將來大衆運動轉向個人的恐怖主義另開生面；一派在客觀的規定的科學之上建築運動的基本方針；「原始共產主義」者的勢力，便從此分散了。一八七八年先由「原始共產主義」者的發黨，形成「土地和自由」黨；翌年、又分裂爲「黑土分割」和「人民的意志」兩黨。後者仍守「原始共產主義」的傳統，且赴向個人的恐怖主義，團結進步的知識階級，以該利耶僕夫爲指導。前者尊重科學的認識，想脫卻空想性的黨員，都集合在這一邊。普雷卡諾夫（Plechanov,1857-1918），薩蘇利赤（Zasoulitsch1851-1920）提齊（Dlzzy）阿克塞爾路德（Axelrod,1868-）多屬之，後日的「社會民主勞動黨」、俄羅斯共產黨都胚胎於此。普雷卡諾夫既於此時達到了下面的認識：

「在俄羅斯的變革運動，唯有勞動者運動能得勝利；若不是勞動者運動，絕對不得勝利」。

一方發展到個人的恐怖運動的「人民的意志」派，後來集全力謀害亞歷山大第二，不知經過幾次失敗，終於一八八一年三月一日，達到了最後的目的。然而目的雖達，而反動者得資產階級的熱誠擁護，也從此開始；民衆就紛紛責難這種個人的恐怖主義爲謬誤了。繼承亞歷山大二世而起的亞歷山大三世（一八八一——九四年），惟恐自己再遭遇先帝的命運，將身邊的警護，益加嚴重起來；同時要澈底肅淸「原始共產主義」者，這是不消說了；他還要採取前代所未用的反動政策來壓迫一般民衆。民衆業已陷於水深火熱的民衆生活，由此只有窒息的了，民衆看不見一點的光明，唯有絕望的地彷徨着黑暗的世界了。這樣八十年代，就變爲反動和政治的黑暗的代名詞了。其間「原始共產主義」者的陣營，急轉直下的地反動化了，不見在農民的革新的興揚內從沒落和貧困中救出農民；反要在資本主義的發展的阻止中逼出渥倫芝阿夫（Woronzov,1837-1916）克利雲科及攸節可夫來。「原始共產主義」的運動，就祇有剷除個個的恐怖運動，從社會生活的表面，潛踪隱跡，直待一九〇〇年代再改變爲「社會革命黨」出現了。

然而、政治的黑暗和社會的陰慘所化裝的八十年代，從經濟方面來說，正是本格的資本主義出生的陣痛期。農業恐慌、由於農業恐慌而生的農民層之急速分解，廣大的國內市場之形成過程是爲確立九十年代的產業資本的前提條件，已如前述，但同時又是近代的社會運動的指導者的勞動者階級出生的過程。這樣歷史便前進一步，展開九十年代的勞動者運動。

三 勞工者運動

（一）

既如前述，九十年代以來會有急速度確立了實業資本，激增了工業生產，因而又有工業勞動者階級，從一八八七年一百三十二萬人增加到一八九七年的二百十萬人了。特別是在紡織業中，由一八八七年的三十九萬九千人，增加到一八九七年的六十四萬二千八；在金屬工業中，由十萬三千人到二十四萬四千；即前者示着六〇·九%的增加，後者示着一〇七·五%。若說這種龐大的勞動大衆的狀態，究是什麽？那末、他們的大多數，都還沒有切斷農民的紐帶，一到了夏季農忙時期，他們就回到各自的故鄉裏，從事田園耕作，這是十分之六超半數的狀態還有十分之四，他們是不離開工場的，其中更有多數的勞動者，父親也同在工場中勞動，換言之，就是所謂「世襲」的勞動者階級了，他們的知識程度以不離工場者爲最高，這也是無待說的。他們的大部分，也會讀書。據說能夠讀書的要居三分之一。讀書的能力是勞動者的意識化的最初階段。既有這種武器的人占有男子勞動者三分之一以上，這就是當時的社會民主主義的運動的支柱了。

他們的生活狀態，描寫在資本論的內面，似有點和資本主義初期的勞動者的狀態相髣髴。許多的勞動者沒有特別的住居，在勞動的處所，織機臺上，敷着襤布破蓆，這就是睡眠之處了。夏季夜間受扁蚤猛烈的襲擊，不能安眠，則將草蓆拿在庭外，隨處就寢。對於技能優秀的勞動者，廠家雖給予特別的住居，然也只有湫隘不潔和粗末，說不上優待二字。然而他們雖在這種境遇之下，還是在他的屋角上，掛着聖像或沙皇的形像，以表崇敬之意。此等敬虔而忠誠的勞動者的食物，其惡劣的情形，也無異於前者。當時的物價本可謂低廉已極，但是要想吃普通的牛肉，他們雖是在夢裏也沒有這回事。祇是「臓腑」及腐敗的鹹肉爲最普通，干魚也是主要的副食品。他們大概從工場的販賣店購買必要的食料品及其他日用品。這種工場販賣店的價格，比較市內普通商店的價格要大得多。這種超價格的額面愈大，則工場主的二重收取的利益也隨之而大。工場內如有工會的組織，則其工會的會長，就是貪婪的高利貸者。

可慴可怕的生活條件，和粗惡的食物，與惡劣的勞動條件，交相逼迫，則大足以削弱勞動者生理上的抵抗，並容易增高其感染率了。在莫斯科的織機工場內面，婦人勞動者的結核，千人中有百三十四人之多。除這內科的疾患以外，還有外傷的傳染病。勞動者終日處在狹隘的工場內，無數百十次往復於極窄小的通路間，其身體的一部，屢屢和機械的齒車相觸，縱受傷害，也是必然的。這種「外傷的傳染病」，最多的是重工業部門，鐵工間每千人有五百三十五人；旋盤間每千人有六百二十五人的殘疾者。工場主們，一概把這種負傷的眞情，祕而不宣，他們所發表的，多說是「爲劍槍鐵破所傷」，當此和平時代，又有誰信呢？

（二）

對於工場主的態度，勞動者是沒有反抗的。至少八十年代的勞動者還沒有完全切斷農民的紐帶，在此範圍以內斷不是近代的自由勞動者階級，乃是半農奴的勞動者；裁判所對於勞動者請求酬勞金或損害賠償等情，向不受理；縱向提訴，亦是枉費心機的。一般勞動者惟有工場主之命是從，任其恣意。工資的支付期，並無一定的規律，全看主人的意志和方便。主人縱說某月某日一定發放工資，且等屆時去領款，還不是依然冷靜如故，不見誰人領得幾成幾何的工資麼？蓋工場主方面最緊要的，不在支付勞銀，乃在諸種的罰金制度，如何設法？怎樣纔能多扣？怎樣纔能少發？這正是工場主所念念不忘，務必以全副精神和腦力來對付。例如：有某工場，其勞動者偶然因事到了事務所，被事務所課了一盧布的罰金。他的理由，是說勞動者不該與他人同行，若有再犯者除罰金以外還要開除名籍云云。又有某工場，他的工資支付，只以有納稅必要的人爲限；且不直接交付本人，必爲代送村長或郡役所。結果、勞動者便終年無分文過日了。在這種苛刻不情的條件之下，要使勞動永遠屈從，是不可能的，所以有訴諸罷業者。

俄羅斯自有大規模的工場出現以來，政府每因處理各方罷工，應付不暇。既而一八四四年，莫斯科縣多米特羅夫斯克郡的一紡績公司，勃發罷工，參加的職工至數百名之多。這次的罷工，與其說是工場勞動者的不平，不如說是農民因資格上的不平，無處發洩，特來罷工了。那時、西歐的先進諸國，罷工頻發致使工場主坐受損失。俄羅斯的工場主，有鑑於此，乃與政府攜手，努力預防一切。一八六一年「給予土地的解放」論者，於決定大勢之中，隱寓迎合工場主之心，給予土地於農民，直不啻縛束農民，以爲西歐的勞動騷擾，儘可不見於俄羅斯。勞動者只要獲得「分有地」，漫說工資低廉，縱被馘首也祇好函默無言，急速歸田，尙恐誤事，焉有空閑滋生事端，這是他們的預想，亦可以說是他們的願望了。殊知經濟發展的現實，竟使這種豫想和願望，只有遇着冷酷了剛剛實行「解放」的同一政府，又於六十年代之末，不得不在聖彼得堡和勞動運動相直面了。此等勞動運動，就是罷工，查其共通的原因，卽由工資支付的不正，罰金之不當，工場販賣店的貪婪，強制工人購買等等而發的了。

（三）

七十年代的前半，罷工是相當廣汎地勃發的了；卽就新聞紙上所見的而說，一八六五——七五年，差不多可以數到二萬人的罷工者；實際上、無疑地還要超過此數遠甚！罷其共通的原因，大半由於罰金制度所捲起的工資鬪爭。「原始共產主義」者的宣傳隊即「柴科夫斯基團」及「多爾古辛團」中早有勞動者的團體參加在內，他們在勞動者之間開始活潑的宣傳——煽動。因其行動過於急進，又受彈壓，多被捕縛，付諸裁判，所謂一八七七年的「五十人事件」遂與歷史相存而不朽了。當時裁判席上，有一被捕職工絕叫道：「幾百萬的勞動者舉手的時候，資產階級的政權就變成灰而飛散罷」！

這句話不出於知識份子之口，而出於一個勞動者之口，等政府聽到這話的時候，他們的最初的政治示威運動，既已在首都聖彼得堡的街頭遊行了。時在一八七六年十二月六日，集會場所爲元老院廣場前，參加人員雖預定二千，但實際參加者不過二百人至二百五十人。警察聞訊，即去彈壓，遂被解散。當時有一大學生名叫普雷卡諾夫（Plechanov,1857-1918）的，在會場演說馬克斯主義。他是俄羅斯的馬克斯主義理論家，後人稱爲「俄羅斯馬克斯主義之父」。

一八七八年以來，廣汎的罷工運動益加開展了。其中規模最大的，首推聖彼得堡的棉績廠的罷工。該工場擁有勞動者二千餘人，從意識水準來說，固然是很低度；但其高揚罷工之波之點，卻有至大的影響。在其澎湃的罷業波濤中，在俄羅斯就形成急進的無產階級團體、「北部俄羅斯勞動者同盟」。既而七十年代於敖得薩、羅斯托夫、開爾基等處，又結成「南方俄羅斯勞動者同盟」；在「原始共產主義」運動方面說，業經分離的組織和宣傳至是又復緊密結合，雖可算是一種進步，但還未脫知識階級所產之域。反之，「北部俄羅斯勞動者同盟」（一八七八——七九年）係純屬勞動者的集合，其創始人哈爾都林（一八五六——八二年），係農家子弟又是製造家具的工人。事實上「北部俄羅斯勞動者同盟」所做的事業並不在總能工；其事業更有大於總能工者，即其綱領是已。其綱領雖多少含有巴枯寧的思想；然後年「社會民主勞動黨」所揭櫫的「最小限綱領」；實已早爲哈爾都林所見及。如言論、出版、集會、結社等自由，由國民武裝廢止軍隊間接稅，設所得稅及相續稅，制定工場立法等等；均於此時具其端緒，後來者不過抄襲現成文章耳。本「同盟」所屬員，不過數百人，可惜爲間諜所乘，幹部被捕：創立不過數月，即走入崩壞的運命，指導者哈氏雖幸獲脫身，然所受精神的打擊甚大。因此加入「人民黨」，後來企圖「炸毀冬宮」失敗，一八八二年爲暗殺檢事斯特累利尼可夫被捕，與絞首臺上之露俱消。嗚呼哀哉！

七十年代末之經濟繁榮，一時雖使罷工運動暫歸沈靜；但由八十年代初開始的工業恐慌，又再使勞動者捲入罷工的渦旋中了。自一八八一年至一八八六年的六年間，計有四十次大罷工，參加的勞動者，超過八萬人。其中規模最大，堪爲罷工代表者，卽一八八五年一月「莫羅速夫工場的罷工」一是。原因是因恐慌、減少工資、增加罰金、惡化勞動條件。其特色不似從前之勃發於自然，乃因其首腦者中有意識的勞動者，在指導，在組織，所以這次的運動，特別顯得有秩序，引起亞歷山大三世制定工場立法，而且用其綱領作重要的參考。普雷卡諾夫說這個罷工是『勞動者運動的新階段的出發點』一。雖因與軍隊發生衝突而歸慘敗；然於俄羅斯勞動運動史上，已遺留很大的足跡了。

俄羅斯之有近代的工場立法，是始於一八八二年，亞歷山大三世所制定發布。第一幼少年者的收取，雖被同年七月一日的法律所限制，但實施尙在二年之後；且於工場監督，並未給與何種權限，殊有失立法本旨。其次，在莫羅速夫工場的罷工影響之下，以一八八六年六月三日的法律，禁止婦女勞動者的夜業。更於一年之後，規定對於一切勞動者的全般保護。其細目一一與罷工團——職工方面所要求的條件相照應，不爽毫釐。可見政府於罷工運動的波濤中，感知危險，乃不顧工場主的反對，而向勞動者表示小讓步了。其細目如次：（a）每二個星期支付工資；（b）解雇時，須在二星期前通告職工；（c）除規定的就業時間外，對於職工的作業，應給以「特別賞與」；（d）罰金須減額等——。雖然，關於此等工場立法，儘有幾多的歧路。或反對制度，而最初爲不安所驅使的工場主們可以放心無慮了。

（四）

勞工運動，到了九十年代，不論量方面，不論質方面多發展到本格運動了。九十年代工業生產雖受劃期的高漲之惠；然勞動者的工資，實質上反示着低落，一般勞動者階級的狀況都惡化了。因此之故，便以前代所未聞的規模勃發了罷工運動。在八十年代初五個年間，罷工者只有八萬人之數；僅一八九五年一個年間，計有四萬八千人；一八九五——九九年間，總罷工者實數有四十三萬四千人，差不多可說五十萬人，達到了空前未有的規模。且在此種經濟的鬭爭之中，政治的勢力，也漸次築成確固的地盤。九十年代以前，有政治的任務的個個諸團體，雖多存在於各地，然尙未有何團結，到了此時期此等勞動者集團纔以馬克斯主義爲其理論及實踐的基礎，結成了勞動者階級的組織。

馬克斯之名，早已聞揚於俄羅斯，其資本論的最初外國翻譯，也是俄羅斯執先鞭的。爲進步的舊知識界的集團的「原始共產主義」的指導者們，雖曾親與馬克斯文字往來，交換過關於俄羅斯的經濟制度，尤其是農村共同體之經濟的本質；但他們依然未能眞正認識農村共同體甚至於農民。例如：於農民對於他們的信仰來到破綻的時候，他們就因絕望而走入毫無效果的個人的恐怖主義，結果便與他們的預想相反，只有社會的陰慘和政治的反動，社會運動就只有苦楚荊棘的狀態。轉換三十年來由「原始共產主義」所支配的俄羅斯的社會運動者是普雷卡諾夫，是馬克斯主義了。馬克斯主義所構成之理論的核心，不消說是在以社會之辯證法的發展，資本主義社會轉化社會主義社會之必然性及合則性，其變革的轉化之主體，爲勞動者階級之一點。「原始共產主義」者雖承認農民的變革性：但否定了勞動者階級的變革性。關於這一點，他們光光知道勞動者容易點火、容易乘機煽動；但再沒有出於這個以上的認識。反之，馬克斯主義是說明資本主義社會中的基本的被壓迫階級，且由近代的機械制大工業所訓練、所組織的勞動者階級，確是最根本的之社會的變革之主體雖在俄羅斯，也是與「原始共產主義」者的主張相反。資本主義，無論在農村中，無論在都市中，均既已發展，使一方發生資本家階級，他方發生勞動者階級了。勞動者階級確是俄羅斯未來的階級；俄羅斯的變革，正非依靠這個階級不可。普雷卡諾夫是這樣的想着了。

在這個認識之下，普雷卡諾夫就於一八七九年與「土地和自由」黨分裂，與同志組織「黑土分割」派，與恐怖團的「人民」派相對峙了。一八八三年，以此爲母胎，仍以普雷卡諾夫、薩蘇利赤、提齊、阿克塞爾路德爲中心，集合亡命革命家或著述家，在海亡命中結成俄羅斯最初的馬克斯主義的團體，「勞動解放團」。他方、「人民意志」派因一八八一年三月的事件，其中央執行委員會完全崩壞，僅留個個的恐怖運動，聊以保存命派。其殘黨到九十年代半，即「勞動解放團」組織後十年間，都合流於此團。於茲始於聖彼得堡、莫斯科、維尼什尼、佛諾哥羅、俄德薩等地，形成「社會民主主義」團體，「爲勞動者階級的鬪爭同盟」。初時、在本同盟內，尚有未將「原始共產主義」的思想清算了結的會員，與馬克斯主義者之間，發生了激烈的論爭。結局後者舉了凱歌，同盟的基礎，就益加鞏固了。當時在聖彼得堡的「鬪爭同盟」方面，有列寧和馬爾托夫（Martov,1873-1923）

後年的「俄羅斯社會民主黨」即脫胎於此。當時的情形以列寧的活動爲特別醒目，可以說他一篇宣傳文，能够決定一個罷業的勝敗。這樣，和強固的勞動大衆相結合的馬克斯主義的政治團體，成爲俄羅斯勞動者運動的樞軸，而起大衆的政治的示威運動，在二十世紀初頭是其最初的試練，即其第一革命的開始。

V 登上帝國主義的階段

一 農業繁榮與工業恐慌

(一)

十九世紀末葉的農業恐慌，一方促進農業之資本主義化，農村之階級分化；一方在農奴制的巨大土地所有的崩壞中開拍車，使政府不得不取一聯的反動政策，即爲維持封建的土地所有起見的諸方策了。政府的這種努力，是因有始於二十世紀初頭的穀物價格的昂騰之助，而得能強硬貫徹的。

從農業循環中的恐慌局面，在某種條件之下，移向興盛局面或更繁榮局面者，直接的，即世界市場中的穀物價格的昂騰是；間接的，是世界市場中的穀物供給者——美國的供給者之減少。可是，這不是說美國內面的農業生產應該衰退的意義；是說美國內面的農業生產，依然繼續着振興；

不過，其間因國內的工業急速度的發展，其農業生產，祇能够合於國內的需要，祇僅僅減退其輸出餘力便好。總之、世界穀物市場中的穀價，假定以一八九三——九七年爲一〇〇%，則一八九八——一九〇四年是昂騰到一二二，一九〇五——一二年是昂騰到一六五了。穀價的騰貴使穀物耕作面積擴大了，尤其是使輸出穀物的小麥的生產量增大了。一九〇九——一三年的五個年間，小麥生產量從五十億普特增加到六十二億普特了。其中運上市場的小麥的數量，可作十一億普特推算。更將其中七八・四%作爲農民所有，二一・六%作爲私的土地所有者的所有，則全播種面積中，農民所占的部分應歸九二・一%，私的土地所有者祇占七・九%。而由此種地主及農民所供給的穀物數量的比例，與同播種面積的比例之間的溝渠很顯明地示着與地主地的生產性相比，農民地的生產性是要低些了。所以若假定一八六一——七一年的收穫量爲一〇〇，則當一九〇〇年代地主地的生產量爲一六四，農民地的生產量就只有一四八了。但農民經濟中所供於市場的穀物的比率，卻有相對的高度，故農民經濟，便要高度地貨幣經濟化的了。

穀物價格的騰貴，便土地所有關係中的半封建的地主和農民之間益加尖銳化了。農民們無論爲漸漸進行的貨幣經濟化計，無論爲利用價格關係之好轉計，總以土地爲必要；但土地其龐大的面積已歸地主的獨占了。如上面講過，三萬戶的地主，占有七千萬俄畝的土地，每戶平均可得二千三百三十俄畝；但一千一百萬戶的農民，共有七千五百萬俄畝，每戶平均不過七俄畝而已；二千三百三十畝與七俄畝云云——一種極端的不平等，農民的土地饑饉便被穀物價格的昂騰所煽動，而無法可使地價騰貴了。

譬以卡爾科夫（Kharkov）縣爲例，將其一九〇〇年的地價爲一〇〇，則一八九九年是八五，一九〇二年是一三二；又庫爾斯克縣在一八九八年是一二二，一九〇二年暴騰到二〇二了。富農因地價高漲可以以隨時脫卻土地所得的餘利足以補償所擲土地獲取而有餘；若農民則除借地以外無路可走。而在封建的土地所有者方面，其貸地的方法，亦甚苛刻。他們就可以乘此機會將勞動力作爲封建的賦役之直接的殘存形態的半封建的雇役來使役了。農民愈欲獲取土地，則地主的雇役條件亦愈苛刻。他們要想借得地主一畝土地，須替地主耕作三畝之地，自播種以迄收穫，均屬農民負責效勞。金納地代就無理的騰貴了。從一八八九年代中葉，到一九〇〇年代初葉，前後不過二三年，而地租的騰貴到了二一三%。這樣、一九〇〇年初葉的穀價騰貴，適成強化地主之封建的特權，農民的收取而已。在農民的方面說來，卻反是災害；其生活條件尙且隨之惡劣化，在其基礎之上，土地所有關係上的對立，即二千三百三十俄畝和七俄畝的對立，很明顯地浮到表面來了。在這個對立以前，是農民層所分化的富裕農——農村資產階級，和貧農——農村半勞動者階級的對立，即十五俄畝至四十七俄畝至七俄畝間對立，影響很是薄弱的了。若要俟後者的對立關係尖銳化，則以再進一層的農民運動的發展階段爲必要；而當時強迫「收回地」返還的貧農和爲土地擴張欲所燃燒的富農，兩下互相攜手，優遊的當了有龐大的土地面積的半農的地主了。這個階級關係規定了一九〇〇年以降，迄至第一革命爲止的農民運動，尤其前者的性質了。那就是農民的——小資產階級的性質了。

（二）

穀價的騰貴使在地面上增加了穀物輸出的數量並價額。俄羅斯的小麥輸出，由一八九三——一九六年之年平均，六億六千四百四十萬盧布，增加到一九〇五——八年之平均，十億五千五百萬盧布了。俄羅斯的資本積蓄，完全依靠小麥的輸出，其間、資本積蓄由年平均一億四百萬盧布增加到年平均三億三千九百萬盧布。國內資本的積蓄，可以使俄羅斯國民經濟減少對外國資本的比重。十九世紀末葉投入於俄羅斯的工業資本中的，僅二一%，是俄羅斯系資本，而殘餘的巨大部分，可以看作所有形態的外國資本。然而二十世紀初頭以來，又惹起了由國內資本的積蓄驅逐外國資本的現像。此政治的結果，通求庇護於羅曼諾夫政權的外國資本的敗退，與國內實業資產階級權力之增大，而欲固守舊來之封建的統治方法之沙皇與自由主義的資產階級的對立。支配階級內部的對立關係，由此更加尖銳化了。

然而使農業資本階級與勞動者的對立益加激化的，再沒有如一九〇〇年代初頭所開始的工業恐慌之甚的了。自前世紀末葉以來既已急速地編入世界資本主義體系中的俄羅斯資本主義，勢不得不捲入一八九九年開始的西歐洲的金融恐慌，更進而工業恐慌了，最後確立俄羅斯的產業資本的九十年代的工業繁榮，可以說招來恐慌是不可避免的了。列寧早於一八九七年預想到此事的。他說：

「現在、我們明明際會着資本主義的循環局面，卽工業是繁榮的，實業是呈活況的，工場是全部作業的，而如雨後的春筍一般無數的新工場、新企業、股份公司、鐵道的建設等等，都起來了。要想預言與這個工業繁榮相伴（或多或少的速度）的破局之不可避免，敢說無預言的必要」。

恐慌的、一般的窮極原因，不消說是在生產之社會的性質和私的領有間的矛盾，難以相對的過剩生產而表現；但此際俄羅斯資本主義的發展的特殊性，給與恐慌之深度並持續性，有多大的影響，這是無待說的。此特殊之一，卽以半農奴的農民及半奴隸的勞動者爲基礎的極度狹隘的國內市場的消化能力；他乃極端的保護主義，差不多用禁止的輸入關稅保護的國內工業尤其是重工業的溫室的育成。而後者適與鐵道建設之急激的控制相直面，而無遺憾地暴露其弱點了。

最後、這個恐慌表現出金融恐慌的面貌。俄羅斯的國立銀行追隨西歐洲諸國國立銀行之後，於一八九九年八月將證劵價格壓下五・五%，同年十二月又復提上七%，金融從茲紛亂。金融逼迫和利率的昂騰，可使股份價格暴落，手持多數之此種股票的銀行輒現破綻，而破產者相續而至。金融恐慌發展到工業恐慌，滯貨如山積，諸物價一齊崩落。尤其在重工業生產物的價格低落更著，如莫斯科的鐵材價格由一八九九年中頃的二盧布三〇加貝克低落到一九〇二的一盧布一〇加貝克；頓河的無烟炭由一九〇〇年初頭的一二——一四加貝克，低落到一九〇二年末的七·五加貝克；原料石油則自一九〇〇年的一七——一八加貝克低落到一九〇二年的四——六加貝克；總之，無論那種貨色都暴落到一半的價格。這樣，恐慌就使生產減退了。銑鐵生產量從一八九九年的千四百八十萬普特減少到一九〇三年的八百五十萬普特；石炭採掘量從一九〇〇年的六億九千一百萬普特，減少到一九〇二年的六億四千二百萬普特。以上重工業內一般的生產減退，直接與鐵道建設的情形相照應。反之，以廣汎的國民大衆的消費爲目標的紡績工業的生產量，祇看見僅少的減少，既而一九〇一年就擺脫恐慌的局面了。

恐慌將基礎薄弱的企業都推倒了。除了鑛山業以外，於一九〇二年內，破產的企業數約有八百四十個。由破產的企業或短縮的企業出來多數的失業者，無家可歸，祇有徬徨於街頭了。除礦業因企業閉鎖而失業的人，一九〇一年內有三萬四千八百人；一九〇二年內有三萬三千人。又頓河流域的煤業勞動者由一九〇〇年的六萬七千五百人減少至一九〇二年的五萬八千五百人云。

(三)

這個恐慌以一九〇二年爲最達深點，一九〇三年既而又向好況移行；但是到了一九〇八年末，中間因有革命及戰爭之故，又不免有多少波瀾。綜核全體而言，仍爲沈滯與不況所支配。一面當此恐慌及不況時代，正是生產高度的集中，獨占資本的形成，實業資本與銀行資本的結合，卽金融資本的發生、金融寡頭支配的出現；一言以蔽之，卽是資本主義踏入最新的發展階段。這個理論讓在後面再講，此處僅將恐慌及其相續的不況所給與於勞動者的影響，簡單述之。

恐慌的負擔，當然、轉嫁在勞動者的肩上，如前述的龐大的失業者輩，他們所犧牲的比誰都要大些，這是不消說的。就實業勞動者的工資也被減少了。將全俄羅斯所有工業的工資來平均計算，在一九〇一年內每人應得二百零一盧布三十七加貝克，一九〇三年內每人應得百盧布三十三加貝克。然其間穀物價格則如前述是倒漲的了。例如：以一九〇〇年的小麥價格爲一〇〇，則一八九五——一九九年是九一·四，一九〇四年是一〇四，前後五年間計有一二·六之差。其他的生活必需品也是一齊騰貴，所以工資與生計費之間，就生出巨大的差異來。實得工資常比名目勞動低，

所以已經陷於窮迫的勞動者因此要更進一步惡劣化了，他們不饑決不會起而格鬬的啊

穀物價格的騰貴和工業恐慌爲一九〇〇年初頭以來不絕的農民運動及勞動者運動，尤其是「一九〇五年」的二大經濟的背景。此外，一九〇四——五年的日俄戰爭時的羅曼諾夫政府的軍事失敗，也爲勃發第一次革命的重要原因。

二　日俄戰爭

(一)

羅曼諾夫政權之軍事的——封建的進出，爲略取君士但丁堡及坦大尼里海峽之故，於俄土戰爭（一八七七年）再次重演失敗以後，迄至一九一四年的第一次帝國主義世界戰爭爲止，不得不專伸其侵略的魔手於亞洲及極東方面了。唯是，在這一方面依然是與英吉利帝國主義衝突，這是可以豫想而知。爲防備英吉利干涉計，就應努力在西歐找出強固的同盟國來。原來的俄德同盟，早因德國設立高度的穀物關稅，保護貴族經濟，拒絕俄國穀物的輸入；及德國對於布加利問題

的冷淡而崩壞，俄羅斯就不得不從新與法國結合了，自從俄法締結同盟以後，俄羅斯的龐大的國債便可在巴黎市場募集。而此尤其小事，此外，尚有最大之事。如：西伯利亞鐵道本爲俄國向極東侵略的橋梁，而法蘭西則賄以資本而助其建設；中俄銀行（一八九五年設立）本爲俄國收取中國的吸血管，而法蘭西則輸入資本而沾其利益。俄法同盟之成立，爲羅曼諾夫政府之向極東發展，企圖掠奪東三省及朝鮮，其力非小。

羅曼諾夫政權對於東三省或朝鮮的態度，與其對於邊境諸國或土耳其的態度大有不同。若說其對於後者的態度，在領有土地、隸屬人民，發揮其封建的收取之特色，即所謂「軍事的——封建的」殖民政策之發現；則他所期待於東三省朝鮮及中國本部者，是多帶資本家色彩，即販賣市場、投資市場之略取，即資本主義之最高發展階段的金融資本主義之一表現罷了。列寧也說過：「在俄羅斯是有最新型的資本主義的帝國主義，被對於波斯、東三省、蒙古的沙皇主義完全表示了」。

世界資本主義踏入本格的帝國主義階段，是二十世紀初頭的事情，俄羅斯也不例外。其時、正在工業恐慌的當中，向獨占資本主義轉化，進行甚速，金融資本和國家權力進行結合，近代的帝國主義國的本質很鮮明地浮上來了。因此，舊來的專制君主制雖依然尚在維持其支配的政治形態的地位中，然已爲赴向近代的帝國主義的方向所影響，顯現「自乘的帝國主義」。

西伯利亞鐵道的建設，是由金融資本支配下的俄羅斯金屬工業的利益所指導的。一般俄羅斯的金屬工業的發達，多負於鐵道建設的情形，上面已經講過；但西伯利亞鐵道的建設，特別刺戟其發達。一八九〇年內的俄羅斯金屬工業的全生產量的一半，可以說是爲鐵道建設所用。因之，該鐵道的建設，越近末期，則鐵軌越減少。例如：金屬工業的全生產中，鐵軌生產所占百分率，雖於一八九七年爲二八·一%，於一八九八年爲二九·一%；但在一八九九年，是低落到二六·五%了。特在主要的鐵軌供給者的南俄金屬工業，其鐵軌生產量在一八九五年，占全生產的六〇——七〇%；一八九九年，激落到四四·五%。這樣、和該鐵道的建設終了同時，金屬工業，一九〇〇年便爲恐慌所襲了。爲由此恐慌求血路計，金融資本，惟有在中國東三省，一般在極東求覓金屬工業的販賣市場，然早已預料有此事的金融資本的政治代表者，當時的財政大臣魏德（Witte 1845-1915），他爲擴張販路計，準備侵略東三省，極其周到。先使西伯利亞鐵道通過東三省的北部，與海參崴聯絡成一直線；同時由哈爾濱向南方分歧支線；建設不凍港的旅順及大連於其終點，而作太平洋之出口。連結波羅的海與太平洋之宿望的大連絡鐵道線，已於茲完成了。爲完成其計畫之故，當時利用在中國發生的幾多外交事件（如中日戰爭或義和團事件）。然當羅曼諾夫政權欲向中國本土進出之際，就與英吉利帝國主義的利害關係，不得不生衝突，因此，他就轉變方向，想於抵抗最少的方面設一支線不伸手侵略不可。朝鮮確爲其恰好的目標了。朝鮮當時名目上雖爲中國的屬國而爲半獨立的國家；但事實上在於日俄兩帝國的共同經營之下。一方爲欲得獨占的支配權，不得不驅逐他方的勢力，於是兩國的武裝的衝突，便爲必然之勢了。

羅曼諾夫政權竟爲此如熱病一般的擴張軍備了。俄羅斯的軍費，比之一八九二年，則一九〇二年是膨脹了四八%；尤於海軍費膨脹最大，總在一〇〇%以上，即由四千八百萬盧布增加到九千八百盧布了。唯是、雖有此熱病的軍備擴張，然欲於一九〇四年切斷戰爭的火蓋，時期尚早。還有爲陸軍的動員所需捻出的龐大的費用，尚無來源；比任何物爲尤要之近代的戰鬪艦的建造，尚在進行途上；所以唯一的金融資本家的巨眼者魏德，熟知此事，故幾次將一派軍事冒險主義者，收抑起來，不准輕舉妄動；然尼古拉斯二世將此尙早論者之魏德，能免，及至信任「宮中的愚臣」培速勃來速夫（Basobrasov）而使與日本帝國作戰了。

（二）

培速勃來速夫極誇張的地報告了朝鮮的鑛物資源，所以正在惱於財政逼迫的羅曼諾夫王室，垂涎於此，指望及早開戰，使羅曼諾夫政權決意了對日戰爭。此外尙有一重大的原因，卽一九〇〇年以來澎湃於國內的變革的情形是了。如後面所述，於「一九〇五年」達於最高潮的變革的情勢，既在日俄開戰以前，以廣汎的勞動者運動萌其兆候；而尼古拉斯二世，欲以民族的反感鎭壓此階級的不滿者，已非一日。最初，他挑撥俄羅斯人，使其對於國內的猶太人起反感，官民協力敢行猶太人大衆的屠殺。又實施極端的差異待遇。不過這種策動，只能在農村中的知識落伍的人民層間成功，欲把捉都市的勞動大衆，是不可能的了。所以他還次又造作似有其事的「黃禍論」傳遍國內，煽動對於日本人的國民的敵愾心了。然而爲這種笛音所踊者，極居少數，而國民大衆差不多沒有豫想到開戰的日本政府接僑俄商人幾次的報告，知道俄羅斯已有充分的戰意，乃爲先發制人計，而於一九〇四年（明治三十七年）二月八日，突然使聯合艦隊襲擊旅順和仁川，使俄羅斯的陣營惹起混亂和狼狽了。以後戰爭的經過，這是大家所周知的，俄羅斯方面於遼陽、於旅順、於奉天，連戰連敗；特於海上方面，俄羅斯的第一及第二艦隊的艦艨三十八隻，僅於二日間（一九〇五年五月二十七日及二十八日）的戰鬭，被敵軍擊沈大半；殘餘悉被捕獲，司令官羅欠斯托温斯基(Roshestvenskii)變爲俘虜，其慘敗情形，不問可知。

俄羅斯戰敗的原因何在？何部的原因，不知有多少？第一、俄羅斯徒有戰爭的意志，而不充分整理戰備；抑或以日本易侮，不必有充分的軍備，即可以充分對抗了。西伯利亞鐵道尚沒有完成，陸軍司令官克羅泡特金(Kuropatkin)優柔寡斷，戰鬭常被日本軍所敗，不得已依照「豫定的退卻」了。軍隊內面，多老朽的兵士，青年精粹的分子，爲防備內部的變革，保留不發。海軍上也是老朽兵士最多，且練習不足，不長於近代的操練及砲術；主力艦還尚在建造中等等。

又失敗的最大原因，無寧是國內的變革運動，和其反映的軍規……是了。一時、和開戰同時，看來好似歸於沈靜的變革運動，及至戰敗之報頻頻傳來，他們又復活潑了。當旅順陷落（一九〇五年一月一日）以後，周知的「血之日曜日」（一月九日）就勃發了。槍後的危機，不得不完全反映出來。而這種情形，在海軍內面尤其顯著。原來俄羅斯軍隊的編制，陸兵多農民，海兵多都市勞動階級，多少有了階級意識的覺悟。他們對於最嚴重的隊內的生活，抱着不滿。由波羅的海以至太平洋，經過長遠的海上生活，於這一點，俄羅斯的艦隊，於尚未到着對馬沖以前，還未交戰，已在失敗的命運中了。有定評的社會主義作家普利波依（A. H. Priboy）的小說對馬（Tsushima）傳達其間的情形最詳細。日俄戰爭後，屬於黑海艦隊的一艦隊「波曲模金」（Potiomkin）內的艦隊，對於這事又作有更有力的參加了。此等不祥事，只有使俄羅斯日陷頹廢罷了。羅曼諾夫專制政治下的一般的社會的——階級的對立，反映着這樣的情形。在這一點，俄羅斯的軍隊對於社會的矛盾尙未成熟的日本軍隊，是不能相敵的了。

這日俄戰爭和羅曼諾夫政權之軍事的敗北，是爲「一九〇五年」的重要背景，而戰爭將近終局之際，其波濤愈加凶險了。

三 「一九〇五年」

（一）

二十世紀初頭以來，勞工運動和農民運動，以穀價的昂騰和工業恐慌爲背景，活潑地展開了。這一時代，勞工運動，是從九十年代的經濟的鬬爭的階段，到政治的鬬爭的階段，各遂其劃期的發展了。九十年代的勞工運動是以紡織業勞動者中心的罷工運動爲主。例如：一八九七年的罷工者，六萬八人中紡織工人占去四萬三千人。這紡織業工人中心之經濟的罷工的發展，於九十年代末使小資產階級知識份子分裂，而變爲否定勞動者的變格性的「經濟主義者」的一團；和「原始共產主義」的政治的再現，也是以個人的恐怖爲主要目的的「社會革命黨」。但是，一九〇〇年代的工業恐慌，尤其是金屬工業中的恐慌，將比較受優待的金屬勞動者，也捲入廣汎的罷工運動。例如：一九〇三年的罷工者，八萬七千人中，對於紡績工二萬人，金屬勞動者占三萬一千人。這個金屬勞動者的罷工運動，便作成勞工運動的一時代來。從來的罷工是壓倒的，加以經濟的罷了；然如今則大半含有政治的鬬爭的契機了。這不僅對於個個的資本家——工場主對立，而對於資本家階級全體，對於軍事的——封建的支柱對立的。政府早已知道用「工場立法」等姑息手段，是不能使勞動者的力歸於鎮靜，今所以採用所謂「斯巴托夫政策」，在勞動者間，結成御用的勞動組合，將進出於政治的勞動者，多籠絡於其彀中。然而這種「警察社會主義」的方法，寧不過爲促進「一九〇五」年所決定的運動的「能率」而用。一八九八年三月，在明斯克(Minsk)大會舉了呱呱之聲，一九〇三年八月，在第二次大會已入於本格的經歷的「俄羅斯社會民主勞動黨」，尤其是列甯所嚮導的「布爾雪維克」派之政治的宣傳，其間業已浸潤於最進步的勞動者了。

目指勞動階級變革和都市勞動者運動相並，而帶有小資產階級變革性的農村的農民運動，庶能展開；既而於一九〇二年現出一個最盛期來，即一九〇〇年以來，農民運動，即就其件數而論，也是繼續的發展着。

年份	黑壤地帶	非黑壤地界	全歐俄
一九〇〇年	四四	四	四八

一九〇一年	二八	二二	五〇
一九〇二年	三〇一	三九	三四〇
一九〇三年	一二三	一八	一四一
一九〇四年	七五	一六	九一
合計	五七一	九九	六七〇

此刻正在形成爲一九〇七年斯托利平的農業改革的基礎的強固農民卽富農層；不但如此·農村中的主要對立，也不外於封建的巨大土地所有者與農民層一般的土地所有關係上的對立，而且農民運動，程度尙甚幼稚，總逞其所有手段，亦不外破壞掠奪放火等等最原始的形態；而尙在最極端的經濟主義之低度的發展階段。缺乏曾經發展到政治鬪爭的都市勞動者的提攜和指導，此乃「一九〇五年」的失敗的重要原因之一。農民運動果與其發展階段相呼應，當時爲農民運動的指導者，與其是說都市勞動者階級之黨——「社會民主黨」無寧說是小資產階級政黨——「社會革命黨」。該黨是：清算舊知識階級的「原始共產主義」的思想，是新知識階級之「合法

的馬克斯主義」之「超階級的」革命之信奉者，在農村勞動者階級之間，找到好箇的支持者的。

這樣，在當時的運動的指導部內面，是有「社會民主黨」和「社會革命黨」並轡進出的了。（但是此時「社會民主黨」既分兩派：即「布爾雪維克」和「門塞維克」（Menskeviks）。

（二）

見到國內變革的形勢的尼古拉斯二世，要想嘗試用對外戰爭使國民的注意專赴向外部，日俄戰爭便急速開始了。可是他的軍事的冒險主義便來破綻了，以克維泡特金（Kuropatkin 1848-1925）爲總司令的東三省派遣軍爲少數的日本軍吃了慘敗。特由遼陽戰敗（一九〇四年九月四日）之報傳到國內的時候起，又一時再釀成由開戰被收押的變革形勢了。此波愈進愈高，越年即不可收拾。「一九〇五年」一月九日，以普對羅夫工場馘首職工復職問題爲動機，由治伯托夫（Subatov）政策所結成的聖彼得堡的勞動者三十萬人，由格彭（Gapon）率領，向政府要求勞動者待遇之改善，即八小時工作制，最低工銀制，廢止規定時間以外工作，承認工場委員會等等。殊不知事實全與豫期相反，受了槍礮的洗禮，死者數百人，傷者不知其數，風潮便愈擴大了。這個「血之日曜日」事件使工人階級無忌憚的認識「專制政治」的本質。自此以後「革命的俄羅斯」被招來了。罷業是擴散於俄羅斯全國百二十二個的大小都市內面汜濫了百萬的罷業勞動者，更在奉天的俄羅斯軍決定敗北(三月十七日)與日本海海戰的俄羅斯艦隊被剿滅(五月二十八日)之際，形勢就如火上添油了。俄羅斯狼狽向日本求和了。八月六日發布「關於羅曼諾夫的憲法的勅令」，約束召集國會，不但不能使變革的勞動者階級滿足，而且不能使自由主義的資產階級滿足，他們甚至結成「團體聯合會」來反對政府。國會已成破碎景像，發案等於紙上空文。從九月末開始的莫斯科維的印刷工、製麪包工、煙草製造工、市電從業員等等的罷工，波及到莫斯科維幹線鐵道的從業員，以此主要的鐵道聯絡點的罷業爲樞軸，以至西伯利亞的鐵道的全鐵道線，均投入同盟罷工的渦旋中了。爲國民生活上的大動脈的鐵道的罷工，足使捲起秩序的破壞與大混亂而有餘。在首府聖彼得堡，只看見由罷工者或小市民而成的暴徒到處與警官或軍隊衝突，而且狼狽的政府，無法可以將他鎮靜了。在這動亂的當中，「蘇維埃」開始形成，主要的工業都市紛紛傚尤，絡續發生「蘇維埃」。尤其是立於「布爾雪維克」指導下的莫斯科蘇維埃，更積極的指導全體運動，工人階級，唯命是從，較之官吏服從皇帝爲甚。在農村裏面「均土運動」仍繼續未平，在遠東退伍的兵士立刻爲能工所激起，而地方「共和黨」活躍於西伯利亞鐵道全線，行將有大模樣的革命的反撥；黑海艦隊亦起了革命嫡派的軍事的支柱，倘且被震撼了。行見出現「人民不能繼續生活，政府不能統治」的瞬間，所謂無政府狀態是了。

但至此又有了轉機，有少數的禁衛軍爲政府出死力效命，首相魏德也出任調停；政府知道一味依賴武力之不當，乃容納魏德的忠告，於十月十七日發布有名的「十月詔勅」，說自後不得人民同意，不製定憲法。「破碎的國會」也重與恢復，約束召集民主的會議，開始預備選舉。自由主義的中產階級，知道變革擴大到興起實力即足；若一過分，輒使自己自身的立場化爲衆矢之的。所以對於這個詔勅表示滿足，立即停止鬬爭。除布爾雪維克以外，一切的反對勢力，皆爲這「專制的君主」的讓步所動。只此一念，即作出敗北的基因了。十二月三日，聖彼得堡的蘇維埃執行委員會無抵抗的被捕縛。本月十九日，莫斯科的市街戰，經十日的戰鬬之後，力盡弓折，不得不屈服了。這樣，十二月末，都市勞動者階級的運動，過了絕頂，以後只有政府關於因周愴狼狽的結果所發布的「十月詔勅」之訂正的過程。農民運動雖既於一九〇五年二月取了普格曲夫的規模而發展但比較勞動運動帶着經濟主義的色彩太強且爲「社會革命黨」所指導故獨一農村的一線不能與都市內的他的一線相結合。

「一九〇五年」的企圖，結局終於失敗了。其最重要的原因之一：是因「農民是極分散的，非組織的，且無充分的攻擊的行動；祇準備全國的攻擊之點，沒有追求資產階級」的緣故。第二、勞動者階級的組織力太微，在蘇維埃內，能夠負指導的使命者，祇有莫斯科的蘇維埃；全體尙無鬬爭經驗的緣故。

可是、這次的教訓，是極大的。勞動者階級首先得到工作粗劣必失敗的教訓了。列寧說：『一九〇五年無一般的預習，恐怕十月革命是不可能的』所以，即在於此。

四　斯托利平的農業改革

（一）

自「一九〇五年」到帝國主義世界戰爭之間叫做「斯托利平時代」。「斯托利平時代」在政治的方面，是政府對於「一九〇五年」代破敗的陣營鎮壓追擊的時代，恐怖和反革命的時代；對於資產階級讓步的時代。「一九〇五年」的運動，可以說被使歸鎮靜，在都市及農村中，尙有餘燼在燃燒，爲一掃這餘燼起見，首相斯托利平（一八六二——一九一一年）設置一種有似戰時軍法會議的恐怖組織，處罰「不穩分子」是毫無假借的。因此被宣告死刑者五千人，實際被處死者三千五百人之多。「絞首臺——斯托利平」之名，即由此而去的。他方、政府所最不快者，乃「一九〇五年」，狠狽中所不得不許給人民「召集國會」的約束是已。況且在這個國會內面，自由主義的資本家階級的政黨所謂「Cadet」黨（「立憲民主黨」）及「十月黨」不能絕對占多數；「社會民主黨」或左翼的農黨的「勞工團體」常握了決裁投票權；因此，國會中的政府的策動能力，是顯被制限的。他們在國會中所討論的中心，與政府的意圖相反，迄至由進步的農民及勞動者的立場提起農民問題時，政府就強行的將第一回國會第二回國會解散，於一九〇七年六月便發布了露骨新選舉法，由此召集第三回國會了。這樣，「一九〇五年」之唯一的積極的成果的國會，又化作形骸了，民衆所繫念於國會的一切幻想，都作芥子飛的了。

然而反動的暴風雨也、恐怖也、不能使農民的大衆運動沈默了，而惟賴強力追求的羅曼諾夫政權又不得不自痛感支配體制之崩落了。為欲救此崩落的支配體制，除朽腐的舊來的支柱以外，便不得不於由資本主義所生出新興資產階級中求得其新支柱了。農業中的資本主義的發達，農民層階級分化的結果所生的相當廣汎的農村資產階級，確是羅曼諾夫政權所追求的新支柱了。斯托利平的農業改革，卽着眼於此點，對於富裕的農民，許其「密爾的奪取」，為他們打開自由資產的發展之道；同時使農民運動分裂，對於前進的農村資產階級，作為富裕農，使其負障壁的使命。依存於富農的羅曼諾夫之專制體係之農業政策之變更，乃表示由其自體之封建的專制，在向資本家的專制的變質過程中，更得了一步的前進；乃表示其立於封建的地主與新興資產階級（尤其是農村資產階級）的相互利益與無產階級（特是農村無產階級及半貧農）的勢力均衡之上的政治的支配體制，卽向農業獨裁主義（Bonapartism）的傾向。對於這斯托利平改革，列寧這樣說：「君主專制之農業政策的變更，在俄羅斯一般的農民的國家內面，有極大的意義。其變更不是偶然的，不是因內閣交代而起的方向轉換，更不是官僚的妄想。抑此乃向着關於農民的土地所有關係的農業獨裁（或作菩那巴特——拿破崙）主義的方向的，向着自由主義的（經濟的意義即資本家的意義中的）政策的方向的急激的躍進。農業獨裁主義，是失掉奮來的單純確實的、父親家長的或封建支柱的君主制的策動」。

斯托利平的農業改革，是在俄羅斯農業之資本主義的發展途上的民主主義的「美國型」和自由主義的「普魯士型」的相剋中的後者之一時的勝利，一八六一年的「農奴解放」的再版。照這個意義來說，爲自由主義的資產階級的政黨的「立憲民主黨」之所以贊成斯托利平改革，亦非偶然的。因爲在他們是以爲「強固的農民」的發達，卽表示國內市場中的工業製品有了主要購買者的緣故。

對於農民的讓步，雖既在「一九〇五年」中間，以十一月三日的勅令廢止「賠償金」（如上述，實際已超過「土地收買金」五億以後的廢止）爲起點，但政府本身也覺得此種欺瞞的方法，不能將大衆納諸秩序之內，所以他就更有一種大規模的策動之準備了。這就是斯托利平的農業改革是了。斯托利平改革的本質，就是把一八六一年「密爾」的「分有地」，完全轉化爲私有地，使由爲身分的障壁或封建的諸遺制十重二十重所包圍的土地所有，轉化爲近代的土地所有，資產階級的私有罷了。如是在資產階級的基底之上，激成土地所有之集中，培養富裕農的一種辦法，實其窮極目的了。可以說：封建的遺制，沒有從此就完全被拂拭的道理。只要是封建的地主的土地所有存在，所以到一九一七年十月爲止，那封建的賦役制度之直接的殘存形態的雇役制度，依然是殘存着；俄羅斯資本主義的半封建的型制，便要執拗地貫串到最後的斷末魔爲止的。於此便有農業發展之「普魯士型」。

斯托利平的農業改革，是將「密爾」劃分爲二部，迄至最近，尚有不能行比較互換的，與能行的。前者可看做私有地，後者由農民的要求纔私有化。此際家族分配單位減少，從而「分有地」面積減少的時候，過剩地就可以支付賠償金而確保了。又「分有地」分散在各處的時候，可由土地整理，集於一箇所有而受分配，也可帶着土地移住到「密爾」以外。支付賠償於過剩地的時候，以普通地價之半或三分之一決定其賠償金，明明是集中土地保護之事，頗堪注意。

（二）斯托利平的農業改革的結果，研究怎樣？改革後脫退「密爾」的農民經濟如次：

年份	提起要求土地私有戶數	全脫密爾戶數
一九〇七年	二一一、九二二	四八、二七二
一九〇八年	八四〇、〇五九	五〇八、三四四
一九〇九年	六四九、九二一	五七九、〇〇九
一九一〇年	三四一、八八四	三四二、二四五
一九一一年	二四二、三二八	一四五、五六七
一九一二年	一五二、三九七	一二二、三一四
一九一三年	一六〇、三〇四	一三四、五五四
一九一四年	一二〇、三二一	九七、八七七
一九一五年	三六、四九七	二九、八五一
總計	二、七五五、六三三	二、〇〇八、四三二

依地方的區別而說脫退密爾最多者，爲資本主義的經濟發達的地方，卽西南，新俄羅斯，及白俄羅斯等處，

一九一六年一月止，脫離密爾的戶主，約二百萬人，與全農民戶數的二一・八%相當；脫離面積爲全「分有地」的一六・四%。脫離農民百二十萬人中，約六〇%，因所受土地太少，不能獨立的經營，所以將土地放手，完全不得不無產者化了，而其買主，無疑地是富裕農民。例如：圖拉縣的三個「密爾」內賣卻地有全數的四四%，都是由有二十畝以上的農民買去的。當其賣卻之時，農民銀行就有很大的作用了。所以斯托利平改革的本質，卽由富裕農收奪「密爾」，是很明白暴露的了。君主制的新支柱，爲其崩壞於未然而喊出的階級卽農村資產階級急速度的發生了。農民層的階級的分化極端地被激成了。在大多數的農民，貧農，斯托利平的改革，乃在其無產化、貧困化中，鬬了拍車。農民的貧困化過程，由次表可以一目了然。

農民百人中所有家畜數

	一九〇五年	一九一四年
馬	二三	二〇
牛	三五	二九
山羊	四五	三二
豚	二一	一〇

求強固的支柱的目的，雖已達到；然以此故，斯托利平改革卻反激化了農村中的階級對立了。

知道斯托利平改革的本質的農民大衆，比「一九〇五年」還要熾烈地反抗政府了。自改革以後發展的農民運動如次：

年份	黑壤地帶	非黑壤地帶	歐羅巴俄羅斯	亞西亞俄羅斯	合計
一九〇七年	一、六八五	七九二	二、四七七	八〇	二、五五七
一九〇八年	一、一一七	八九〇	[illegible]、〇〇七	三八	二、〇四五
一九〇九年	九三四	一、四八六	二、四二〇	一〇八	二、五二八
一九一〇年	四、〇二二	二、二三九	六、二六一	一四	六、二七五
一九一一年	二、八四二	一、六八〇	四、五二二	四五	四、五六七
一九一二年	二、四四四	三四七	一、七九一	一九	一、八一〇

一九一三年	五一九	一二七	六四六	一	六四七
一九一四年	六	—	—	—	六
合計	一二、五六九	七、五六一	二〇、一三〇	三〇五	二〇、四三五

斯托利平退去農民的反抗，發揮其強力，遂行其改革了。帝國主義世界戰爭勃發了，政府爲維持國內和平起見，將農業政策緩和下來了。農民運動對此，便不斷地昂揚了。農民除仇視舊來的地主以外，尤仇視新興的富裕農，此乃農業關係的新發展，顯示農民運動新發展的階段，很有重要的意義。一九一〇年，在黑壤地帶，有六百四十七家地主的房屋被燒，二千九百九十三家農民的房屋被燒，此刻火已燒到自己的足底來了，富裕農惟恐事情擴大，想向斯托利平請願，希望其方策和緩，祇是嘆息不已。但此乃確是斯托利平改革狡黠之主要目的，斯托利平聞此嘆願，心中如蠟燭的木般，只在內部燃燒，哭笑不得了，事情至此，歷史的辯證法的發展，愈加顯示斯托利平改革之致命的缺陷了。一面求支柱於富農——農村資產階級；一面因此使農村的階級對立益加激化的羅曼諾夫政權，即不啻自己作了掘墓之人的緣故。斯托利平改革可以說招來完全的破綻了。

俄羅斯的農村有了這新掘墓人，在階級鬬爭的舞臺上登場了，使其尖銳化了，且帶着成熟的危機走入世界大戰時代了。

五　金融資本的生成過程

（一）

原來用高度的保護關稅，使在溫室裏發展，由政府的御用注文所育成、培養的俄羅斯工業，尤其是重工業，就其生產集中的規模來說，既於前世紀九十年代凌駕德意志工業上面已經講過；通二十世紀初頭的恐慌一九〇五年的革命所造成的不況，多數的弱體企業概被淘汰，而生產益加集中了。茲揭二三指標，比較其恐慌前後的勞動者數，企業分布狀態及勞動者的集中狀態如次：

	企業數%		勞動者數%	
	一九〇一年	一九一〇年	一九〇一年	一九一〇年
五〇人以下雇傭的小工業	七〇・五	六五・七	一四・三	一一・六

五〇——五〇〇人雇傭的小工業	二六・〇	二九・三	三九・〇	三四・九
五〇〇人以上雇傭的小工業	三・五	五・〇	四六・七	五三・五

當在一九一〇年，僅有五%的巨大企業，集中全勞動者過半數以上；曾占企業羣六五・七%的五十人以下的小企業，傭不過一一・六%。此種集中情形實凌駕亞美利加合衆國之上。蓋在美國、在五百人以上之巨大企業，其勞動者數，祇占總數三一%云。

工場、生產額及勞動者之絕對的增加如次之數字：

年份	工場	生產額（單位百萬盧布）	勞動者數（單位千人）
一八八九年	三〇、八八八	一、三三四・五	一、三一八・〇
一八九七年	三九、〇二九	二、八三九・一	二、〇九八・二
一九〇八年	三九、八八六	四、九〇八・七	二、六七九・七

將此換算爲百分率如次：

	一八八七——九七年	一八九七——一九〇八年
工場之增加率	二八·三%	二%
生產額之增加率	五三·〇%	七三%
勞動者數之增加率	五九·九%	二八%

一八九七——一九〇八年的十年間，工場數的增加雖祇有二%但生產額已示明激增到七三%，勞動者數方面亦有二八%的增加每個工場的平均生產額則由一八八七年的四萬三千二百盧布到一九〇八年的十二萬三千百二十七盧布，計增三倍之譜。

若就各個工業而說生產集中的規模達於高度甚遠，例如治金工場，於一八九五年中有一千萬盧布之銑鐵生產量的製造所，僅有一箇，而其生產額與全俄羅斯生產額之一二%相當。一九〇〇年有三萬盧布生產額的製造所僅有二箇其生產額與全俄總額之一七·二%相當。更於一九〇八年，有七千一百萬盧布的生產額的製造所，有五箇，爲全俄生產額的四一·五%，當一九一三年能生產一億五千萬盧布的製造，有九箇，占全俄生產額的五三·一%。石油工業的生產集中，更加深刻。一九一二年中，有百萬普特以下的生產額的石油蒸溜工場的所占的生產額，不過巴庫的一·一%。有五百萬普特以上的生產額的六大企業占本地全產額的六五%。其中有兩個企業各產千萬普特，占全生產額的二九·六%。石炭工業也是同樣。一九一二年，在頓河流域採炭五百萬普特以上之大企業之生產額，爲本地全產額的八四·五%云。

試依序揭出個個重要工業部門的生產增加的數字於次：（單位百萬普特）

	一九〇〇年	一九〇三年	一九〇九年	一九一〇年	一九一一年	一九一二年	一九一三年
鑄鐵	一七七·〇	一五〇·〇	一七五·〇	一八六·〇	二一九·〇	二五六·〇	二八三·〇
鐵及鋼	一六三·〇	一三五·〇	一六三·〇	一八四·〇	二〇三·〇	二三七·〇	二四六·〇
帆條	二〇·二	一九·四	二九·一	二九·五	三四·〇	三八·二	三五·九
銅	〇·五	〇·六	一·一	一·四	一·六	二·一	二·〇
石炭	一、〇〇三·〇	一、〇九四·〇	一、五九一·〇	一、五二二·〇	一、七三九·〇	一、九〇四·一	二、二一四·〇
石油	六三一·〇	六三〇·〇	五六三·〇	五八八·〇	五五·八	五六九·〇	五六一·〇
棉花消費	一六·一	一六·六	二一·三	二二·〇	二一·四	二五·七	二五·九

經過一九〇〇——二年的恐慌，一九〇三——九年的不況，以後的生產增加，頗有可觀；如煤的生產量比恐慌前的最高點，尤超過二倍了。鑄鐵、銑鐵、鋼鐵及煤等，南部地方的產額，超過烏拉爾；又一九一〇年煤的生產量，南部地方，占全國生產額的七〇・五%；烏拉爾僅占三・三%，直陷若有若無的狀態中，於產業界全無影響。

（二）

這樣的生產增加及生產集中之高度發展，勢必發生資本家的獨占。在俄羅斯的產業界，雖蚤有獨占的情形，但以急速的曲序而促進其形成過程，則在於二十世紀之初頭。查俄羅斯最初之資本主義的獨占，是由一八七〇年內，一流保險公司間有關於單一保費的獨占的協商所生；次之一八八七年內有砂糖業者的委員會；一八九二年內，有石油公司的委員會；一至二十世紀，下列各種委員會或統制管理處，如雨後春筍，相繼發生，可說是獨占之全面發展時代。

「俄羅斯冶金工場製品販賣第一股份公司」（一九〇二年創立）

鐵葉及普通鐵獨占全國販賣量七〇——七二%；鐵梁材料及鐵箱獨占全國販賣量七五

%；到了一九〇八年，合同一二——一五個最大冶金工場，全國販賣量的三分二至四分三歸其掌握中。其方法有共通價值的制定，信用條件的調節，販賣及販賣地域的分配等等。

「鐵管販賣大統制委員會」（一九〇二年創立）

獨占全俄鐵管販賣百%，（德國的委員會莫斯科維代理店）。

「生鑛販賣鑛山業管理處」（一九〇八年創立）

占全鐵鑛的八〇%，合同六個南部重要生鑛企業。

「烏拉爾鑛山製造所委員會」（一九〇四年創立其後名（kuroVlia）一九〇七年創立）

結合屋頂鐵生產的七五%。

「農業用機械及農具製造業者大會」（農具委員會，一九〇七年創立）

統制播種機生產量之七三%，農具生產量之七二%。

「俄羅斯車輛製作所製品販賣會社」（一九〇四年創立）

由十三製作所而成，一九〇七年獨占全生產之九五%。

「德納茲克流域礦物燃料俄羅斯商事公司」

湯姆菩夫斯克、烏拉爾、哲列姆霍夫、薩白依格爾各煤管理處，統制全國生產的七五%。

「巴庫石油工業輸出者委員會」（一八九二年創立）

一九〇〇年合用產油在一千萬普特以上的十六個公司，俄國採油量之六五%，全油井五五%在其手中。一般俄國的石油工業由石油公司，英吉利頁岩油公司，荷蘭皇家殼牌公司，俄羅斯諾貝爾合資公司四家獨占。

「莫斯科地方工業家協會」——「後來的棉業工場主協會」

錘數三百七十萬（總錘數八百八十萬中）、織機六萬一千，由四十七企業聯成。

其他有統制全水泥生產之九〇%的「俄羅斯水泥商事股份公司」，占橡皮生產量之一〇〇%的「橡皮製造所聯合」，占全煙草生產之七五%的「煙草委員會」。

此等委員會或管理處在其各生產部門中集中生產之主要部分於手中，統制生產，協定販路獨占市場，設定最高價格，收取最高利潤，以之分配於加盟企業間，遂其獨占之機能；於今君臨產業界者，其由來已遠。不過於茲有須注意之處：俄羅斯獨占體的發展，是以 Syndicate 爲主，採取 Cartel 所謂企業聯合的形態，罕有採取獨占之最高形態的企業合同，即 Trust 形態者，雖有二三工業部門，嘗試 Trust 化，然以不能實現而止。總言之，俄羅斯的各種企業，都已到了獨占形成之相當高度的發展階段，這是無容疑義的。

（三）

實業資本既被集中，那和實業資本有因果聯鎖關係的銀行也被集中起來了。

先就銀行資本的發達，揭其二三計數罷。銀行資本的增加如次（單位百萬盧布）

	自己資本		儲蓄資本		合計	
	一九〇九年	一九一四年	一九〇九年	一九一四年	一九〇九年	一九一四年
國立銀行	五五	五五	二一〇	二六三	二六五	三一八
股份銀行	三一二	八三五	九七七	三、五三九	一、二八九	三、三七五

都市銀行	五〇	五八	一〇三	一七一	一五三	二二九
相互信用組合	六二	一五一	二七〇	五九五	三三二	七四六
合計	四七九	一、一〇〇	一、五六〇	三、五六八	二、〇三九	四、六六八

僅五年間，資本總額增加二倍以上，即二十六億盧布。

就中最出色的如次表的合資銀行的發達狀態：（單位百萬盧布）

一月一日現在	銀行數	自己資本	儲蓄資本
一八七〇年	六	一五·七	九六·三
一八九五年	三四	一七五·五	三〇九·七
一九〇〇年	三九	三八〇·〇	五五二〇
一九一〇年	三一	三三二·〇	一、二六二〇
一九一四年	四七	八三六·〇	二、五三九〇

如前表所示，合資銀行，即就其一九一〇——四年間的自己資本而論，已由三億三千二百萬

盧布，增加到八億三千六百萬盧布；又儲蓄資本由十二億六千二百萬盧布，增加到二十五億三千九百萬盧布。此銀行資本的急增便伴着銀行事業的集中了。其集中動態如次：

資本額	銀行數		對於資本總額的百分率	
	一九〇〇年	一九一四年	一九〇〇年	一九一四年
一千萬盧布以下	三〇	二四	四三·七	一〇·八
一——二千萬盧布	六	一一	三二·九	二二·五
二——五千萬盧布	二	四	二三·四	一四·六
五千萬盧布以上	—	七	—	五二·一

在一九〇〇年占總資本約四三·七%的小銀行，到了一九一四年則使比重縮少至一〇·八%。一九〇〇年無五千萬盧布以上的銀行，到了一九一四年，也有了七個其資本占總資本的五二·一%，即占了半分以上。

此等諸大銀行，特有實業公司的股券，通「參與制度」而與實業資本相結合，將自己轉化爲金融資本。因銀行資本和實業資本的結合，向經營資本的轉化情況，而有下面四種巨大銀行的出現。此等諸銀行之所有有價證券中的工業證券如次：

年份	國際銀行	貼現放款銀行	商工銀行	私立商業銀行
一八九六年	二三・四%	一七・九%	三一・四%	七〇・四%
一八九七年	二三・八%	一七・四%	四九・〇%	五九・三%
一八九八年	二五・五%	二三・四%	五三・二%	六二・二%

一九〇〇年以降，此種比率更加增高明甚。即在當時，「國際銀行」曾有「加爾得曼機械廠」的股票四百張；「莫斯科玻璃製造公司」的股票一千四百九十二張；「採金公司」的股票四千零零三張；「尼科巴里麥利斯可埃公司」的股票二千三十一張。又「放款銀行」亦有「巴庫石油公司」股票一千三百七張；「湯姆菩夫斯克冶金工業公司」股票四百三十張，「花邊洋緘機械製作所」股票六百張「利克弗爾德玻璃製造所」股票四百張。次之商業銀行的資金是向「極東貨物棧房公司」、「伊斯金斯基製造所」、「高瓦製鋼所」、「尼科巴里麥利斯可埃公司」、「大

俄羅斯採金公司」、「圖拉延鐵及彈藥製造所」、「莫斯科維玻璃製造所」等流出的。對於此等諸企業的債權估計在千四萬盧布以上。除上列融通之外，尚有「尼科巴里麥利斯可埃公司」股票一萬三千七百三十五張，「加爾得曼公司」股票一萬一千八百三十六張等等。最後，「商業銀行」則有「窩瓦製鋼公司」、「北方玻璃公司」、「科羅曼斯基機械製作所」、「普基羅夫斯基製造所」「加爾德曼製造所」等的股票。

上面的銀行對於所有股份公司，直接通「參與制度」，或以其他種種形態，統制支配其企業活動。一般冶金工業的八六%，石炭業的七七%，石油工業的八六%，是在銀行資本的掌握中。如是，俄羅斯內的獨占資本主義業已形成，金融寡頭支配業已確立，近代的帝國主義就是這樣造成的。

（四）

大戰以前，俄羅斯的銀行的資產形態，可以要約如次：（單位：百萬盧布，一九一三年十一月調查）。

資本系統	銀行數	活動資本	爲產業商業所投下者
在外國資本「參與」之下者	一一	三、〇五四・二	一、三六四・八
德國資本「參與」之下者	四	一、二七二・八	四一三・七
英國資本「參與」之下者	二	四〇八・四	二三九・三
法國資本「參與」之下者	五	一、三七三・〇	七一一・八
由外國資本「獨立」經營者	八	八九五・三	五〇四・二
合計	一九	三、九四九・五	一、八六九・〇

由上表可以知道俄羅斯銀行資本與產業資本的結合，卽金融資本之發展情形；同時，又可知道金融資本之支配情形。一般俄羅斯的銀行股票的四〇%——六〇%集中在外國金融資本之手中，不但使俄羅斯的銀行隸屬於自己，而且通銀行而入工業，則工業亦隸屬於彼了。

俄羅斯工業中的外國資本的地位，極爲重要。例如主要工業部門中的外國資本的比例如次：

（單位：百萬盧布，一九一六——一七年）

	股票及債券的全資本	外國資本	百分率%
鑛山業	九一七・八	八三四・三	九〇
冶金及金屬製作業	九三七・八	三九二・七	四二
紡織業	六八五・四	一九〇・五	二八
化學工業	一六六・九	八二・六	五〇
木材加工業	六八・八	二五・七	二七

假設一九一七年俄羅斯的全股份資本爲五十億盧布，則其中外國資本大約占十七億盧布，即約當三四%。尤其在鑛山業中，外國資本幾有壓倒本國資本之勢，化學工業及冶金工業次之。茲將一九一六——一七年俄羅斯內的外國資本的系統舉之如次：

	千盧布	百分率
法國	七三一、七四六・六	三二・六
英國	五〇七、四九七・八	二二・六
德國	四四一、五九三・二	一九・七

比利時	三二七、六二〇・五	一四・三
美國	一一七、七五〇・〇	五・二
荷蘭	三六、四五六・七	一・六

外國資本中，占首位的，是法國，約當於三三%；英與德次之。在世界大戰中，合法英兩國的資本為五五%，占外國資本半額以上。俄羅斯當世界大戰投入聯合國的陣營者，實因此關係之故。所謂「克倫斯基時代」，即表現俄羅斯隸屬於協約國資本最切實的時代。

（五）

俄羅斯的金融資本內的外國資本的最可驚的比重，產業資本的三四%，銀行資本的四〇——六〇%的支配，是和規定俄羅斯帝國主義的隸屬性同時，使沙皇制與金融資本之結合更加緊密的要因。既於一九〇五年，法國的金融資本融通了二十億盧布的變革鎮靜費，而保證了羅曼諾夫君主制度，間接即所以防衛自己。從此以後，確保封建的農奴制的收取式樣的君主，與壓倒俄羅斯資本的外國金融資本的融合更加進步的了。這個融合可用列寧的有名語來表現他。

「其在俄羅斯是軍事力的獨占，無限的領土的獨占，或收取中國其他異民族的特殊便宜的獨占，補充或代替近代的最新之金融資本的獨占」。

如是，這兩個勢能在互相規定的關係之下，就中前者成爲支配的機緣。

「其在俄羅斯是最新型的資本主義的帝國主義，完全表示於對波斯、東三省，蒙古的沙皇制的政策。總而言之，俄羅斯是軍事的封建的帝國主義居支配的地位的」。列寧。

沙皇制的政策，是有這二重的性質。如上面講的，當日俄戰爭的時候，已經暴露了的，不過那是羅曼諾夫君主制和社會的本質的變化相照應的。其專制君主制本在一八六一年「農民改革」的時候，既已向資本主義的君主制進了一步；又於斯托利平「農業改革」的時候更加發展了的；那時在上面的轉化過程中既達到（農業）專制主義的階段。在這階段中的專制君主，是立於封建的農奴制的收取的基礎上，與遂行軍事的——封建的體制同時帶着容受金融資本的一種妥協的性質，俄羅斯帝國主義於是表現「自行發展的帝國主義」了。

君主由金融資本的密着，外國金融資本的制霸，其農奴制的基礎構成——這複雜已極的建築物，卽是俄羅斯資本的真相；而這複雜性，確是將俄羅斯資本主義所內包的一切諸矛盾尖銳化，遂至以其大禮拜的崩壞而終。

VI　世界戰爭和羅曼諾夫君主制的崩壞

一　世界戰爭和俄羅斯資本主義

（一）

第一次世界大戰（一九一四——一九一八年），是英法資本和德奧資本爲再分割世界的特殊的，爲爭奪近東資本市場的，最典型的最大規模的帝國主義戰爭。世界所有一切國家，除二三中立國以外，各從其金融資本的利害關係，而投入於孰一陣營，這是人所周知的。可是這次世界大戰的直接動機，是因一奧地利皇太子菲地南大公(Archduke Ferdinand)爲塞爾維亞人所暗殺。從來、都說：「這暗殺的發起人，是德國皇帝威廉二世(Wilhelm, II)，他欲製造近東侵略的口實，不惜以自己的親友供犧牲，所謂「苦肉計」支配的意見」云云。最近，對於此事，蘇維埃俄羅斯的史家波科羅夫斯基(Pocurovskii)說：「這陰謀的張本，確是俄羅斯的參謀本部」。正批露了反對的意見。惟是強國的支配的意見，爲德國唆使協約國之無知民衆是極有利之事；然不能據謂立脚於事實之上。其在俄羅斯，則有沙皇政府所締結的幾多祕密條約，或與聯合國所交換的其他祕密文書，十月革命以後，絡續暴露，眞相的一部，由此，多少可以發見。波科羅夫斯基的見解，蓋此等祕密文書之綿密詳細研究之結果罷。

先是，因日俄戰爭的敗北，阻止了極東的出路的俄羅斯帝國主義，再目指傳統的南下政策之遂行，着着整理外交的軍事的準備了。向着這方向追詰俄羅斯之又一動機，是因一九一一年，意大利與土耳其爲了托里波里(Tripoli)問題開戰，坦太尼里(Dardanelles)及菩斯福拉斯(Bosphorus)兩海峽被閉鎖。因此，俄羅斯的穀物便受了大打擊。蓋穀物輸出爲俄羅斯國內蓄積的一大源泉，由一九一一年的七億三千五百萬金盧布激減爲一九一二年的五億四千七百萬金盧布；此貿易額的減少，給與支配階級以一抹之不安。其根本的解決，惟有占領君士但丁堡，然後可排除其他一切。俄羅斯便決意押地中海的咽喉，確保穀物貿易之自由的航路；同時又可以掣肘將來爲俄羅斯穀物貿易之敵的多腦河沿岸諸如匈牙利、羅馬尼亞等等。

俄羅斯對於占領君士但丁堡的野心，不能遂願以償者，因有英吉利從中作梗之故。英吉利、最初恐俄羅斯南下，與他的寶庫印度有衝突之虞，所以自始即抱反對主意。當日俄戰爭之際，英吉利也在俄羅斯的反對陣營裏，若陰若陽地給了多大的援助。於是因了這個戰爭，俄羅斯帝國主義軍事的實力的弱點便完全暴露無遺；後來又看到俄羅斯非自己之敵，並不可恐，更有重要者，乃急速地跳上資本主義的發展階段的德意志帝國主義，較俄羅斯還要有幾十倍可怕的敵人已在近東出現，着着建築其侵略政策之基石。不如使俄羅斯重興恢復盛況，俾得樹一反德意志的勢力，是爲必要。對於德意志帝國主義，俄羅斯也感覺到直接脅威了。因爲在俄羅斯的廣大的穀物市場的土耳其和波斯內面，已發見了德意志產穀物，用其低廉的價格，大有驅逐俄羅斯產穀物的形勢的緣故。

得了英俄同盟之勢的俄羅斯，遂漸漸着手君士但丁堡占領；先爲造成口實計，嗾使布加利對土耳其起民族獨立戰爭，以擁護同胞斯拉夫民族爲名，纔可起而援助布加利了；渠料兩國開戰以後，布加利不待俄羅斯的援軍，忽將土耳其戰敗了。因此布加利便脫了土耳其的羈絆了。俄羅斯所有計畫，均成畫餅，不過仍不放棄其原來的計畫，祇是積極擴張軍備，待機而動罷了。

然而此時協約國對於德奧的陰謀已在大規模地進行，俄羅斯因處於協約國資本的從屬地位，又從英國得着許諾占領君士但丁堡的好餌，遂捲入此陰謀中且負有重要的使命，即爲分割奧地利之故，而將其國之太子來供犧牲的使命，蓋如是而已。況此事殊易，只要嗾使爲民族的反感所燃燒的塞爾維亞人卽可遂行其陰謀了。如是協約國的陰謀，遂得以將德奧誘出戰場上來的了。

（二）

一九一四年七月末同八月一日以後，俄羅斯就不得不固守東部戰線，與當時誇稱世界精銳的德意志軍隊作戰了。因此之故，至一九一七年爲止，動員了一千五百萬的人民，蕩盡四百七十億盧布的國費，這是於俄羅斯的國民經濟，是何等的影響呢？

開戰的當初，以爲這回戰爭於短期間內可以完了，所以並未有特別的經濟的編成；既而戰爭到了第二年卽一九一五年，纔明白戰爭須延長，且有意外大規模的情形，政府於是設置「戰時工業委員會」，處理軍事的需要，將全國民經濟編入戰時經濟，使「國家資本主義」的色彩益加濃厚了。如是隨着戰爭的續行，軍事工業尤其是金屬製作工業及化學工業，部分的紡績業，都現出戰時的繁榮而呈活況了；可是其他的工業卻不過將其從戰前以來的恐慌，益加深刻化罷了。不特如此，各工場因須專一製造大量的軍用品之故，生產手段的生產，既不能顧而因戰爭之故，其由外國的輸入，是杜絕的；結果再生產的基礎被縮少，全體的國民生產便走入減退的傾向了。在戰爭中，只見得工場監督局的監督下的最大企業之數和勞動者數同時減少，下表即其一例：

年份	工場數	勞動者數（單位千人）
一九一三年	一三、四八五	一、九四千
一九一四年	一三、八五八	一、九四二
一九一五年	一二、六四七	一、九二三
一九一六年	一二、四九三	二、〇九四

一九一六年雖看到從業勞動者少有增加，然大勢上企業數與勞動者數已都是減少的了。且其生產減退之最明白而表現於極端者，為冶金工業及燃料工業。而為戰爭上及國民生活上所最

重要之鐵、石炭及石油生產，都呈了恐慌狀態了。其生產動態如次：（單位：百萬盧布）

年份	鑄鐵	中製品	製品	煤	石油
一九一三年	二五七·四	二六三·九	二一九·五	二、二〇〇	五六三
一九一四年	二四九·三	二七二·四	二二二·七	二、一七五	五五七
一九一五年	二二五·三	二五一·三	一九九·四	一、九〇五	五六八
一九一六年	二三一·九	二六〇·九	二〇五·九	一、九五四	六〇二
一九一七年前半	九八·九	一〇六·八	七九·二	八七三	二六〇

戰爭最酣的時候，正是鐵和燃料最缺乏的時候；既而到了一九一六年前半，便達於崩潰的狀態了。這減少的生產量之中，其大部分歸於軍事工業，因之一般工業便陷入燃料恐慌，使其生產量加速減退了。例如：農業用機械製作工業在戰前有最大工場的生產量者計百七十三所；然一八一九一六年，則激減爲二五%了。

農業生產，因農業用機械供給之不足，肥料之不足，勞動者被動員之不足，役畜被徵發之不足，而愈呈減少的現像了。重要穀物的播種面積，在一九一四年前，本爲八千八百六十萬俄畝的，一到了一九一七年則變爲七千八百萬俄畝，即約有一千萬俄畝的減少。其中食料用穀物播種面積，則由五千百二十萬俄畝減至四千五百十萬俄畝。至於收穫的減退，則更爲激烈。全穀物及馬鈴薯之收穫量，在一九〇九——一三年間的年平均，本爲七十億普特；可是到了一九一四年，則變爲六十億普特，一九一六年，則變爲五十一億普特，一九一七年更減少至五十億普特。其中食料用穀物的收穫量，則由戰前五個年的年平均二十八億普特，激減到一九一六——一七年的二十二億普特了。因此農民經濟的內容很惡化了；同時，一般國民便於燃料恐慌之上，更爲食料恐慌所襲

欲知此等諸事情所給與於勤勞者的生活狀態之深刻的影響，就非考慮通貨膨脹和物價騰貴不可了。

（三）

爲遂行四個年戰爭之故，政府便發表次之戰費和預算帳上的紅字（不足額）：（單位：百萬盧布）

年份	戰費	不足額（紅字）
一九一四年	一、二二四	一、八九八
一九一五年	八、六二〇	八、五六一
一九一六年	一四、五七二	一三、七五六
一九一七年	二二、五六一	二二、五六八

為填補約四百七十億盧布的戰費，約四百六十億盧布的不足額之故，政府一方發起龐大的內外債（約四百二十五億盧布）；同時在他方又訴諸紙幣增發——貨幣膨脹政策使紙幣印刷器，無限制的開動了。其結果如次表所示，流通紙幣的分量急速地膨脹了，物價一直飛漲了。

	流通紙幣（百萬盧布）	物價騰貴指數
一九一四年七月一日實況	一、六三〇	一〇〇
一九一五年一月一日實況	二、九四六	一一五
一九一六年一月一日實況	五、六一七	二三八

一九一七年一月一日實況	九、一〇三	七〇二
一九一七年十月一日實況	一七、一七五	一一七一

除紙幣膨脹以外，煽動物價騰貴者，尙有種種原因：鐵道爲輸送軍需品之故，不能顧及生活必需品，尤其是食料品的輸送，此其一；因穀物調達政策不得其宜，農民隱匿穀物待價而沽，不肯廉價出賣，此其二。因有此二故，以致都市與農村之間，正常之物的交流，就被攪亂，國民的生活遂至被飢餓所威脅的了。

據埃諾泰埃夫斯基調查：俄羅斯的戰費，至一九一七年八月一日爲止，喫盡國民富力之一九・六%，國民收入的五二%，俄羅斯貯蓄的三一三%云。

這樣，戰爭破壞了俄羅斯資本主義的再生產的基礎，打擊了國民經濟的均衡；因燃料恐慌、食料恐慌、金融恐慌、使勤勞農民及勞動者的生活狀態，極度地惡化了；將國家財政的破綻全面的地暴露了。將內部構造脆弱的俄羅斯資本主義由於戰爭的打擊，陷於不可收拾的經濟的混亂；同時又長成了經濟的恐慌，政治的危機了。蓋世界大戰的深刻的打擊，不但使經濟的恐慌局限於經濟

的領域以內，是俄羅斯資本主義內在的一切的諸矛盾之全面的尖銳化。因之將其全體制導入於崩壞的了

二 「一九一七年」

以國民經濟之全般的震撼，國民生活之一般的惡化爲背景，而從一九〇五年在壓迫之下培養其潛勢力的勞動者運動，果然現出頭角來了。當一九一〇年的時候，罷工人員雖不過四萬六千人；但到一九一一年，則有十萬五千；一九一二年，則有七十二萬五千，一九一三年，則有八十萬七千；一九一四年，卽戰爭開始之年，則增加到百三十三萬七千人；同年的五一勞動節，又參加了百萬以上的勞動者大衆，曾作了一大政治的示威運動。如是起於下面的運動，愈使支配階級搖撼，無法應付。因戰爭的延長，穀物貿易變爲完全斷絕，侵害半封建的土地所有者，與商業資本之利益，莫此爲甚。於是政治上以此輩的利益爲依據的政府，便願望戰爭終止，向敵國德意志開始策動了。與此政府的急角度的外交的旋迴爲銳角的衝突者，乃指導「戰時工業委員會」，同時在實質上支配國

民經濟和政治生活的金融寡頭支配金融資產階級。他們不但是英法「協約國」資本的從臣，而且由其所支配的龐大的軍事工業賺過巨額的戰時超過利潤，所以戰爭的繼續爲否，就是他們最緊要的利害關頭、因爲有了這一點，就與政府發生衝突了。這個衝突，一直發展到自由主義金融資本階級代表，沙皇專主支配的操縱者拉斯布丁（Rasputin 1871-1916）被暗殺爲止，及金融資本家欲取第二步計劃的時候，聖彼得堡勞動者的暴動已經興起了。

聖彼得堡的勞動者，由一九一四年九月的十九萬三千七百人一九一五年九月的二十四萬人；一九一六年九月的二十九萬七千人；同十月的三十萬五千人；一九一七年的約四十萬人；在戰爭期間增加二倍以上，其中約有七〇%是屬於金屬勞動者。此等勞動者與當時結集於聖彼得堡周圍的十七萬軍隊——後備兵尙少軍事訓練——合作，先資產階級發難而達成其目的了。

對於「血之日曜日」的勞動者的報復，在玆可行了；歷三百年之長的羅曼諾夫君主制，在一九一七年二月二十七（舊曆）日，壽終正寢了。勞動者立刻組織了勞動者代表蘇維埃，正有掌握政治實權的可能；不料孟塞維克（Mensheviks）及社會革命黨員占多數的中央執行委員會，與自由主義的資產階級之牙城的「國會臨時委員會」相勾結，將政權讓渡於 Cadet，是於「二月」便以資產階級民主主義變革而終。

「當一九一七年的二——三月變革以前，國權是在一個舊階級即代表農奴主的貴族的地主之掌中。當此變革之後，政權是移於他的新階級即資產階級的手中」。列寧。

可是今日實質上的政權，不能說不在勞動者代表蘇維埃的掌中。在蘇維埃內的影響力，已經浸潤了勞動大衆及革命人民。Cadet 黨雖掌握政權，但只能發言論，不能使革命的人民服從。他們依然主張戰爭繼續政策，民衆大失所望，對此就益加激昂了。古玆可夫（Gutchkov, 1862- ）——密林可夫（Milinkov,1859- ）一流崩壞後，克倫斯基（Kerensky）的臨時政府，愈加露骨地開始表現反動的性質，鎮靜勞動者運動，阻止農民運動，公然表演其復古計劃了。

然而「二月」以後，國民經濟全體震撼，民衆生活窮乏到了極度，罷工運動頻發，資本家就以工場閉鎖相對付，生產事實上已成怠業，而工場及生產的管理，是歸於勞動者的掌中了。

迄今表面上取靜觀態度的農民，今見臨時政府對於土地問題，依然遷延不決，對於農民的土地分配，依然竭力阻止他們只好一齊起立；將土地及農具互相分配了；如有反對者便斥退無赦；而其情勢便隨着都市的勞動者運動而激昂了；其尖端上的兩運動便緊密的結合了。次表是照實示明兩者的關係的。

一般革命家聞知故國國內的紛亂，絡續地回到鄉里，或立在勞動者運動的尖端，或立在農民運動的尖端而活躍。

如是代表工人，農民及兵士的勞農代表、蘇維埃，便在布爾雪維克的嚮導之下，發出「一切權力屬於蘇維埃」的口號，一九一七年十月二十五日，推倒「臨時政府」，將一切政權都收到掌中來，蘇維埃聯邦，世界最初的社會主義國家，於是誕生。

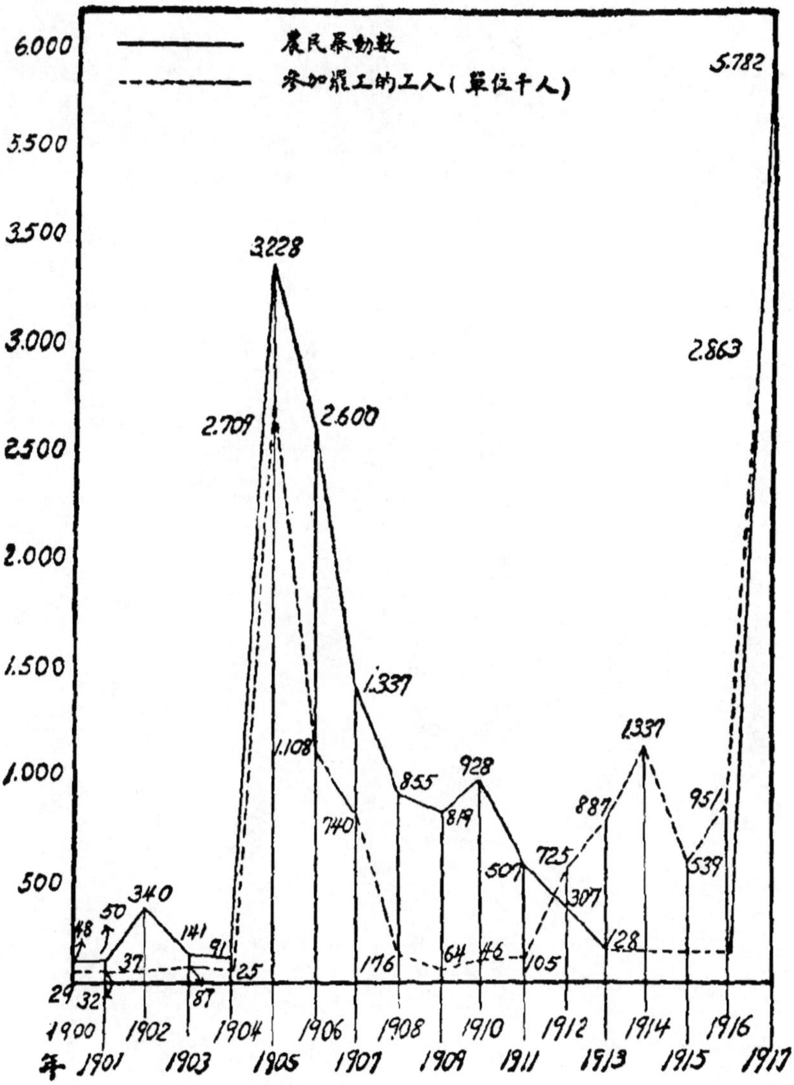

農民暴動數
參加罷工的工人（單位千人）
6.000
5.500
3.500
3.000
2.500
2.000
1.500
1.000
500
5.782
3.228
2.709
2.600
2.863
1.337
1.108
855
928
819
740
1.337
887
951
725
507
539
307
128
176
64
46
105
340
141
91
48
50
37
87
25
29
32
1900
1901
1902
1903
1904
1905
1906
1907
1908
1909
1910
1911
1912
1913
1914
1915
1916
1917
年

終篇　新社會構成之建設

一　概論

到了一九一七年的「十月」，亞洲野蠻的封建制度和近代的資本主義所結合的「舊俄羅斯」，已死滅了，而世界第一勞動階級國家即「蘇維埃聯邦」誕生了。此所謂勞動階級國家，是勞動者階級掌握了政治權力的國家的意義，不是說一國的人口悉爲勞動階級的意義。因之，在蘇維埃聯邦內而還有資本主義的經濟制度的殘存，有資本主義的諸階級的存續，而階級鬬爭亦當然存在。清算此等資本主義的殘存物，資本主義的勝緒，而向較高的發展階段移行的過渡階段，即現在的「蘇維埃聯邦」。因此之故，必須利用勞動者階級所組織的強大力，必實行所謂勞動階級的獨裁。

自「十月」以迄今日的勞動階級獨裁，已十九年於茲，這十九年可以分做次之五期：

一、政權確立時代（一九一七——一八年）

二、戰時共產主義時代（一九一八——二一年）

三、新經濟政策時代——「復興期」（一九二一——二六年）——「再建期」（一九二六——二八年）

四、第一次五年計劃時代（一九二八——三二年）

五、第二次五年計劃時代（一九三三——三七年）

二　政權確立期

（一）

一九一七年十月二十五日打倒克倫斯基臨時政府的布爾雪維克（後改俄羅斯共產黨，再改稱全聯邦共產黨）立刻召集第二次蘇維埃大會；這個會議席上，組織勞動階級獨裁之執行機關「人民委員會」即司掌內外一般施政的蘇維埃政府，列寧（Lenin, Nikolai 1870-1924）被選任爲其政府的首班，卽人民委員會主席。

蘇維埃政府宣告土地所有，沒收封建的大地主修道院、寺院等的龐大土地，無條件的分配給農民；從此幾百年間苦惱了農民的土地問題，一舉而解決了。農民獲取約六千五百萬畝的土地，又從四億至四億五千萬盧布的地租解放出來了。農民所負巨額的債務，一切被解消了。如是所有負債隸農制、雇役制、農奴制的收取形態，完全推倒無遺。

蘇維埃政府更布告勞動者管理工場，和工場國有，剝取資本家階級的物質的基礎，將此渡給「最高經濟委員會」（Supreme Economic Committee），置在中央集權的管理之下。更爲鞏固勞動階級的國家之經濟的機能起見，將銀行收歸國有，外國貿易收歸國家獨占，卽實現國營纔能掌握國民經濟的樞軸於其手中。在生產部面及流通部面中的私的資本，最低限度，須將部面擴大的，使其轉化爲勞動階級國家的社會的資本。

蘇維埃政府，又承認國內居住的一切民族有同等的權利；民族有自決權，「可以分離，可以獨立」；保證在社會主義建設事業中的諸民族之相互的信賴，和基於友誼的協調的自由的民族的發達；如是舊政府治下的「諸民族的牢獄」，得能轉化為「諸民族的王國」。

如上述蘇維埃政府為建立國內政策計，給封建的地主及資本家階級以大打擊。為勞動者農民及被壓迫民族的利益謀根本的伸張；同時，在他一方面，又向協約國諸政府提議無償金——無賠償的即時和平。如果為協約國所拒絕，那就和德意志締結單獨講和，脫離為好戰欲所使役的交戰諸國的支配階級，獨自享和平的幸福。

對德講和，是繼續羅曼諾夫政府及克倫斯基政府以來一貫的宗旨，是為勞動者大衆及農民，從可怖的戰爭的災厄中謀解放的。同時向聯合國聲明：拒絕支付舊政府所欠的莫大的債務；凡變革前在俄羅斯所投的一切外國資本概予沒收，凡舊政府所締結的祕密條約，悉被破棄；這是不待說的了。如是，對外戰爭，業已告終；勞動階級國家對於資本主義諸國的資本關係從屬關係，是消滅了；一個獨立的社會主義國家，在資本主義世界的眞中形成了，而占據着全世界面積的約六分之一。

一九一八年七月十日「俄羅斯社會主義聯邦蘇維埃共和國」憲法制定裁可了；蘇維埃聯

邦的政治體制，確立於法制之上了，

蘇維埃政府的內外諸政策，僅僅於數月間見諸實施了；而且在此最短的期間內，堅定了勞動階級專裁的基礎，得到充分的準備，嗣後惟有按照預定的政策推行可耳。

三　戰時共產主義期

這個時代，是蘇維埃聯邦對於內亂和干涉戰爭之勞動者階級的鬬爭時代。

國內的敵人在各地服務沒有亡命出國的資產階級或富裕的農民以及舊貴族等人，為奪還被剝奪的特權起見，即為破壞勞動政權起見，在國內各處，嗾使無自覺的勞動者及農民，惹起叛亂了。他方失了龐大的國債和聯盟關係的協約國，又在本國的四方，開始干涉戰爭，且不惜以所有的方法，援助國內的反革命分子了。

如是從一九一八年到一九二〇年間，國內戰爭和干涉戰爭，內外起了相呼應；蘇維埃聯邦卒於此社會的變動的暴風雨中，終能恢復秩序，掃蕩一切，做了克服者而成功了。不消說，這個克服，是用奮鬪努力及犧牲所換得的。據說：蘇維埃聯邦，因上述的國內戰爭及干涉戰爭，蒙了約四百四十億金盧布的損害云。此外蘇維埃聯邦因一般帝國主義戰爭及國內戰爭，喪失了如次的龐大的人間勞動力：

戰爭時代（一九一四——二〇年）俄羅斯勞動能力所蒙的喪失：

	勞動能力的喪失（單位百萬盧布）			勞動能力所支出的損害（單位百萬盧布）		
	世界戰爭	內亂	合計	世界戰爭	內亂	合計
	一九一四—一七	一九一八—二〇	一九一四—二〇	一九一四—一七	一九一八—二〇	一九一四—二〇
一、軍隊的勞動喪失：						
a 被動員者	二四·八	五·〇	二九·八	一〇、四一六	一、一〇〇	一一、五一六
b 死亡者	一五·八	五·三	二一·一	四、五八六	一、五三七	六、一二三
c 戰爭負傷者	一四·九	一一·四	二六·三	四、九七〇	四、〇五〇	九、〇二〇
二、國內人口的勞動喪失：						
a 早死	二二·一	一三七·〇	一五九·一	六、四六二	二五、六一八	三二、〇七〇

b 不姙	七四·五	九五·〇	一六九·五	一四、二四九	一八·一八四	三二、四三三
合計	一六二·一	二四三·七	四〇五·八	四〇、六八三	五一、四七九	九二、一六二

工業生產上所必要的勞動力，因戰爭之故，絡絡續續的被征發了；工場的一部，被反革命軍蹂躪了；又農民的耕地化作戰場的時候，國民經濟便全般被震撼，這也是當然的了。例如倘取工業生產額來說，則大工業的生產額，有如次的激減：

年次	大工業生產總額單位百萬盧布	百分率	勞動生產力即勞動者一人的生產額單位盧布
一九一三年	六、三九一	一〇〇	二、四五〇
一九一七年	三、九二九	七七	一、五二三
一九一八年	一、八六〇	三五	八九六
一九一九年	九六二	二六	六八一
一九二〇年	八三五	一八	六二〇

實在一九二〇年的大工業總生產額，比一九一三年要低落到一八%。蘇維埃政府，爲謀對抗

計，嚴重規定勞動者的規律，將赤衞軍的一部改編爲勞動軍，凡有補救方法，無不採用，但生產額依然是激減的。

一方，對於農民完全禁止其自由商業，實施「糧食強迫徵發制」，強制農民提供穀物及食料品，但因工業生產的激減，和工業製品不能按照定約付給農民，所以不能打破小資產階級的意識觀念的一部分農民，便不喜播種。因此戰爭的直接被害和饑饉交迫而至，農業生產額便陷於逐年激減的一方。

	單位	一九一三年	一九一七年	一九一八年	一九一九年	一九二〇年	一九二一—二二年
播種面積	百萬畝	一〇九	九九	九七	九五	九三	八三
穀物收穫	百萬普特	五、八九六	三、九八七	三、四五八	三、五二四	二、七九〇	二、一六〇
家畜頭數	換算作牛百萬頭	八四・三	八四・三	七二・五	六七・五	六二・二	五七・三
家內役畜	同	三二・八	三二・八	二七・六	二五・四	二三・三	二一・三

即爲農業生產的集中的表現的總收穫額，是由一九一三年的五十九億普特，減少到一九二一

一——二二年的二十一億普特只剩三分之一了。其他的指標也是同樣情形，而國民經濟是極度的疲弊的了。

要之，這個階段是因有不斷的干涉戰爭和內亂，故蘇維埃政府爲保持勞動階級的政權且爲適應情形的變化計，不得不採取臨機應變的政策——極端嚴格的共產主義的原理，以謀制度的改革，和國民經濟的復興。遂命令土地國有，工場國有，銀行曾反對過革命，故沒收之；貨幣制度因係刺激投機弋取不勞而獲的源泉，故廢止之。迄至內亂鎮靜，及干涉戰爭告終之際，國民經濟，漸臻安定，戰時共產主義實施的客觀條件業已消失，故由國民經濟復興的目的，向次之新政策和新階級移行。

四　新經濟政策時代（復興期一九二一——二六年再建期一九二六——二八年）

（一）

前代國民經濟的極度疲弊，是戰時共產主義構成的結果。爲欲恢復國民經濟，必先撤廢「勞動者階級力所難堪」的國有化或糧食徵發制。前此所有國營企業，只要適合政府的規定，亦可由民間經營；前此曾從農民徵發穀物以供國用的，茲則從新規定徵收租稅的制度；此外並承認商業上的自由買賣。此等一聯諸方策稱爲新經濟政策。這種政策一見好似與從來的共產主義經濟政策是對蹠的，是向資本主義轉換的正與失敗於武力干涉的帝國主義資本家階級以虛構「蘇維埃聯邦已資本主義化」的最好口實；又使自建國以來卽反對列寧的施政方針的托洛斯基(Trotsky, 1877-)派，亦將要絕叫「共產主義的崩壞」了。

新經濟政策的結果，蘇維埃聯邦，社會主義組織，至少是在向資本主義的關係復活。卽都市方面，新興的經濟人(Nepman)，業已抬頭；農村方面，富農(Kulak)業已發生；此等事實，明白是向資本主義讓步了。殊不知這是一方表示向資本主義小讓步；一方卻是通國民經濟全體的復興，交換關係，由此鞏化勞動者與農民的提攜，作出新國家的基礎，然後可用其強固的新政權，轉向資本主義的分子，施以決定的攻擊的政策。卽利用資本主義的關係，鞏化國家，以業經鞏固的新國家，再清算一切舊關係的方策，亦即是爲移於攻擊起見的一時的退卻。

新經濟政策不能說是由特殊的資本主義的構成入於社會主義建設的蘇維埃聯邦的特殊的方策；寧說蘇維埃聯邦，小規模生產尤其是農民經濟繼承舊俄羅斯經濟的遺產，占絕對多數的時候，新經濟政策，就比較帶有許多決定的重要性。

新經濟政策，從其實施的最初年度起，實有很好的成績，工業及農業的生產額，均如次表所示，加速度的增加了：

年次	工業生產額（單位百萬盧布）	穀物收穫額（單位百普特）
一九二一——二二年	一、四四〇	二、一三〇
一九二二——二三年	二、一三〇	三、六〇〇
一九二三——二四年	二、五九〇	三、三六四
一九二四——二五年	三、九六〇	三、一六六
一九二五——二六年	六、〇二一	四、五七八
一九二六——二七年	六、八八〇	四、七七七

一般蘇維埃聯邦的農業及工業的生產額即全實業的生產額的增加，由次表可以一目了然。

蘇維埃聯邦的生產指數：

年次	工業	農業	全實業
一九一三年	一〇〇・〇	一〇〇・〇	一〇〇・〇
一九一七年	七五・七	九二・三	八五・三
一九一八年	四三・四	九一・五	七一・三
一九一九年	二三・一	七六・三	五三・九
一九二〇年	二〇・四	六八・九	五八・五
一九二〇——二一年	二四・七	六三・九	四七・四
一九二一——二二年	三〇・一	五四・四	四四・二
一九二二——二三年	三九・五	七三・六	五九・二
一九二三——二四年	四八・〇	七九・九	六六・五
一九二四——二五年	六七・〇	八四・〇	七八・八

一九二五——二六年	八九·九	一〇一·三	九六·五
一九二六——二七年	一〇三·八	一〇六·五	一〇五·〇

大概新經濟政策的結果，一八二五——二六年間國民經濟的生產力，已能夠達到戰前的水準了，所以稱這個時期為復興期。社會主義是鞏化與農業的關係，在商業部門中，急速地獲取支配權，採用廣汎的協同組合建設。在這時代中的社會主義的蓄積之顯著的增加、重工業的躍進、國民收入中的工業應得部分的激增，凡此種種，無論在工業化或社會化的領域中，均獲得了成功，然此等諸成功，總言之，不過為向全國民經濟之根本的再造過程移行起見的前提條件而已。

（二）

如是一九二六——二七年以來，蘇維埃聯邦已到了新經濟政策的新階段即「再建期」了。本階段的主要任務，是在一方面利用前時代的成果，一方面為斷行國民經濟之社會主義的再建計，增高國的工業化即對於農業的工業的比重；又在農業關係，則由農業共營化，引入農民大衆於社會主義的軌道，渦富農則驅逐之，排除之，斷絕農村中的資本主義的根幹。凡此種種，都是依照預定步驟，先向資本主義讓步，終向地主資本主義攻擊。非如是，不足以強化對外國資本主義的對抗力。國之工業化，爲克服一九二三年以來失掉的農產物和工業製品價格的均衡，即一時發生了所謂「剪刀形」價格的差異問題起見；爲向農村供給生產手段（和在復興時代供給消費手段相反），幷援助農業共營化之實行起見；更爲由生產手段的生產者即資本主義諸國的依存關係謀解放起見；都是絕對必要之事。於是「獲得技術呵」！「趕上指導的資本主義國呵！趕過呵」！等等標語就到處高揭了。

此等標語，不管有無偏見，總之國民經濟之社會主義的再建，是由布爾雪維克的方針所貫澈的。而一九一九年四月三日，全聯邦共產黨第十六次大會，就採擇「國家計劃委員會」費三年餘的光陰所作成的「第一次五年計劃案」。

五　第一次五年計劃時代（一九二八年——一九三二年）

和第一次五年計劃同時，蘇維埃聯邦已入本格的社會主義的再建期。五年計劃，是遍歷經濟建設的全戰線的社會主義的攻擊之計劃，是一大工作的標題「再建期」一般共通的國之工業化，農村之社會主義再建資本主義的諸分子之驅逐等事如紅絲線穿着全五年計劃。

據五年計劃的預定案來說，在五個年間工業生產額擬增加到一八〇%：就中生產手段的生產二三〇%，消費的生產一四四%。全農業生產豫定五五%之增加，就中穀物生產爲五〇%，工藝用農作物一〇三%。在五個年間，國民經濟上投下六百五十億盧布的資本：其中工業方面，是一百六十五億盧布；電化三十一億盧布；交通百億盧布，農業二百三十億盧布，勞動者數擬增加三八%；實質勞銀擬騰貴七〇%，勞動的生產性擬增高一一〇%，工業生產費擬減低三五%云。

在農業中，是將「國營農場」(Covkhoz)由一九二七——二八年的二百三十萬平方公里(Hectare)增加到一九三二——三三年的二千七百萬平方公里；共營農業(Kolkhoz)方面至少要引入二千萬的農民人口。

此種龐大的國民經濟計劃案，發表出世的時候，全世界都以此乃蘇維埃聯邦的夢想，決非廬山眞面目；相信有幾分實現可能性的，幾無一人；殊料這個計劃不但非夢，而其各年的實績，竟得到了豫定以上的成功。得勢的蘇維埃聯邦的勞動者階級，竟於「把五年計畫用四年」云云標語之下，在四年間正確底說四年三個月間，（從一九二八年十月起一九三二年十二月止）果然遂行豫定計畫；若主要的工業部門，尙且有超過豫定的。時在一九二九年秋，恰好是世界資本主義爲前代未曾有的恐慌所襲，生產極度低落，失業者續出，資本主義的經濟體制爲全般震撼所威脅的時期。

茲示五年計畫預定的數字、實績，及其比例如次：

	第一次五年計畫最終年度計畫（1）	一九三二年末的實績（2）	（2）／（1）	對於一九一三年的（2）之比（倍）
投資額				
全國民經濟（十億盧布）	六四·五	六〇·〇	九三·〇	
其中工業（十億盧布）	一九·一	二四·八	一二九·八	
生產價額				
生產手段工業（十億盧布）	一七四	一八〇	一〇三·四	四·二
內重工業（十億盧布）	一二二	一三二	一〇八·四	—

消費資料（十億盧布）	一九二	一六三	八四・九	二・七
合計（十億盧布）	三六六	三四三	九三・七	三・三
生產額				
煤（萬瓩）	七、五〇〇	六、四四〇	八五・九	二・二
石油（萬瓩）	二、一七〇	二、一四〇	九八・六	二・三
銑鐵（萬瓩）	一、〇〇〇	六二〇	六二・〇	一・五
鋼鐵（萬瓩）	一、〇四〇	五九〇	五六・七	一・四
銅（瓩）	八四、七〇〇	四七、二〇〇	五五・七	一・五
水泥（萬樽）	四、一〇〇	二、二五〇	五四・九	一・八
化學工業（萬盧布）	二三六、八〇〇	二〇、三四〇	四六・六	—
機械及車輛（萬盧布）	四三五、一〇〇	五三三、〇〇〇	一二二・五	八・七
牽引式汽車（千台）	五五	四五	八一・八	—
農業用機械（萬盧布）	六一、〇〇〇	四一、二〇〇	六七、五	—
棉布（萬米）	四七〇、〇〇〇	二五四、〇〇〇	五四、四	一・一

電力（億K.W.）	二二〇	二二五	六一、四	六・九
鐵道（粁）	八一、七〇〇	八一、五五一	一〇〇・〇	一・四
播種而積（萬平方公里）	一四、二〇〇	一二、九八四	九一・五	一・一

綜核以上各數平均計算四年間所得實績，與當初計畫相較，已得八二・七%，故可謂爲成功。

一九三三年一月共產黨中央委員會及中央統制委員會總會，確認如次的成績報告：

一、工業生產與農業生產的關係，前者變爲有利，工業生產的比重業由一九二七——二八年的四八%增加到一九三二年的七〇%。

二、一九三二年的工業生產量，比一九一三年增三三四%，比一九二八年增二一九%。總核全體四年三個月間，實現了計畫數字的九三・七%。就中重工業成績特佳，遂行了豫定的一〇八%。

三、工業投資額，豫定百八十八億盧布，實績達二百三十億盧布；絕對數超過四十五億，相對數超過二四%。又農業社會化部門的資本投下額，比計畫數七十二億盧布超過二十二億盧布。

四、輕工業的生產量，比一九二八年增大一八七%。

五、工業的勞動生產力，其間雖有三八%增進，然比較預定數則尚嫌不足。

六、從事於大工業的勞動者及職員數，幾至為一九二八年的二倍，超過預定數五七%。

關於農業方面者：

一、播種面積，比一九二七——二八年度，增加二千一百萬平方公里，然穀物播種面積，則不及計畫數字，惟工業用農產物播種面積，仍超出預定數。

二、二十二萬臺（百九十萬馬力）的牽引式汽車（Tractor）為農業所用，專為農民配裝機械與汽車者，有二千四百四十六所。

三、至一九三二年三個年間，農戶數的六〇%，全播種面積的七五%，組織了百二十萬的共營農場。

本決議案中所見的數字和前表所見的數字不同，蓋因計算的基礎各異的緣故。無論如何，蘇維埃聯邦，因第一次五年計畫成功，為建設今後的社會主義，已有了基礎，而且已具備與指導的資本主義諸國並駕齊驅的經濟實力。例如：蘇維埃聯邦在工業生產方面，業已獲得如次所列的世界地位：

農業汽車	世界第一	電力生產	世界第三
農用機械生產	世界第一	石油生產	歐洲第一世界第二
橡皮管生產	世界第一	泥炭	世界第一
一般的機械製作	歐洲第一世界第二	煤	世界第四
銑鐵生產	歐洲第一世界第二	化學工業生產	世界第四

這樣的社會主義蘇維埃聯邦，是在熾烈的階級鬪爭中建設起來的。今玆蘇維埃聯邦之社會主義的再建當其第一次五年計畫達成具體化的時候，帝國主義列強，不但不再用武力來干涉，而且不得不轉變方策在聯邦內培養……了。於一九三〇年發覺的「實業黨」的陰謀，可以說是妨害者運動之最大者，「勤勞農民黨」的運動也是一邱之貉。

一般當蘇維埃經濟的建設或特殊的進行之際，此等諸陰謀的摘發、懲罰，是極度惡化聯邦與資本主義諸國的關係。蘇維埃聯邦既而得了二十餘國的承認，幷都已與各承認國設定友誼的關係祇有反蘇維埃十字軍反蘇維埃之英吉利的國外市場卡姆培尼阿(Dumping-Campania),尙在用其禁止蘇維埃商品輸入之政治的經濟的方策,阻害聯邦的經濟建設。但蘇維埃聯邦卻盡可能的不依賴外國,不畏懼外國,只靠着自己的力量,踏上社會主義再建的第二階段了。

六 第二次五年計劃時代(一九三三——三七年)

第二次五年計畫是由第一次五年計畫的到達點出發,且矯正第一次的缺陷,而預定於社會主義建設上遂其進一步的飛躍。結果掃清國內一切資本主義的分子,從而停止階級鬪爭,實現無階級社會,是其政治的目標。

第一次五年計畫的缺陷,在忽視農業,專置主要的重點於工業,而工業又復有偏重重工業,輕視輕工業的傾向。因之,食料品及生活必需品就缺乏了,國民就非甘心忍受低度的生活不可了。這都是爲着要鞏化勞動階級國家的國防力,所以有使重工業急速發展的必要,而勞動階級,便自甘犧牲的了。迄至重工業已有確立的基礎,國防力業已鞏化的時候,蘇維埃政府乃考慮人民的生活,而於其相對的關係之下，權衡輕重緩急，一改其致力之點，視農業比工業爲尤重，視輕工業比重工業爲尤急了。

一九三四年一月的全聯邦共產黨第十七次大會，將第二次五年計畫的全貌，和盤托出了。據此案看來，全資本投下額爲一千三百三十四億盧布，正與第一次計畫的額面的二倍相當，其分配情形如次：

資本投下額（單位：十億盧布）

	第一次五年計畫的（實績）	第二次五年計畫的（預定額）
總額	六〇・〇	一三三・四
工業	二四・〇	六九・五
生產手段工業	二一・〇	五三・四
消費手段工業	三・五	一六・一
運輸	九・八	二六・三
農業	一〇・八	一五・二

對比一九三二年的實生產額，示明第二次五年計畫最終年度即一九三七年度的預定增加額如次：（單位：十億盧布）

	一九三二年	一九三七年	增加率%
農業生產量	一三・一	二六・二	二〇〇
工業生產量	四三・二	九二・七	二一四
生產手段	—	四五・〇	一九二
消費手段	—	四七・五	二三四

特就重工業中的生產增加示其展望如次：（單位百萬噸）

	一九一三年	一九三二年	一九三七年（計畫）
銑鐵	四・二	六・二	一八・〇
鋼鐵	—	五・九	一九・〇
石炭	二九・一	六四・三	一五二・六
石油	一二・二	二二・一	四六・八

一般使熟練勞動者增加了四百萬人，勞動生產力增進六三%，生產費減低二六%。

在農業關係方面有農業共營化。茲舉其預定的數字如次：

	一九三二年	一九三七年
總播種面積中之被農業共營化者（百分率）	七五・〇%	一〇〇%
全農戶中之加入農業共營者（百分率）	六一・五%	一〇〇%
農用汽車配給（臺數）	一二〇、〇〇〇	一七〇、〇〇〇
橡皮管配給（臺數）	一五、五〇〇	一〇〇、〇〇〇
機械農用汽車配給所數	二、四四五	六、〇〇〇

這樣加倍第一次五年計畫的規模的第二次五年計畫，其政治的和經濟的意義，誠屬重而且大；不消說，其成功與否，自然是蘇維埃聯邦的全運命所繫了。

可是最近在外與帝國主義諸國有不侵略條約的締結，在內有勞動者階級之澈底和平，因此在國際關係中的地位便臻臻日上；而第二次五年計畫，遂得以外交的轉好爲背景着着進行；本年已迎接其第四個年頭了。徵諸過去三年的實績，第二次五年計畫的達成，是很明白的，一九三七年度大概是可以達其預定的數字罷。據最近的報告，他們對於這個第二次五年計畫已確立了「五年計畫思念完成」的方針。

敬啟

『專題史』叢書，乃民國時期出版的著名學者、專家在某一專題領域的學術成果。所收圖書絶大部分著作權已進入公有領域，但仍有極少圖書著作權還在保護期内，需按相關要求支付著作權人或繼承人報酬。因未能全部聯系到相關著作權人，請見到此説明者及時與河南人民出版社聯系。

聯系人　楊光
聯系電話　0371-65788063

2016年3月28日